全国旅游专业规划教材

旅游电子商务

LÜYOU DIANZI SHANGWU

余 扬 主 编
李建民 副主编

旅游教育出版社

责任编辑:陈 志

图书在版编目(CIP)数据

旅游电子商务/余扬主编. －北京:旅游教育出版社,2010.2(2016·1)
全国旅游专业规划教材
ISBN 978－7－5637－1945－7

Ⅰ.①旅… Ⅱ.①余… Ⅲ.旅游业—电子商务—高等学校—教材
Ⅳ.①F590.6－39

中国版本图书馆 CIP 数据核字(2010)第 012567 号

全国旅游专业规划教材
旅游电子商务
余 扬 主 编
李建民 副主编

出版单位	旅游教育出版社
地　　址	北京市朝阳区定福庄南里1号
邮　　编	100024
发行电话	(010)65778403 65728372 65767462(传真)
本社网址	www.tepcb.com
E－mail	tepfx@163.com
印刷单位	河北省三河市灵山红旗印刷厂
经销单位	新华书店
开　　本	787×960　1/16
印　　张	17.5
字　　数	284 千字
版　　次	2010 年 2 月第 1 版
印　　次	2016 年 1 月第 8 次印刷
定　　价	28.00 元

(图书如有装订差错请与发行部联系)

前言

本书编写背景

以全球互联网、通信技术为核心的信息技术,正在深刻地改变着旅游业的经营、管理和运作模式,对旅游业的发展和繁荣起着越来越重要的作用。电子商务,作为互联网经济的外在表现和实质行为,全球旅游经济和旅游企业正经受着它的冲击或影响。旅游业,是信息密集型和信息敏感型行业,非常适合开展电子商务;而旅游电子商务的发展,也带来了旅游企业、旅游市场和旅游消费者行为的变化。

据有关专家推测,在未来的旅游市场中,将有1/3的旅游商务活动是在互联网上完成的。又据世界旅游及旅行理事会(WTTC)预测,2015年中国将成为世界第一大旅游目的地国和第四大客源输出国。毋庸置疑,中国旅游市场已日益成为全球旅游市场不容忽视的重要组成部分。2009年,中国网民数量已经超过3亿,在线旅游市场日趋成熟,庞大的在线散客市场是任何一个旅游企业所不能忽视的,抢占在线客源市场、开拓在线市场渠道刻不容缓。这也给旅游教育工作者提出了新的课题,就是如何培养既掌握旅游管理业务知识,同时又熟悉旅游电子商务应用的人才,以适应未来旅游行业对这类人才的需求。我们编写这一本教材的初衷就是想在这方面作一些初步的探索。

本书编写的理念与特色

有关旅游电子商务的研究是一个全新的领域,它是电子商务发展的一个行业分支,既具有电子商务普遍的特性,又具有其独特性,因此,不能简单地将电子商务披上旅游的外衣,而应形成旅游电子商务独立的教学内容。旅游电子商务,涉及技术和管理两大系列的内容。本书的编写也围绕这两条主线而展开,将旅游电子商务技术、应用与管理整合为一体。本书以紧扣时代发展脉络和行业应用实践为原则,减少长篇理论阐述,注重跟踪行业应用,以简短精悍的文字分知识点进行阐述。本书在涉及必要的理论时偏向应用理论,以利于学生掌握、理解旅游电子商务理论为前提。内容重点放在旅游电子商务的具体应用方面,相关内容,都是从实际的应用需求和商业问题的分析出发的,强调技术的实用性。在叙述中,既介绍旅游电子商务相关的基本理论知识,同时又通过实例说明其具体应用。书中大量的实际案例，都来自国内乃至国外各地的大型旅游公司和中小旅游企业。这些具体、典型的案例，可以帮助读者深入理解旅游电子商务的基本概念、运作规律以及技术方法。本书注重跟踪行业应用，将旅游电子商务实践中正在发生的现实情况包容其中，以典型案例的分析来提升学生的认知，以教学实践来督促学生紧跟行业的应用和发展趋势。本书为了开拓学生的相关视野与思维，不仅传递常规的一些通用理念和方法，介绍目前一些已经成熟的旅游电子商务技术，而且还积极关注旅游业的行业特色与时代趋势，对于旅游电子商务的一些最新理论、模式与应用技术也有涉及，力求反映最新的理念与技术动态，使本书具有新颖性和前瞻性。

旅游电子商务，是随着信息技术在旅游业中的深入应用，新近形成的一门典型的实用学科；由于信息技术发展变化十分迅猛，旅游电子商务又是一门在不断发展变化的学科，为此，本教材编写的指导思想，是注重完善旅游专业学生知识结构，提升学生的信息素养，培养学生运用已有知识独立地、创造性地分析问题、解决问题的能力，更好地适应行业和社会发展的需要。在教材处理上注重开放性和过程性。开放性，主要是关注在教学活动过程中所产生的丰富多彩的学习体验和个性化的创造，使过程与结果均具有开放性。注重学生多样化的实践学习方式，转变学生那种单一以知识接受为基本方式，以知识结果的获得为直接目的的学习活动。强调超越单一的书本知识的学习和低层次简单技能的训练，超越课堂和学校的局限，在空间上向问题解决实践和社会活动领域延伸。引导学生学会发现、学会探究、学会实践，通过这种开放的学习过程，鼓励学生亲身体验，有效地培养和发展学生解决问题的综合实践能力，发展创新精神。过程性，强调学生亲身经历，并获得实际的发展性的体验。不只是让学生掌握问题的结论，还要让学生知道问题的产生和解决的过程，培养良好的思维习惯、探究能力与社会责任感。通过实际问题引入有关教学内容，调动学生积极性，通过引导启发学生参与问题解决的过程来达到掌握、巩固、深化知识和形成技能的目的，从而感受到学习的乐趣，培养成就动机。参与过程，也为学生自主性的充分发挥开辟了广阔的空间，如本教材在综合项目学习设计时，学习活动以学生自主学习为主，教师只对他们进行必要的指导，不包办代替学生的活动。

本书的结构

现代旅游企业电子商务应用战略的主要目标集中在两个方面：第一，有效进行营销活动，树立企业形象，传递产品和服务信息，开发新的客源市场，维持现有客户资源；第二，对企业内部资源进行合理化配置，提高企业资源利用率，降低企业运行的成本。有鉴于此，本书的编写也就围绕着这两个方面展开，总结各位编者多年的研究和教学经验，并参考了众多研究者的成果，在完善旅游电子商务课程知识体系的基础上，将旅游与电子商务知识进行有机结合，建立起本书的结构框架。通过清楚的结构划分、必要的理论介绍、典型的案例分析、挑战性的综合项目探究学习,形成教材体系架构。

本书基本内容分为三大板块:

第一板块(1~3章)主要针对旅游电子商务的相关基础知识。以基础知识为主,通过介绍相关的学科基础知识背景,在开阔学生的知识视野的基础上,重视基本概念、原理、规律性知识和基本技能的学习,并积极促进知识的迁移,传达科学思想、方法和态度,培养学生创新性思维,为学生学习旅游电子商务打下必备的基础。

第二板块(4~7章)主要针对在线旅游电子商务应用。包括旅游电子商务网站、专业在线旅游服务商、目的地营销系统、渠道与电子分销系统、网络营销技术应用等内容。相关内容与当今旅游电子商务的发展紧密结合,从原理与方法介绍到实际案例应用,再到综合项目学习的各个环节,系统地学习在线旅游电子商务应用的各个主要方面。

第三板块(8~9章)主要针对旅游企业内部信息化建设。涉及景区、酒店、旅行社、餐饮的信息化建设与管理信息系统的应用。这是鉴于旅游电子商务不仅是指通过网络发布交流旅游信息、进行宣传促销、进行电子交易,也包括旅游企业内部流程的电子化及管理信息系统的应用。重点以饭店、旅行社和餐饮等三类具有代表性的旅游企业的内部管理信息系统为例进行介绍,这部分以实际应用操作为主线。

另外,在各板块最后均设计了综合项目学习,将各板块中所涉及的内容进行综合式的训练学习,以项目或某一课题为载体,超越被分割的知识模块和书本中心。通过项目探究学习这种形式,让学生走出教材、走出学校,深入旅游信息化和旅游电子商务发展的真实环境中,进行调查研究、体验学习,通过应用设计活动,解决实际问题,形成各种实践能力。

综合项目学习,不是传统形式的学习,而是设计成以学生为主体的主动探究式的学习,是一种以探究为中心的实践性学习活动,强调学生综合运用所学知识和技能,发现问题,解决问题。以挑战性的学习目标和新的学习方式,为学生的发展提供空间。设计的项目学习是开放式的,不是终结式的,相比结果而言更注重学习的过程,即主要强调学生经历和体验探究的过程。项目设计上有一定难度和挑战性,先要求学生自己借助各类资源,通过自主学习,进行项目相关知识准备,然后根据要求进行相关体验和分析设计等活动。以此让学生综合运用已有的知识技能,进行提高式的学习,解决现实旅游电子商务环境中的实际问题,形成实际技能。在内容上侧重即时信息和直接经验的学习。注重训练学生解决问题的态度、方法、思维,从而养成主动积极地获取、加工和处理信息的习惯,提高学生旅游专业的相关知识水平、探究能力,进而培养创新精神。

编著情况

本书由全国多家旅游院校中多年从事计算机、电子商务、旅游信息化管理等专业教学的专职教师编写。全书由余扬任主编,制定编写大纲,并负责统稿工作;李建民任副主编。各章编写情况如下:张继勇编写第1章,张荣焱编写第2、5章,莫春雷编写第3章,余扬编写第4、6、7、9章,潘春辉编写第8章,李建民编写综合项目学习。本书的编写得到了湖北大学职业技术学院、四川省旅游学校、石家庄职业技术学院管理系、湖北省旅游学校、黑龙江旅游职业学院相关领导和老师的大力支持与参与,共同的心血和努力换来了今天的这一份收获。

在本书编写过程中,参考了大量相关资料,并得到相关研究机构、旅游企业的专家及从业者的指导与帮助,在此对他们表示衷心的感谢。由于旅游电子商务作为一门新兴的学科,不是一开始就有既成模式可以参照、有公认的主流可以依循,加之信息技术应用的飞速发展,以及旅游产业实践本身的多元性和复杂性,旅游电子商务还有许多东西有待我们不断探索和研究。由于我国关于旅游电子商务教学实践方面的系统研究还较少,再加上编者水平有限,其中的一些想法和尝试,还在探索修改之中,所以本书在内容及结构体系上难免有不当之处,敬请读者批评指正。

编 者

2010年1月于武汉,中国光谷

目　录

第一篇　旅游电子商务基础

第1章　电子商务与现代旅游业 …………………………………………… (1)
　　本章导读 ………………………………………………………………… (1)
　　第一节　电子商务概述 ………………………………………………… (1)
　　第二节　旅游电子商务的内涵与发展优势 …………………………… (10)
　　第三节　旅游电子商务的体系结构 …………………………………… (13)
　　第四节　旅游电子商务的功能作用与产业影响 ……………………… (17)
　　本章小结 ………………………………………………………………… (21)
　　思考与练习 ……………………………………………………………… (21)

第2章　旅游电子商务的技术基础 ………………………………………… (22)
　　本章导读 ………………………………………………………………… (22)
　　第一节　旅游电子商务中的网络技术 ………………………………… (22)
　　第二节　旅游电子商务中的多媒体与虚拟现实技术 ………………… (34)
　　第三节　旅游电子商务中的数据库技术 ……………………………… (39)
　　第四节　旅游电子商务中的电子支付技术 …………………………… (43)
　　本章小结 ………………………………………………………………… (47)
　　思考与练习 ……………………………………………………………… (47)

第3章　旅游电子商务的信息安全与相关问题 …………………………… (48)
　　本章导读 ………………………………………………………………… (48)
　　第一节　旅游电子商务的信息安全问题 ……………………………… (48)
　　第二节　旅游电子交易产生的法律问题 ……………………………… (53)
　　第三节　旅游电子商务社会环境建设 ………………………………… (55)
　　本章小结 ………………………………………………………………… (59)
　　思考与练习 ……………………………………………………………… (59)

综合项目学习 ·· (60)
    项目一：Internet 的入网方式与网络服务的选择应用 ··········· (60)
    项目二：B2C、B2B 旅游电子商务系统的功能应用与分析 ········· (62)

第二篇　在线旅游电子商务

第 4 章　旅游网站与在线旅游服务商 ···································· (64)
    本章导读 ·· (64)
    第一节　旅游网站与行业电子商务平台 ·································· (64)
    第二节　在线旅游服务公司运作实务
           ——以携程旅行网为例 ··· (77)
    第三节　旅游搜索引擎 ·· (86)
    本章小结 ·· (94)
    思考与练习 ·· (95)

第 5 章　旅游目的地营销系统 ··· (96)
    本章导读 ·· (96)
    第一节　旅游目的地营销系统概述 ·· (96)
    第二节　中国旅游目的地营销系统 ··· (102)
    本章小结 ··· (105)
    思考与练习 ··· (106)

第 6 章　旅游电子商务市场渠道与电子分销系统 ················· (107)
    本章导读 ··· (107)
    第一节　旅游电子商务市场渠道 ··· (107)
    第二节　旅游电子分销系统 ··· (119)
    本章小结 ··· (131)
    思考与练习 ··· (132)

第 7 章　旅游电子商务中的网络营销技术应用 ····················· (133)
    本章导读 ··· (133)
    第一节　旅游电子商务网络营销基础 ····································· (133)
    第二节　搜索引擎营销应用 ··· (153)
    第三节　网络广告应用 ··· (162)
    本章小结 ··· (180)
    思考与练习 ··· (181)

综合项目学习 ……………………………………………………………… (182)
  项目三:在线旅游电子商务营销体验 ………………………………… (182)
  项目四:旅游网络营销推广实施 …………………………………… (183)

第三篇 旅游企业信息化应用实务

第8章 酒店、旅行社、餐饮管理信息系统应用 …………………… (185)
 本章导读 …………………………………………………………… (185)
 第一节 酒店管理信息系统应用 ……………………………………… (185)
 第二节 旅行社管理信息系统应用 …………………………………… (206)
 第三节 餐饮管理信息系统应用 ……………………………………… (225)
 本章小结 …………………………………………………………… (241)
 思考与练习 ………………………………………………………… (241)

第9章 景区信息化管理与应用 ………………………………………… (243)
 本章导读 …………………………………………………………… (243)
 第一节 景区信息化管理与应用概述 ………………………………… (243)
 第二节 景区电子门票系统的特点与应用 …………………………… (252)
 本章小结 …………………………………………………………… (263)
 思考与练习 ………………………………………………………… (264)

综合项目学习 ……………………………………………………………… (265)
  项目五:旅游电子商务网站规划设计与推广 ………………………… (265)
  项目六:旅游企业的信息化实施分析与设计 ………………………… (267)

参考文献 ……………………………………………………………………… (269)

第一篇 旅游电子商务基础

第1章

电子商务与现代旅游业

本章导读

20世纪90年代以来,电子商务在各种行业的应用可谓如火如荼,旅游业也正以自身的特点和优势成为电子商务发展的重要领域。旅游电子商务作为旅游商务活动的重要手段和发展趋势,近年来在国内外广受重视,发展很快。本章在介绍电子商务相关知识的基础上,对旅游电子商务作了简要阐述。其主要内容包括:旅游电子商务的内涵与发展优势,旅游电子商务的体系结构,旅游电子商务的功能作用与产业影响。通过本章的学习,能够了解电子商务的引进对现代旅游业发展的促进和提高作用。

第一节 电子商务概述

近年来,随着网络、通信等信息技术的发展,特别是 Internet(因特网)的迅速发展和普及,许多国家逐渐形成了一种新的企业经营方式,将传统的商业活动和贸易往来电子化,利用发达的网络环境进行快速有效的商业活动。这就是当今世界发展的最新潮流——电子商务。

一、什么是电子商务

很多人认为,电子商务就是在 Internet 上购物。虽然近几年消费者网上购物的总金额在逐年递增,但电子商务的业务领域却并不局限于网上购物,它包括很多商业活动。那么,究竟什么是电子商务呢？电子商务指的是,利用计算机技术和网络技术进行的买卖双方互不谋面的交易或信息的交换,其目的是用以满足企业、消费者(个人或集团)对提高产品质量、加快服务速度、降低费用等方面的要求。其中,网络购物、公司间账务支付或电子公文通信等均是电子商务的重要环节。现在人们所探讨的电子商务主要是以EDI(电子数据交换)和Internet来完成的。尤其是随着Internet技术的日益成熟,电子商务真正的发展将是建立在Internet技术上的。

对电子商务的理解,应从"现代信息技术"和"商务"两个方面考虑。一方面,"电子商务"概念所包括的"现代信息技术"应涵盖各种使用电子技术为基础的通信方式;另一方面,对"商务"一词应作广义解释,使其包括不论是契约型还是非契约型的一切商务性质的关系所引起的种种事项。如果将"现代信息技术"看作一个子集,"商务"看作另一个子集,电子商务所覆盖的范围应当是这两个子集所形成的交集,即"电子商务"标题之下可能广泛涉及的互联网、内部网和电子数据交换在贸易方面的各种用途。

狭义的电子商务,也称为电子交易(Electronic Commerce),主要是指通过Internet网络进行的网上交易,以及电子商情、电子合同等;而广义的电子商务,则是指通过Internet、Intranet、LAN等一切计算机网络进行的包括电子交易在内的全部商贸活动。从发展的观点看,在考虑电子商务的概念时,仅仅局限于利用Internet网络进行的商业贸易是不全面的,较为妥当的做法是,将利用各类电子信息网络进行的广告、设计、开发、推销、采购、结算等全部贸易活动都纳入电子商务的范畴。所以,美国学者瑞维·卡拉可塔和安德鲁·B.惠斯顿提出:电子商务是一种现代商业方法。这种方法通过改善产品和服务质量、提高服务传递速度、降低交易费用,以满足政府、企业、厂商和消费者的需求。一般地讲,今天的电子商务通过少数计算机网络将买方和卖方的信息、产品和服务联系起来,而未来的电子商务则通过构成信息高速公路的无数计算机网络中的任一网络进行交易。

完整的电子商务运作除了买卖双方外,还会涉及很多方面,交易过程中还必须有银行或金融机构、政府机构、认证机构、配送中心等机构的加入。由于参与电子商务中的各方在物理上是互不谋面的,因此整个电子商务过程并不是物理世界商务活动的翻版,网上银行、在线电子支付等手段和数据加密、电子签名等技术在电子商务中发挥着重要的不可或缺的作用。

二、电子商务的特点

电子商务是Internet飞速发展的产物,是网络技术应用的全新发展方向。因特网本身的开放性、全球性、低成本、高效率的特点,也成为基于Internet的电子商务快速发展的重要原因。电子商务作为一种新的贸易形式,为企业提供了虚拟的全球性贸易环境,改变了企业本身的生产、经营、管理活动,同时使买卖双方之间的交易更加简单、高效,使公司可以集中更多的力量满足客户需要,提高服务质量,为公司、企业创造更具竞争力的经营优势。与传统的商务活动方式相比,电子商务具有以下几个特点:

（一）交易过程虚拟

电子商务,是通过计算机网络进行的贸易,在贸易过程中,买卖双方从贸易磋商、签订合同到费用支付等,均通过计算机互联网络完成,无须当面进行,整个交易完全虚拟化。对卖方来说,可以到网络管理机构申请域名,建立自己的商务网站,组织产品信息上网。而虚拟现实、实时客服、数据库等新技术的应用,使买方能够根据自己的需求选择产品,并将信息反馈给卖方。通过双方信息的交流,签订电子合同,完成交易并进行电子支付。整个交易都在网络这个虚拟的环境中进行。

（二）交易成本低廉

电子商务,使得买卖双方的交易成本大大降低。一是,距离越远网络上进行信息传递的成本相对于信件、电话、传真等传统通信方式而言,就越低。二是,交易双方通过网络进行商务活动,无须中介者参与,减少了交易的有关中间环节,降低了运作成本。三是,卖方可通过互联网进行产品介绍、宣传,避免了在传统营销方式下做广告、发印刷品等产生的大量费用。四是,电子商务实行"无纸贸易",可减少90%的文件处理费用。五是,互联网使买卖双方能够即时沟通供需信息,使无库存生产和无库存销售成为可能,从而使库存成本降为零。六是,企业利用内部网可实现"无纸办公（OA）",提高了内部信息传递的效率,节省时间,并降低管理成本。通过互联网络把公司总部、代理商以及分布在其他国家的子公司、分公司联系在一起,及时对各地市场情况作出反应,即时生产,即时销售,降低存货费用,采用高效快捷的配送公司提供送货服务,从而降低产品成本。七是,传统的贸易平台是地面店铺,电子商务贸易平台则是网吧或办公室,大大降低了店面的租金。

（三）交易快速高效

电子商务,运用计算机自动处理商业报文,可以在世界范围内迅速完成商业信息的传递,同时交易过程精简了中间环节,压缩了辅助设施,使得原料采购、产品生产、需求与销售、银行汇兑、保险、货物托运及申报等过程不受人为因素干预,加快了交易的速度。传统贸易方式中,用信件、电话和传真传递信息必须有人的参与,且每个环节都要花不少时间。有时由于人员合作和工作时间的问题,会延误传输时间,失去最佳商机。基于互联网的电子商务,通信速度大大提高,尤其是国际范围内的通信更加快捷,极大地缩短了交易时间,使商务业务的效率相应提高,整个交易非常快捷与方便。

（四）交易市场庞大

互联网应用遍及全球的各个领域,使得电子商务一方面突破了时间和空间的限制,交易活动可以随时随地进行;另一方面又提供了丰富的信息资源,为巨大的网上商业市场奠定了基础。同时,网络商务的发展又拓宽了企业的发展空间和贸易机会,形成了庞大的贸易体系。

(五)交易环节透明

电子商务交易的各个环节(包括买卖双方交易的洽谈、签约以及货款的支付、交货通知等)均直接显示在电子屏幕上,整个交易过程显得比较透明。同时网上通畅、快捷的信息传输也可以保证双方能够及时进行各种信息的核对,有效地防止了伪造信息的流通。

三、电子商务的分类

在应用电子商务的过程中,我们可以按电子商务交易涉及的对象、电子商务交易所涉及的商品内容和进行电子业务的企业所使用的网络类型等方式,对电子商务进行不同的分类。

(一)按参与电子商务交易涉及的对象划分

按参与电子商务交易涉及的对象不同,电子商务可分为五种类型,即企业对消费者、企业对企业、企业对政府机构、消费者对政府、消费者对消费者的电子商务。

1. 企业与消费者之间的电子商务(也称商家对个人客户或商业机构对消费者 Business to Consumer,即 B to C)

这是消费者利用 Internet 直接参与经济活动的形式,基本等同于电子零售商业。随着国际互联网的发展,网上销售迅速地发展起来。目前,Internet 已遍布各种类型的虚拟商店和虚拟企业,提供各种与商品销售有关的服务。通过网上商店买卖的商品有实体化的,如鲜花、书籍、服装、食品、计算机、汽车、电视等;也有数字化的,如新闻、音乐、电影、数据库、软件及各类基于知识的商品;还有提供各类服务的,如安排旅游、在线医疗诊断和远程教育等。

2. 企业与企业之间的电子商务(也称商家对商家或商业机构对商业机构 Business to Business,即 B to B)

B to B 的方式,是电子商务应用中最重要和最受企业重视的形式,企业可以使用 Internet 或各种其他商务网络对每笔交易寻找最佳合作伙伴,完成从订购到结算的全部交易过程,包括向供应商(企业或公司)订货、签约、接受发票和使用电子资金转移、信用证、银行托收等方式进行付款,以及解决在商贸过程中发生的其他问题如索赔、商品发送管理和运输跟踪等。企业对企业的电子商务经营额大,所需的各种硬软件环境较复杂,但是通过增值网络(Value Added Network,VAN)上运行的电子数据交换(EDI),使企业对企业的电子商务得到了迅速扩大和推广。

3. 企业与政府之间的电子商务(Business to Government,即 B to G)

B to G 的商务活动,覆盖企业与政府组织间的许多事务。如企业与政府之间进行的各种手续的报批,政府通过 Internet 发布采购清单、企业以电子化方式响应、政府在网上以电子交换方式来完成对企业电子交易的征税等。目前,我国许多地方政府已经推行网上采购,这也成为政府机关政务公开的手段和方法。

4. 消费者与政府之间的电子商务(Consumer to Government,即 C to G)

C to G 的电子商务,是指个人与政府之间开展的电子商务活动。目前,这类电子商务活动尚未真正形成,但其应用前景却十分广阔。其内容涉及人们生活的方方面面,如居民的登记、统计、户籍管理,发放养老金、失业救济金和其他社会福利,征收个人所得税和其他契税等。开展消费者与政府之间的电子商务,一方面可以有效地提高政府部门的办事效率;另一方面则可以增加政府工作的透明度,提高公众参政议政意识,树立良好的政府形象。目前,这些内容也被称为"电子政务"。

5. 消费者与消费者间的电子商务(Consumer to Consumer,即 C to C)

C to C 的交易模式,其特点类似于现实商务世界中的跳蚤市场。其构成要素,除了包括买卖双方外,还包括电子交易平台提供商,也即类似于现实中的跳蚤市场场地提供者和管理员。数据显示,截至 2006 年年底,网络购物总体交易额达到 312 亿元,B to C 和 C to C 总体交易额分别为 82 亿元和 230 亿元,C to C 市场规模同比增加 85%,增长速度超过网络购物的整体增速。

(二)按照电子商务交易所涉及的商品内容划分

按照电子商务交易所涉及的商品内容不同,可以将电子商务分为两类,即间接电子商务和直接电子商务。

1. 间接电子商务

间接电子商务,所涉及的商品是有形货物的电子订货,如鲜花、书籍、食品、汽车等,交易的商品仍然需要通过传统的渠道如邮政服务和商业快递服务来完成送货,因此,间接电子商务要依靠送货的运输系统等外部要素。

2. 直接电子商务

直接电子商务,所涉及的商品是无形的货物和服务,如计算机软件等的联机订购、付款和交付,或者是全球规模的信息服务。直接电子商务,能使买卖双方越过地理界线直接进行交易,充分挖掘全球市场的潜力。

(三)根据开展电子商务的企业所使用的网络类型划分

根据开展电子商务的企业所使用的网络类型不同,可以将电子商务分为三种形式,即 EDI 商务、互联网商务、内联网商务。

1. EDI 网络电子商务(Electronic Data Interchange,即电子数据交换)

EDI 网络电子商务,是指按照一个商定的标准和协议,将商务文件标准化和格式化,并通过计算机网络,在贸易伙伴的计算机网络系统之间进行数据交换和自动处理。EDI 较好地解决了安全保障问题,所以主要应用于企业与企业、企业与批发商、批发商与零售商之间的批发业务。EDI 网络电子商务,在 20 世纪 90 年代已得到较大的发展,技术上也较为成熟,但是因为开展 EDI 网络电子商务对企业的管理、资金和技术都有较高的要求,因此至今尚不太普及。

2. 互联网电子商务(Internet 商务)

互联网电子商务,是指利用 Internet 网络在全世界范围内开展的电子商务活动,参加交易的各方可以在因特网上进行各种形式的电子商务业务。它突破了传统商业生产、批发、零售及进、销、存、调的流转程序与营销模式。所涉及的领域广泛,不受时间、空间、厂商的限制,全世界各个企业和个人都可以参与。因此,互联网电子商务正以飞快的速度发展起来,前景十分广阔,是目前电子商务的主要形式。

3. 内联网电子商务(Intranet 商务)

Intranet,指的是企业内部网,或称内联网。Intranet 商务,则是指在一个大型企业的内部或一个行业内开展的电子商务活动。在 Intranet 内利用在线业务申请和注册,代替纸张贸易在内部流通的形式,从而大大降低了业务成本,提高了工作效率。但与 Internet 商务相比,内联网仍不可避免地存在其局限性。

四、电子商务的基本流程

电子商务流程是指企业(或消费者)在具体从事一个电子商贸交易过程中的实际操作步骤和处理过程。不同类型的电子商务交易,虽然都包括以商情沟通、资金交付、商品配送为核心的三个阶段,但具体流程却有所不同,对于基于 Internet 的商务活动来讲,目前基本上可以归纳为两种:网络商品直销和网络商品中介交易。

(一)网络商品直销流程

网络商品的直销是指,商品需求方和供应方(也可指消费者和生产者)直接利用网络进行买卖活动,排除批发商、代理商等中间环节。常见的 B to C 电子商务,大多属于网络商品直销这一范畴。这种交易模式的最大特点是,供需双方直接见面,中间环节少,速度快,费用低。其完整交易过程可以分为以下六步:

(1)消费者进入互联网,查看企业或商家的网页,获取商品信息;

(2)消费者通过购物对话框填写购物信息,如姓名、地址、选购商品名称、数量、规格、价格等;

(3)消费者选择支付方式,如信用卡(借记卡)、电子货币、电子支票等;

(4)企业或商家的在线客户服务器检查支付方服务器,确定汇款额是否被认可;

(5)企业或商家的在线客服确认消费者付款后,通知销售部门按约定送货方式送货;

(6)消费者的开户银行将支付款项传递到他的信用卡公司,信用卡公司为消费者邮寄消费清单。

为保证电子商务交易的安全,还需要有一个认证机构对在网上交易的买卖双方进行认证,以确认他们的真实身份。这便是电子商务交易中受信任的第三方 CA 数字证书认证中心,它承担着公钥合法性检验的责任。

(二)网络商品中介交易流程

网络商品中介交易,是通过网络商品交易中心(虚拟网络市场)进行的商品交易。是 B to B 电子商务的另一种形式。在这种交易的整个过程中,网络商品交易中心以互联网为基础,利用先进的通信手段和计算机技术,将商品供应商、采购商和银行紧密地联系起来,为客户提供市场信息、商品交易、仓储配送、货款结算等全方位的服务。网络商品中介交易过程,可分为以下几个步骤:

(1)买卖双方将各自的供求信息通过网络传递给网络商品交易中心,交易中心利用信息发布功能向参与交易的各方发布大量的、详尽准确的交易数据和市场信息;

(2)买卖双方根据自己从交易中心获取的相关信息选择自己的贸易伙伴;

(3)交易中心从中撮合,促使买卖双方签订合同;

(4)买方在交易中心指定的银行办理转账付款手续;

(5)指定银行通知交易中心买方货款到账;

(6)交易中心通知卖方将货物发送到离买方最近的交易中心配送部门;

(7)配送部门给买方送货;

(8)买方验证货物无误后通知交易中心货物收到;

(9)交易中心通知银行买方收到货物;

(10)银行将买方货款转交给卖方;

(11)卖方将回执发送给银行;

(12)银行将回执转交给买方。

五、我国电子商务的发展

随着全球信息化的日益广泛深入,各国的电子商务也正在不断地改进和完善。在我国,随着计算机与网络技术的普及与发展,电子商务迅速发展起来,在我国经济生活中已经占据了越来越重要的地位。

(一)我国电子商务的发展

20 世纪 90 年代末以来,我国电子商务在基础设施建设、企业参与以及商务实践等方面,都取得了显著的进展。电子商务的应用,为我国信息产业的发展提供了有力的支持,使其能够迅速成长为国民经济的重要支柱产业。

我国在 1994 年开始出现电子商务模式,但到 1999 年电子商务才得以全面展开。在 20 世纪 90 年代,我国相继实施了"金桥"、"金关"、"金卡"、"金税"工程,外贸、银行、证券、保险、民航、信用卡发放等方面均成功进入电子商务领域。2001 年开始,我国五大银行在各大中城市实现联网,消费者可跨行结算。同时增值税发票也可在五大省市联网核查。这些"金"字头工程,为我国电子商务的发展打下了坚实的基础。

近年来,我国电子商务在经历了探索和理性调整后,步入了务实发展的轨道,取得了较为突出的成绩。电子商务应用初见成效,电子商务基础环境建设取得重要进展,创新能力进一步提高,发展环境不断改善。从市场需求来看,随着互联网应用的广泛普及,越来越多的人清晰地认识到电子商务的价值所在,而传统企业为了能在电子商务这个巨大的市场空间上展示更多的产品、提供更个性化的服务、寻求更大的发展,也纷纷加入其中。调研结果表明,我国一些大中型企业在运用先进信息技术改造企业传统生产管理流程、开展在线交易等方面,已经进行了大胆的探索和有益的实践。

我国电子商务应用呈现出以下特征:一是,支持电子商务发展的力度进一步加大;二是,企业电子商务有了突破性进展,电子商务交易额形成了一定规模;三是,电子商务的行业应用进一步普及;四是,电子商务服务业正在形成;五是,电子商务模式创新日益活跃,基于网络的数字化产品与服务不断涌现;六是,电子商务呈现出多层次、多元化的发展态势。据相关调查数据显示,2008年我国电子商务交易总额达3.1万亿元,比2007年增长了43%,未来几年内仍将以较快速度发展。

(二)我国电子商务面临的问题

在互联网上建立企业的"门户"或主页,树立企业的"网上形象",扩大企业影响,已经成为目前国外企业开展电子商务的普遍做法。通过企业在互联网上的门户,充分利用网络的优势,以尽量少的投资和精力赢得大量的客户群。

我国电子商务发展到现在,虽然形势良好,成绩斐然,但就整体而言,中国电子商务仍处于初级(起步)阶段,与世界发达国家的发展相比还存在差距。尤其在电子商务发展所需要的技术条件和社会条件上,我们还有着相当的差距。主要问题表现为:

1. 网络基础设施薄弱

电子商务是基于网络进行信息通信的商务活动,电子商务的发展从一定程度上可以说取决于信息基础设施的规模。因此,发展电子商务离不开必要的信息基础设施的支持,包括建设各种信息传输网络、研制各类信息传输设备、开发新的信息技术等。我国经过近几年的发展,网络基础设施建设已经有了长足的进步,但已建成的网络质量离电子商务的要求还相距较远,与发达国家相比还显得比较缓慢和滞后。另外,网络的可靠性、数据传送的速度等技术方面的障碍,也严重制约着我国电子商务的进一步发展。电子商务的进行需要支付与结算,这就应有高质、高效的电子金融服务。电子金融的基础则是快速、安全、可靠的网络通信线路,要想真正实现实时的网上交易,就需要网络有较快的响应速度和足够的带宽,而现在大部分的网络速度都达不到实际的要求。虽然千兆网络技术开始走向成熟,但要全面铺开还有待时日;ATM是较为理想的技术,但价格昂贵;千兆以太网在可升级和成本上有优势,但不能提供多媒体应用所需的服务质量。因此,如何加大基础设施建设的力度,提高投资效益,改变网络通信方面的落后面貌,应是我国现阶段促进电子商务应用普及的首要问题。

2. 缺乏专业化的物流管理

一个完整的电子商务流程,应该是信息流、资金流、物流三位一体的完美组合。完整的物流系统,则由采购、仓储、分拣和配送四部分组成。物流,是电子商务运作过程的重要组成部分,它在电子商务中起着重要的作用,高效率的物流配送在任何一笔交易中都是不可缺少的。而我国现有的物流水平明显滞后于电子商务的整体发展,难以满足电子商务快速配送的需求。

在一些发达国家,电子商务运营商一般将整个物流全部委托给第三方专业物流公司来管理。第三方物流的功能是,设计、执行以及管理客户供应链中的物流需求,其特点是依据信息和物流专业知识,以最低的成本提供客户需要的物流管理和服务。我国的物流企业数量虽具有一定的规模,但能适应现代电子商务的物流企业数量仍很少、规模也小,大多数物流企业技术装备和管理手段仍比较落后,很少能提供物流策划、组织服务及深入到企业生产领域进行供应链全过程的管理。而邮政速递和一些快递公司,也只能完成物流系统中的一项——配送服务,而且成本较高,速度较慢,渠道不畅,根本无法满足电子商务物流配送高效率、低成本的要求,从而严重制约我国电子商务的快速发展。

3. 缺乏健全的信用机制

我国目前的电子商务信用机制还相当不完善,基本上还处于一个刚刚起步的阶段。在美国,已经形成了一个完整的框架体系,设计了一整套调查和评估消费者个人信用的指标,包括可靠性、信用等级、偿付能力、人品以及一般信誉。而中国的消费市场一向缺乏"信用消费"概念的支持,就目前而言,我国无论是企业还是个人,还未普遍建立完善的信用体系,网上交易双方在进行每一笔交易的时候,都要鉴别对方是否是可信的。究其原因,是因为从立法上看,对电子商务信用机制进行规范的立法少之又少。我国对电子商务进行规范的立法本来就不多,也尚不足以构成一个法律体系;从经济实务来看,在众多的网上商贸活动中,交易当事人的不诚实行为屡见不鲜,交易行为短期化倾向严重,而对相应的不诚实交易行为的惩戒力度又相对不够。不健全的市场信用机制,直接影响到我国电子商务的发展,成为阻碍电子商务快速发展的瓶颈。

4. 网络安全问题

目前,阻碍电子商务广泛应用的最大问题就是安全问题。由于因特网的诞生并不是因为商业目的,而是为了能方便地共享计算机资源,所以要在开放的互联网上进行安全要求较高的电子商务活动,显然存在其弊端。病毒感染、黑客的侵袭,时时威胁着互联网的安全。网上交易面临着种种危险:消费者担心在网络上传输信用卡及个人资料会被截取,或是不幸遇到"黑店",信用卡资料被不当运用;经销商也担心收到被盗用的信用卡号码,或是交易不认账等。种种情况对电子商务的推行都造成了极为不利的影响,使公众在电子商务前裹足不前。因此,必须要在现有网络的基础上增加一些安全措施,如防火墙、加密、数字签名、身份认证等技术,以保证信息的保密性、准确性、不可修改和不可否认性。另外,需要通过一定的形式把这些技术手段确定下来,包括制定必要的网络接入标准、允许采用不同的信息技术的用户间进行电子商务活动、实现电子商务标准化的商务环境。

电子商务将成为 21 世纪人类信息世界的核心,也是网络应用的发展方向,具有不可估量的增长前景。电子商务还将构筑 21 世纪新型的经济贸易框架。大力发展电子商务,对于国家以信息化带动工业化的战略、实现跨越式发展、增强国家竞争力,具有十分重要的战略意义。

第二节 旅游电子商务的内涵与发展优势

20 世纪 90 年代以来,日益成熟的现代信息技术逐步渗透到我们生活中的每一个领域,电子商务在各行业中的应用可谓如火如荼。旅游业作为全球经济增长最为迅速的产业,电子商务对其积极的作用正日益凸显。旅游电子商务,作为电子商务发展的新领域,近年来在国内外广受重视,发展很快。

一、旅游电子商务的内涵

(一)旅游电子商务的定义

旅游电子商务,是电子商务在旅游业这一具体产业领域的应用。其意义在于,旅游电子商务是通过现代网络信息技术手段实现旅游商务活动各环节的电子化,包括通过网络发布、交流旅游基本信息和旅游商务信息,接收旅游客户反馈信息;以电子手段进行旅游宣传促销、接受网上订购、开展旅游售前售后服务;进行旅游电子交易;还包括旅游企业内部事务的电子化、管理信息系统的应用等。

(二)旅游电子商务的内涵

首先,从技术基础角度来讲,旅游电子商务是以互联网络技术、计算机技术、电子通信技术为基础而进行的旅游信息数据交换及一系列的旅游商务活动。旅游电子商务,是电子信息技术与旅游商务活动的有机结合,是旅游商务流程的信息化和电子化。近年来,随着互联网的普及和发展,无线网络、多媒体终端、语音电子商务等新技术的应用正不断地丰富和扩展着旅游电子商务的形式和应用领域。

其次,从应用层面来看,旅游电子商务涵盖三个方面的内容:一是面向市场,以市场活动为中心的商务应用,包括促成旅游交易实现的各种商业行为(如:网上发布旅游信息、网上公关促销、旅游市场调研等)和实现旅游交易的电子贸易活动(如:网上洽谈、售前咨询、网上交易、网上支付、售后服务等);二是利用网络重组和整合旅游企业/机构内部的经营管理活动,实现旅游企业内部电子商务,包括旅游企业内部网络建设、利用计算机各类管理系统实现旅游企业内部管理信息化;三是支持旅游经济活动在 Internet 上健康有序开展的外在环境,包括旅游电子商务的通行规范,旅游行业管理机构对旅游电子商务活动的引导、协调和管理,旅游电子商务的支付与安全措施等。第三个部分是前两个部分的支撑环境,只有三方面同步提高、协调发展,才能促进旅游电子商务的良性循环。发展到成熟阶段的旅游电子商务,应该是旅游企业/机构对外电子商务和内部电子商务的有序结合,必将极大地提高旅游业的运作效率。

最后,旅游电子商务不仅仅是旅游电子交易,而且包括应用现代网络信息技术手段进行的有商业目的的发布、传递、交流旅游信息的活动。旅游信息服务,是旅游电子商务的重要内容。如今,许多旅游者在网上查询旅游信息,据此规划行程,作出旅游决策,但又在网下预订旅游产品。如果仅把旅游电子商务理解为旅游电子交易,就无法全面反映现代信息技术服务于旅游商务活动的丰富内涵和巨大影响。

二、旅游电子商务的特点

(一)旅游电子商务的多方参与性

以信息技术为基础的旅游电子商务,在其商务活动过程中除了包含旅游企业(机构)如何利用信息技术提高业务效率和降低商务活动成本的问题外,还涉及为保证旅游电子商务顺利进行所需的设施和技术支持、配套完善的市场环境和管理手段等诸多方面。

首先,旅游电子商务的参与者包括各类旅游企业、旅游营销机构和旅游者。因为旅游电子商务的信息交流是通过互联网实现的,所以以上的参与各方,必须拥有能够接入网络信息系统的相应的信息技术工具。其次,在旅游电子商务的交易过程中,交易双方在空间上是分离的,因此必须提供相应的支付结算手段和物流配送服务,才能保证交易的顺利进行。在旅游业中配送服务相对较少,物流配送可依赖传统物流渠道实现。支付结算既可以利用传统方式,也可以利用网上支付方式完成。最后,为保证旅游企业(机构)和旅游者能够利用互联网络这一数字化渠道顺利地进行沟通,使信息技术真正走进旅游业中,服务于旅游业,需要有电子商务服务商这一专业技术服务提供者的参与。

(二)旅游电子商务的形式多样性

旅游业是一个综合性的产业,它包括食、宿、行、游、购、娱等众多子行业。航空公司、旅游饭店等旅游企业,可直接向旅游者提供旅游产品或服务,也可以由旅行社将单项产品和服务组合成旅游线路产品,再向旅游市场成套销售。另外,旅游业中存在着复杂的多层次的代理关系。如旅游批发商将批量购买的航空机票、旅游饭店等单项产品进行组合包装,然后将成套的旅游线路产品,通过分布在各地的旅游代理商网点进行销售;旅行社也能代订各种票证、酒店等单项旅游产品;专业的订票中心、旅游集散中心和旅游专业网站都能够代理旅游产品。

从旅游业务角度来说,在旅游电子商务体系中,各旅游企业子行业间及旅游企业与旅游者之间通过信息网络系统广泛地联系在一起,它们之间错综复杂的合作与交易均可以通过网络手段来实现。应用旅游电子商务的机构也很多,主要包括:旅游饭店、旅行社、旅游车船公司等旅游企业,旅游批发商、旅游代理商、旅游集散中心等旅游中间商以及旅游营销机构等。目前,专业的旅游电子商务网站也逐步发展壮大起来,它们为旅游者提供了极其丰富的旅游资讯,支持在线进行全国甚至世界范围内的旅游预订,并提供专门的交流社区,已经成为网络时代新兴的旅游代理商。

三、旅游电子商务的主要优势

旅游业是信息密集型产业和信息依托型产业,而网络本身又具有廉价、快速、便捷、手段多样等优越性。旅游业与电子商务的结合,必定给其发展带来新的生机和活力。电子商务在旅游业中的应用,具有十分明显的优势。

(一)旅游产品自身特点适合发展电子商务

旅游产品是指,旅游经营者通过开发、利用旅游资源提供给旅游者的旅游吸引物与服务的组合,即旅游目的地向游客提供的一次旅游活动所需要的各种服务的总和。它不是以物质形态表现出来的一个具体劳动产品,而是以多种服务表现出来的无形产品。

首先,旅游产品一般是由旅游资源、旅游服务设施和旅游交通等方面组成的,这些方面决定了旅游产品具有不可移动和不可储藏的特点,其生产和销售的过程是在服务的过程中同时完成的,而且消费过程是旅游者向旅游目的地进行移动,因此,在电子商务的实现上基本不需要物流配送环节。其次,旅游产品包含大量相关的食、住、行、游、购、娱等产品信息,旅游销售的过程其实质就是将各类信息传递到旅游需求人群的信息传递过程。由于旅游产品的这些特性,发展旅游电子商务的条件可谓得天独厚。

(二)旅游消费的独特性是进行旅游电子商务的基础

旅游产品的消费与其他商品消费不同,游客在实现旅游消费之前,是看不到旅游产品的实物的,而游客见到实物时,其时已经开始消费。当游客只是以潜在旅游者身份存在着的时候,由于旅游消费是一种非基本生活消费,与产品的介绍、个人的偏好和性格等有着密切的联系,这些因素中任何微妙的变化都可以改变人们对消费的倾向与态度,从而成为阻止或推动旅游消费发生的巨大力量,因此说旅游消费具有很大的弹性。因此,对于旅游者来说,旅游信息的充分与否非常重要,而传统的旅行社与游客之间往往信息不对称,电子商务可以弥补这一不足。旅游者在购买旅游产品之前可以通过浏览旅游企业的网站,获取更充分的产品信息以指导自己的购买行为;对于旅游景点来说,也可以将景点的特色、人文景观、服务设施和交通情况等以图、文、声、像的方式发布到互联网上,供全球范围的消费者查询浏览,为游客提供大量丰富的旅游信息,吸引大批潜在的游客前往实地参观。旅游消费与生产的同时性,为电子商务运作提供了很大空间。

第三节　旅游电子商务的体系结构

　　一个完整的旅游电子商务系统是以网络信息系统为基础,由旅游者、旅游企业、电子商务服务商、电子支付结算体系共同组成的综合体。结构较为复杂,是一个有多方参与的、多层次的、网状沟通的体系结构。同时,其发展稳定与否还受到旅游产业经济环境、技术环境、社会环境和法律法规环境等外部环境的影响。

一、旅游电子商务体系的架构基础——网络信息系统

　　网络信息系统,作为旅游电子商务体系的基础框架,它的主要作用是提供一个安全畅通的信息交流和网上交易的平台。旅游电子商务中涉及的信息流、资金流均和网络信息系统密切相关。网络信息系统,是电子商务服务商根据旅游企业的需求,在计算机网络基础上开发出来的,它可以成为旅游企业与旅游者之间进行信息交流的平台。在一定的安全和控制措施的保证下,旅游企业可以将信息发布在网站上,旅游者可以通过互联网搜寻和查看信息。交易双方还能在网络信息系统的支持下及时便捷地交流,通过网络支付系统实现网上支付。旅游预订和交易的相关信息,则可帮助旅游企业更好地组织旅游接待服务,以保证旅游业务的顺利进行。

　　旅游电子商务网络信息系统可分为三种:增值网(Value Added Network,简称VAN)和互联网(Internet)及内联网(Intranet)。

　　1. 基于增值网(VAN)的网络信息系统

　　EDI 是基于增值网络旅游电子商务的主要模式。也是最早的旅游电子商务形式,主要应用于旅游企业之间的商务活动。相对于传统的分销付款方式,EDI 大大节约了时间和费用;而相对于开放的互联网,EDI 也较好地解决了网络安全问题。

　　EDI 是通过购买增值网服务,即租用 EDI 网络上的专线来实现的,费用较高,网络速度较慢。此外,EDI 所需应用程序还需要专门的操作人员自行开发,并且需要

业务伙伴也使用EDI,这在一定程度制约了EDI的企业应用,至今在旅游业中仍未广泛普及,只有航空公司和大型饭店集团才有能力使用。目前,EDI在旅游业中的应用主要集中在计算机预订系统(CRS)和全球分销系统(GDS)中。

2. 基于互联网(Internet)的网络信息系统

以Internet为基础的旅游电子商务,为旅游业务的开展提供了许多便利,能够实现很多非常有用的功能,例如:信息浏览、网上聊天、电子邮件、远程登录以及BBS等。由于互联网有着开放、便捷的信息处理和沟通优势,当它与旅游业结合时,能为旅游机构提供巨大的商业机会。

互联网作为一种商业信息平台,能够24小时不间断地提供内容丰富、覆盖面广的旅游信息。信息提供成本不随空间距离而增加,并且支持影像、图片、声音等多媒体形式,为跨空间地开展旅游商务活动提供了保障,并为旅游企业的经营管理提供了一个全新的数字化信息系统平台。

3. 基于内联网(Intranet)的网络信息系统

Intranet是基于Internet发展起来的企业内部网。它在企业原有的局域网上安装一些特定的软件,将局域网与互联网连接起来,从而形成企业内部网络。内联网与互联网之间最主要的区别在于内联网中的信息安全受到企业防火墙的保护,它只允许授权者访问内部Web站点,外部人员只有在管理员许可的条件下才能登录企业内联网。Intranet能为旅游企业分布在各地的分支机构及企业内部各部门提供企业资源共享,使企业各级管理人员获取自己所需的信息。如今内联网在大型旅游饭店、旅行社集团中被广泛使用,有效地降低了通信成本,并推进了企业内部的无纸化办公。

二、旅游电子商务的应用主体——旅游目的地营销机构、旅游企业和旅游者

现代旅游电子商务活动的主要参与者,包括旅游目的地营销机构、旅游企业和旅游者。在信息技术飞速发展的今天,电子商务能为旅游目的地营销机构、旅游企业和旅游者的各种商务活动提供全面的支持。

1. 旅游目的地营销机构(DMO)

旅游目的地营销机构(Destination Marketing Organization,DMO)是一种专门负责目的地旅游促销事务(如目的地旅游形象整体宣传、旅游企业营销活动筹划等)的组织。这些组织一般都是依法成立的法定机构或非营利组织,公私合营较为普遍,如加拿大旅游委员会、日本国家旅游组织、西班牙旅游促进会等。而其他一些国家和地区,目的地营销职能与政策、管理等职能统一由政府旅游管理部门承担。此种情况下,政府旅游行政管理机构中的市场开发部门就相当于旅游目的地营销机构。

旅游目的地营销机构,是信息网络和旅游电子商务技术的重要应用者。发达国家的旅游目的地营销机构,随着信息技术的发展不断进步。20世纪70年代,信息技术已被部分旅游目的地营销机构率先应用;80年代,信息技术主要被应用于处理复杂的旅游产品数据和制作旅游出版物等方面;90年代,更复杂的硬件设施和软件系统被应用于旅游目的地营销机构,特别是90年代中期以来,多功能的旅游目的地信息系统(DIS)和旅游目的地营销系统(DMS)已被越来越多的国家和地区采用。当前,DIS和DMS已成为旅游电子商务体系的重要组成部分。

2. 旅游企业

旅游企业包括旅游服务提供商和旅游中间商,负责生产、组织和销售旅游产品,开展跨国度、跨地区的旅游经营活动,是旅游市场的主体。由于旅游产品本身的特点和网络信息手段在商业应用中的迅速增长,电子商务为旅游企业提供了极具吸引力的全新市场空间。为此,旅游企业开展电子商务,必须进行系统规划,建设好自己的电子商务系统。

一个完整的旅游企业电子商务系统,由企业内部网络系统、企业管理信息系统和电子商务网站等部分有机组成。其中,企业内部网络系统是企业内部沟通、交流信息的平台,企业管理信息系统是信息加工、处理的工具,电子商务网站是企业拓展网上市场的窗口。

3. 旅游者

旅游者购买旅游产品并到目的地进行旅游活动,是旅游产品的消费者,也是旅游电子商务的最终服务对象。现代网络技术在旅游电子商务中的运用为旅游者提供了更丰富更及时的信息服务,并让旅游者享受到查询、咨询、预订及服务等多方面的便利,大大节省了时间和费用。同时也使旅游者从过去信息比较闭塞和稀缺的状态进入信息完备而丰富的状态,从而能够了解更多的旅游景区景点和旅游产品,增加了选择性,激发了消费愿望。

旅游电子商务系统,能为旅游者提供旅游过程中各个阶段的多种服务。在旅游出行之前,旅游者可以通过相应的旅游电子商务网站查询到旅游目的地信息、与旅游相关的公共信息(包括天气、航班、列车、公交、其他交通信息等)、旅游企业信息(如餐厅、酒店、旅行社等)、旅游产品信息;旅游者可通过电子邮件、留言板、在线客服等与旅游企业进行交流,进行旅游咨询;另外,旅游者还可通过电子商务平台预订旅游产品。在旅行中,旅游者也可以通过旅游电子商务平台,了解目的地各种情况,查询旅游服务设施,还能够及时调整下一站的行程安排。对旅行归来的旅游者,旅游电子商务网站提供了信息交流和反馈的渠道,旅游者可通过电子商务网站填写调查问卷、提出建议、进行投诉等。旅游企业则可将过去接待的旅游者信息纳入到客户关系数据库中,定期向其传递符合其偏好的旅游促销信息。

三、旅游电子商务的技术支持者——电子商务服务商

电子商务服务商,是旅游电子商务的技术支持者,为旅游企业、旅游机构和旅游者在网络信息系统上进行商务活动提供支持。根据其服务内容和层次的不同，可以将电子商务服务商分为两类：一类是，为旅游电子商务系统提供物质基础和技术支持服务的系统支持服务商；另一类是，专业的旅游行业电子商务平台运营商，负责开发、运营旅游电子商务平台，为旅游企业以及旅游者之间提供沟通渠道、交易平台及相关服务。

1. 系统支持服务商

根据技术和应用层次的不同，可将系统支持服务商分为三类。第一类是接入服务商（Internet Access provider，IAP），它主要提供互联网通信和线路租借服务，如中国电信、中国联通。第二类是互联网服务提供商（Internet Service provider，ISP），它主要为旅游企业建立电子商务系统提供全面支持。一般旅游机构和旅游者上网时只需通过 ISP 提供的账号接入 Internet，由 ISP 向 IAP 租借线路。第三类是应用服务商提供商（Application Service provider，ASP），它主要为旅游企业、旅游营销机构提供电子商务系统建设解决方案。这些服务一般都是由专业的信息技术公司提供，如 IBM、HP、浪潮、联想等都曾为一些大型旅游企业提供过电子商务解决方案。有的 IT 企业不仅提供电子商务系统解决方案，还为企业提供电子商务租借服务，企业只需要租赁使用，无须开发自己的电子商务系统。

2. 专业的旅游行业电子商务平台运营商

专业的旅游行业电子商务平台运营商，作为中间商并不直接参与网上旅游电子商务活动，其作用表现在：一方面，它为旅游电子商务活动的实现提供信息系统支持和配套的资源管理服务，是旅游企业、旅游营销机构和旅游者之间信息交流的技术基础；另一方面，它还为网上旅游交易提供商务平台，是旅游市场各主体间进行商务活动的基础。专业旅游电子商务平台运营商的特点是规模大、知名度高、访问量大，有巨大的用户群。它收集整理大量的旅游市场信息，并提供虚拟的交易场所，为参与旅游商务活动的旅游企业、旅游者提供信息畅通的市场环境。旅游者只需登录相关网站便可查询到跟旅游相关的各类信息，并可根据自己的需要和预算选择相应服务（如客房、娱乐、餐饮、交通、接待等），整个过程方便快捷，费用低廉。旅游电子商务平台，降低了旅游交易成本，提高了旅游商务活动的效率。

四、旅游电子商务网上交易实现的保障——电子支付结算系统

电子支付结算，是旅游网上交易完整实现的很重要的一环，关系到购买方的信用、能否按时支付、旅游产品的销售方能否按时回收资金并促进企业经营良性循环等问题。电子支付结算系统的稳步发展，是旅游电子商务得以顺利实现的重要因素。

对于一个完整的网上交易，它的支付应该是在网上进行的。但由于目前网上支付环境和社会认同程度的原因，网上交易还处于初级阶段，许多旅游电子商务参

与者还没有接受网上支付这种交易方式。支付结算仍然是脱离网络进行的,旅游者在网上预订了旅游产品,再与旅游企业面对面支付费用。旅游企业之间的支付则采取月结和银行划账的方式。

资料显示,我国旅游行业每年都要承担近20亿美元的拖欠款,其中很大一部分便是由于支付手段的落后而形成种种漏洞造成的。根除这一痼疾的有效手段,便是建设一套由国内及国际银行支持和参与的网上结算系统。

第四节 旅游电子商务的功能作用与产业影响

一、旅游电子商务的功能

随着旅游电子商务的深入发展和广泛应用,其功能也得到极大的提升。一个完善的旅游电子商务系统,至少能提供如下功能:

(一)信息查询服务

提供旅游服务机构相关信息(如饭店、旅行社以及民航航班等信息)、旅游景点信息、旅游线路信息以及旅游常识等信息查询。

(二)在线预订服务

提供酒店客房、民航班机机票、旅行社旅游线路等方面的实时、动态的在线预订业务。

(三)客户服务

提供可供用户在线预订旅游产品的客户端应用程序。利用这种预订程序,用户(指通过系统进行预订的个人以及机关团体)可以与代理人(指上述的酒店、民航、旅行社等相关旅游服务机构)在网上实时洽谈业务,管理自己的预订记录。

(四)代理人服务

为旅游企业提供多种旅游产品的代理应用程序。利用该程序,代理人可与客户进行实时的网上业务洽谈、管理其旅游产品预订记录、查阅账目。

(五)网上促销

旅游企业可以借助互联网进行各种网上宣传活动,充分展示旅游产品和服务的全方位信息。

二、旅游电子商务的产业影响

电子商务在旅游业中的应用,推动着旅游业向结构更合理和运行水平更高的方向发展,对旅游业的产业发展带来明显的影响。

(一)旅游电子商务对旅游产业发展环境的影响

传统意义上的旅游业,是劳动密集型或者资金密集型产业,而信息技术的发展及电子商务的注入,使得旅游业的发展正在渐渐改变这一特征,信息技术在旅游业发展中的贡献越来越大。电子商务与旅游业的结合,已逐步改变了旅游产业的发展环境。

首先,网络信息技术的运用增加了旅游业中的科技含量,扩大了旅游业中信息资源的容量。旅游产业具有高关联性,是由若干性质截然不同的行业组合起来的貌似松散的综合产业,作为重要的生产资源,信息在传统旅游模式中,由于地域分隔、渠道有限、条块划分等因素,一般难以广泛沟通。而电子商务的发展,可以通过网络汇集、传播、共享等手段,迅速整合各种资源,大大增加了每一个旅游市场主体所能获得的信息资源量,促进了各行业间交叉联合、优势互补。

其次,旅游电子商务提高了旅游从业人员的素质要求。传统的旅游业,不论是饭店、旅行社,还是旅游车船公司,内部业务流程靠纸质单据传递,对外联络靠电话传真,对人员学历和技术的要求不高。信息技术的广泛应用将要求各部门的数据信息用计算机处理,并通过内联网传送,这就需要旅游企业对人员结构进行调整和重组。

第三,电子商务改变了旅游企业工作环境,降低了企业成本。电子商务技术在旅游企业内部管理、网络预订、信息咨询等方面的运用,改变了传统的办公模式和工作模式,极大地降低了旅游企业的内部成本,弥补了传统旅游服务的缺憾,使企业推出的旅游产品更具价格竞争优势,为旅游企业进一步占领市场、获取利润打好了基础。

最后,旅游电子商务提高了旅游企业生产力。信息技术的应用把旅游从业人员从日常繁复的工作中解脱出来,将更多的精力投入到市场研究、分析和战略设计中,用很少的人力为旅游者提供了更科学、更全面的信息和服务。同时电子商务带来更广阔的商业领域、更多元的商业模式,必将使旅游业的发展走向更高的层次和水平。

(二)旅游电子商务对旅游产业组织机构的影响

电子商务的发展给旅游产业带来的影响主要表现在两个方面:一是,降低交易费用,推动市场的发展,使企业得以集中资源培育自己的核心业务,将不擅长的业务环节剥离,导致企业趋向小型化和专业化;二是,提高管理效益和组织效率,使企业领导能借助信息技术管理更大的组织、适应更复杂的结构,从而使企业的规模得以扩张,集团化发展成为可能。

电子商务对旅游产业组织机构的影响,突出地表现在对形成规模化、网络化的旅游企业集团的促进作用。电子商务的发展,为旅游企业凭借信息技术提高规模经营水平提供了可能;与此同时,信息技术的高投入也要求旅游企业的规模经营。旅游电子商务推动了旅游业务各个子系统之间的协同和配合,增强了食、宿、行、游、购、娱各个产业的内容关联度和流程紧密度,带动了旅游企业的虚拟联合。旅游企业基于网络的虚拟联合通常有两种形式:一是横向联合,如旅游饭店之间、专业旅行社之间通过建立销售和预订协作网络,相互代理产品,并通过消费会员、累计优惠、共享客户资料、共同促销等多样的方式将客源稳定在联合体内部;二是纵向联合,如大型旅游批发商将其分销系统延伸到分布在城市各地的小型旅行社,发展代理商网络。

总的来说,旅游电子商务的发展将促进旅游企业的重组与整合,推动旅游业走向集团化、网络化、专业化的科学产业组织格局。

(三)旅游电子商务对旅游价值链和中间商的影响

互联网"直接经济"时代的到来,对旅游中间商形成了冲击。虽然旅游中间商也同样可以受益于互联网信息技术,但现阶段旅游电子商务所提供的形式多样的网络营销模式,必将直接导致由传统旅行社构筑的传统分销渠道价值链的颠覆。互联网的出现,为旅游供应商拓展了更广阔的市场,使之无须受到地域限制,既与旅游中间商又与终端客户发展商务关系;旅游批发商则可以利用互联网更广泛地组织旅游产品,旅游代理商也能从网络上搜索到更丰富的产品源。网络的应用提高了中间商的效率,新型的电子旅游中间商应运而生。

旅游电子商务技术的发展导致更有效的分销渠道的产生,使得旅游价值链更加丰富,但旅行社等传统旅游中间商依然具有自身的作用和优势,它们并不会被取代。事实证明,旅游电子商务虽然冲击了旅游中间商的订房、订票业务,但旅游中间商提供咨询、建议和经验的作用仍然是互联网无法代替的。信息简单的、标准化的旅游产品,如机票、客房等具有在线销售的优势;而对于复杂的、不确定因素多的旅游产品,如包价旅游,旅游者则更信任面对面接触的旅游代理商的信誉和专业经验。

阅读材料

旅行社新规实施:在线旅游要亮翅?

网络抢滩旅游市场

2009年5月,新版《旅行社管理条例》的正式实施,让从2000年开始异军突起的在线旅游商们再也按捺不住。

虽然在市场上已经得到很多消费者的认同,市场份额也在一天天突飞猛进,但"身份模糊"的烦恼一直困扰着在线旅游服务商,要么挂靠、承包旅行社部门,要么以其他公司形态出现,大多数没有合法的旅行社牌照。

新的《旅行社管理条例》在注册资本、质保金、成立条件等方面都有所降低,这给那些在线旅游服务商获取合法的旅行社业务资质提供了机会,那些在经过多年的积累后实力规模强大的在线旅游服务商当然不会轻易放过,而那些获得民营资本、风险资本支持的在线旅游服务商同样也不会错过这个上岸的大好时机。

其实,要说国内的在线旅游的兴起,还是2000年以后的事。在传统的"到达型旅游"被越来越多的消费者所摒弃的时候,舒适、自由的个性化自助游开始走到前台,而网络旅游服务商提供的在线自主选择和预订,则是最能满足此类消费者需求的。自助游最大的特点就是自由,游客可以自己安排行程,不受团队的时间和行程约束。在欧美发达国家,70%的游客选择自由行,团队游只占30%。

近年来,自助游在中国旅游者尤其是年轻人中逐渐盛行。携程网在每个黄金周前都对自助游市场进行网络调查,在受访人群中,"肯定不会跟团游"和"基本不会选择跟团游"的人数逐年递增,目前已经接近50%。国内权威部门发布的旅游趋势调查报告也显示出,25~30岁的年轻群体中,选择自助出游的游客呈上升趋势,占全部被访者的一半左右。

起飞还需勤练内功

正是在这种大背景下,中国的在线旅游市场开始高歌猛进,2008年达到了38.4亿元,而2009年更是有望达到54.5亿元的规模。对于这么大的一个市场,谁都不会视而不见,几乎国内所有大旅行社都准备以不同模式进入这个市场。

虽然现在在线旅游越来越火,但总体来说,目前在线旅游业务大体可以分为在线订票、酒店预订、在线度假预订、旅游搜索引擎、旅游社区和个人旅游服务等几类,新业务的开拓还较匮乏。在线订票、酒店预订无疑是目前在线旅游行业收入的主要来源。虽然各大网站都先后宣布以收购旅行社等方式介入"独家"产品,但这类业务相对于订票、酒店预订等,还只是小打小闹而已。

但现在的小打小闹并不意味着一直裹足不前,事实上,在线度假预订才是将来更大的一块肥肉。最先介入的几个网站的止步不前反而大大地刺激了原本在线下旅行方面的资本商,不少传统旅行社都在铆足劲准备冲击这一市场,相对于网站主导的在线旅游商,这些传统旅行社在度假产品的把握方面具有相当的优势。其他的旅游搜索引擎、旅游社区、个人旅游服务等项目在国内可以说也刚刚开始起步。难怪好多业内人士都说,在线旅游市场大有可为,关键是从哪里切入。

对于在线旅游的大规模切入,一些传统旅游商认为:"一两年内,传统旅行社业务的分流不会太大,因为消费者对知名品牌具有较高的忠诚度,他们对传统旅游企业的认同,再加上旅行社有强大的资源网络,这些不是一天两天能实现的。但随着在线旅游商资源网络的增强,服务更到位,且知识群体越来越大,一两年后分流的客源会越来越多。也就是说,在线旅游要抢滩旅游市场,可能两年之后才是最好的时机。"

(资料来源:http://www.gog.com.cn.大河报,2009-05-07.)

本章小结

旅游电子商务,是指通过现代网络信息技术手段实现旅游商务活动各环节的电子化,包括通过网络发布、交流旅游基本信息和旅游商务信息,接收旅游客户反馈信息;以电子手段进行旅游宣传促销、接受网上订购、开展旅游售前售后服务;进行旅游电子交易。也包括旅游企业内部事务的电子化及管理信息系统的应用等。电子商务给旅游业带来新的生机和活力,旅游业适合发展电子商务的特性,也决定其与电子商务结合是一种必然趋势。旅游产品具有不可移动和不可储藏的特点,适合发展电子商务;旅游消费的独特性,是电子商务发展的基础;电子商务提高了旅游产业生产力,降低了旅游企业成本,拓展了旅游业务。

旅游电子商务牵涉的相关要素很多,内部结构十分复杂。一个完整的旅游电子商务系统,是以网络信息系统为基础,由旅游者、旅游企业、电子商务服务商、电子支付结算体系等共同组成的综合体。它形成了一个多方参与的、多层次的、网状沟通的体系结构,其稳定发展还受到一些外部环境的影响,包括旅游产业经济环境、技术环境、社会环境和法律法规环境等。一个完善的旅游电子商务系统,至少应该提供信息查询服务、在线预订服务、客户服务、代理人服务和网上促销等功能。

电子商务与旅游业的结合,推动了旅游业向结构更加合理、运行水平更加提高的方向发展,促进了旅游企业组织机构的调整,改变了旅游产业的发展环境,带来了传统旅游市场结构的转型,提高了旅游企业竞争力。

思考与练习

1. 什么是电子商务?它有哪些特点?参与一次电子商务交易,说明整个流程及其中包含的信息流、资金流和物流。
2. 什么是旅游电子商务?它包括哪些主要功能?
3. 简述旅游电子商务的组成要素及各部分功能。
4. 结合地区实际,简述电子商务对旅游产业的影响。
5. 对所在省份的旅游电子商务网站应用情况进行调查,简述其中一个网站的主要功能及应用流程。

第 2 章

旅游电子商务的技术基础

本章导读

　　旅游业开展电子商务,所涉及的应用技术范围很广泛。由于旅游是一种异地消费,旅游景点充满了感性价值,旅游者对旅游产品的个性化需求也十分显著,因此,网络技术、多媒体技术、虚拟现实技术对旅游者事先掌握所购旅游产品的信息方面具有重要意义。旅游者可以在选择产品时,通过网络进行虚拟的全方位感受,以决定对产品的价值认定;更可以在网上提出自己的特殊要求,实现产品"定制"服务。本章从作为电子商务系统技术主要依托的计算机网络技术开始探讨,进而对旅游电子商务应用中的多媒体技术进行介绍,内容涉及目前流行的图形图像处理、视频音频技术、虚拟现实技术等。另外,本章还就与旅游电子商务相关的数据库技术、电子支付技术,以及当前新兴的移动电子商务技术进行了简单介绍。

第一节　旅游电子商务中的网络技术

一、计算机网络概述

　　计算机网络,是指将地理位置不同的、具有独立功能的多台计算机及其外部设备,通过通信线路连接起来,在网络操作系统、网络软件及通信协议的管理和协调下,实现资源共享和信息传递的计算机系统。

（一）网络的发展与分类

1. 计算机网络的发展

　　自从 1946 年世界上第一台电子计算机问世以后,由于是单机工作,人们一直在寻求一种方法,能够使计算机的使用更加普及和便利。计算机网络的最初设计目的,正是为了解决这一问题。

　　纵观计算机网络发展的历程,我们可以认为其大致经历了 4 个阶段。

(1) 面向终端的计算机网络

20世纪50年代产生的第一代计算机网络,是以单个计算机为中心的远程联机系统。当时,人们把计算机网络定义为"以传输信息为目的而连接起来,实现远程信息处理或进一步达到资源共享的系统",但这样的通信系统已具备了网络的雏形。20世纪60年代初,美国航空公司投入使用的飞机票预订系统就是一种面向终端的远程联机系统,这个系统名为SABRE(Semi – Automatic Business Research Environment),由一台计算机和遍布全美国的2 000多个终端组成。

(2) 数据通信网络

兴起于20世纪60年代后期的第二代计算机网络,是将多个主机通过通信线路互联起来,为用户提供服务,典型代表是ARPANET。在1969年,它由美国高级研究计划署(Advanced Research Projects Agency, ARPA)组织研制成功,即现在Internet的前身。该网络当时只有4个节点,以电话线路为主干网络,此后规模不断扩大,20世纪70年代后期,网络节点超过60个,主机100多台,地理范围跨越美洲大陆,连通了美国东部和西部的许多大学和研究机构,而且通过通信卫星与夏威夷和欧洲地区的计算机网络相互连通。其特点包括资源共享、分散控制、分组交换、采用专门的通信控制处理机以及分层的网络协议等,这些特点被认为是现代计算机网络的一般特征。

(3) 开放的标准化网络

20世纪70年代后期,随着计算机网络技术的成熟,网络应用越来越广泛,网络规模增大,通信变得复杂。各大计算机公司纷纷制定了自己的网络技术标准,如IBM公司的SNA、DEC公司的DECNet等。由于没有统一的标准,不同厂商的产品之间互联很困难,人们迫切需要一种开放性的标准化实用网络环境,这样就应运而生了两种国际通用的最重要的体系结构,即TCP/IP协议和国际标准化组织的OSI参考模型。OSI7层模型从下到上分别为物理层、数据链路层、网络层、传输层、会话层、表示层和应用层。

(4) 高速发展的Internet时代

从20世纪80年代末以来,整个网络发展成为以Internet为代表的互联网。它是世界上最大的计算机网络,使得全球联网的计算机之间可以交换信息或共享资源,出现了如网上电视点播、电视会议、可视电话、网上购物、网上银行、网络图书馆等高速、可视化的技术与设备。计算机网络技术的发展进入一个高速阶段。

2. 计算机网络的分类

从不同角度可以对计算机网络进行分类,常见的分类方法包括:根据网络的作用范围、通信方式、拓扑结构、传输介质、使用目的和服务方式等来划分。

(1) 按网络的地理位置分类

①局域网(Local Area Network,简称LAN)。一般限定在较小的区域内,小于10

公里的范围,通常采用有线的方式连接起来。

②城域网(Metropolis Area Network,简称 MAN)。规模局限在一座城市的范围内,10~100公里的区域。

③广域网(Wide Area Network,简称 WAN)。网络跨越国界、洲界,甚至全球范围。

目前,局域网和广域网是网络的热点。局域网,是组成其他两种类型网络的基础,城域网一般都加入了广域网。广域网的典型代表,是互联网。

(2)按通信方式分类

①点对点传输网络。数据以点到点的方式在计算机或通信设备中传输。星形网、环形网采用这种传输方式。

②广播式传输网络。数据在共用介质中传输。无线网和总线型网络,属于这种类型。

(二)网络系统组成与结构

1. 网络系统组成

计算机网络系统,由计算机网络硬件和网络软件两部分组成。网络硬件,构成了计算机的物理实体;而网络软件,则实现了网络的各种功能。

(1)计算机网络的硬件系统,主要由计算机设备和通信设备两部分组成,包括服务器与工作站,以及以网卡、集线器等为代表的网络传输介质和以中继器、路由器等为代表的网络互联设备

在网络系统中,我们把为其他计算机或设备提供网络资源服务的计算机或设备称为服务器(Server)。而工作站(Workstation)则是一种以个人计算机和分布式网络计算为基础,主要面向专业应用领域,具备强大的数据运算与图形、图像处理能力,为满足工程设计、动画制作、科学研究、软件开发、金融管理、信息服务、模拟仿真等专业领域而设计开发的高性能计算机。

(2)网络软件系统包括网络操作系统(NOS)和网络协议

网络操作系统,是网络的心脏和灵魂,是向网络计算机提供服务的特殊的操作系统。网络操作系统,可以看做是管理控制计算机网络的软、硬件资源,实现网络资源管理和数据通信,方便用户使用网络的一整套软件的集合。

目前,应用较为广泛的网络操作系统有:Microsoft 公司的 Windows Server 系列,Novell 公司的 NetWare、UNIX 和 Linux 等。

①Windows 操作系统:Windows 系列操作系统,是美国微软公司开发的一种界面友好、操作简便的网络操作系统。Windows 操作系统,其服务器端产品包括 Windows NT Server、Windows2000 Server 和 Windows2003 Server 等。

②UNIX 操作系统:UNIX 操作系统,是麻省理工学院开发的一种在时分操作系统的基础上发展起来的网络操作系统。它是目前功能最强、安全性和稳定性最高

的网络操作系统,其通常与硬件服务器产品一起捆绑销售。UNIX 是一个多用户、多任务的实时操作系统。

③Linux 操作系统:Linux 是芬兰赫尔辛基大学的学生 Linux Torvalds 开发的具有 UNIX 操作系统特征的新一代网络操作系统。它的最大特征在于,其源代码是向用户完全公开的,任何一个用户可根据自己的需要修改 Linux 操作系统的内核,而不需要支付任何费用。

网络协议,是网络设备之间进行相互通信的语言和规范。常用的网络协议有:IPX、TCP/IP、NetBEUI、NWLink。其中,TCP/IP 是 Internet 使用的协议。

2. 网络结构

(1)网络的计算结构

①C/S 结构(Client/Server),即客户机/服务器结构。网络中的一台或多台计算机称为服务器(Server),其他的计算机称为客户机(Client)。在 C/S 系统中,应用程序安装在客户机端,客户机端实现用户界面和前端处理功能;数据库服务器程序安装在服务器端,由服务器实现分布事务的协调和访问控制。Client/Server 是分布式数据库与网络技术相结合的产物,C/S 可以通过网络连接产品将多台计算机连接为企业内部网,能够与 Internet 相连并发布网页。

C/S 结构为信息处理提供一个高效、经济、易于扩充的解决方案。它可实现资源共享。客户机与服务器,具有一对多的关系和运行环境。用户不仅可存取在服务器和本地工作站上的资源,还可以享用其他工作站上的资源,实现资源共享。它也可实现管理科学化和专业化。系统中的资源分布在各服务器和工作站上,可以采用分层管理和专业化管理相结合的方式,用户有权去充分利用本部门、本领域的专业知识来参与管理,使得各级管理更加科学化和专业化。它还可快速进行信息处理。由于在 C/S 结构中是一种基于点对点的运行环境,当一项任务提出请求处理时,可以在所有可能的服务器间均衡地分布该项任务的负载。这样,在客户端发出的请求可由多个服务器来并行进行处理,为每一项请求提供了极快的响应速度和较高的事务吞吐量。当在系统中增加硬件资源时,不会减弱系统的能力,同时客户机和服务器均可单独地升级,故具有极好的可扩充性。

②B/S 结构(Browser/Server 结构),即浏览器/服务器结构。它是随着 Internet 技术的兴起,对 C/S 结构的一种变化或者改进的结构。在这种结构下,用户工作界面是通过 WWW 浏览器来实现,极少部分事务逻辑在前端(Browser)实现,主要事务逻辑在服务器端(Server)实现。这就大大简化了客户端电脑负荷,减轻了系统维护与升级的成本和工作量,降低了用户的总体成本。

B/S 结构成为当今应用软件的首选体系结构。B/S 结构最大的优点就是可以在任何地方进行操作而不用安装任何专门的软件,只需一台能上网的电脑,客户端不需专门维护。系统的扩展也非常容易,只要能上网,再由系统管理员分配一个用户名和密码,就可以使用了。这个过程甚至可以在线申请,通过相关的安全认证(如 CA 证书)后,系统可以自动分配给用户一个账号进入系统。

以目前的技术看,局域网建立 B/S 结构的网络应用,成本是较低的。它是一次性到位的开发,能实现不同的人员、从不同的地点、以不同的接入方式(比如 LAN、WAN、Internet/Intranet 等)访问和操作共同的数据库。它能有效地保护数据平台和管理访问权限,服务器数据库也很安全。特别是在 JAVA 语言出现之后,基于 B/S 架构的管理软件更体现出方便、快捷、高效的优势。

(2)网络的拓扑结构

网络的拓扑结构,是指网络中通信线路和站点(计算机或设备)的几何排列形式。目前常见的网络拓扑结构有:

①星形网络。各站点通过点到点的链路与中心站相连。特点是很容易在网络中增加新的站点,数据的安全性和优先级容易控制,易实现网络监控,但中心节点的故障会引起整个网络瘫痪。

②环形网络。各站点通过通信介质连成一个封闭的环形。环形网容易安装和监控,但容量有限,网络建成后,难以增加新的站点。

③总线形网络。网络中所有的站点共享一条数据通道。总线形网络安装简单方便,需要铺设的电缆最短,成本低,某个站点的故障一般不会影响整个网络。但介质的故障会导致网络瘫痪,总线形网安全性低,监控比较困难,增加新站点也不如星形网容易。

另外,树形网、簇星形网、网状网等其他类型拓扑结构的网络都是以上述三种拓扑结构为基础的。

二、网络设备与 Internet 接入技术

(一)网络设备

主要硬件设备有网络适配器(网卡)、集线器等网络传输介质和中继器、网桥、路由器、网关等网络互联设备。以下主要介绍网卡、集线器等网络传输介质和中继器、网桥、路由器、网关等局域网互联设备。

1. 网络适配器

网络适配器(Network Interface Card,NIC)也叫网卡,是连接计算机与网络的硬件设备。网卡(图 2-1)插在计算机或服务器扩展槽中,通过网络线(如双绞线、同轴电缆或光纤)与网络交换数据、共享资源。常见网卡按总线类型可分为 ISA 网卡、PCI 网卡等。常见网卡接口有 BNC 接口和 RJ-45 接口(类似电话的接口),也有两种接口均有的双口网卡。

第 2 章　旅游电子商务的技术基础

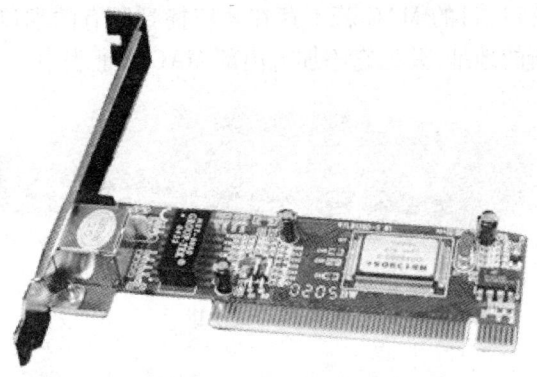

图 2-1　网卡

2. 集线器与交换机

集线器（HUB）是局域网中计算机和服务器的连接设备,是局域网的星形连接点,每个工作站是用双绞线连接到集线器上,由集线器对工作站进行集中管理。数据从一个网络站发送到集线器上以后,就被中继到集线器中的其他所有端口,供网络上每一用户使用。独立型集线器,通常是最便宜的集线器,最适合于小型独立的工作小组、部门或者办公室（图 2-2）。

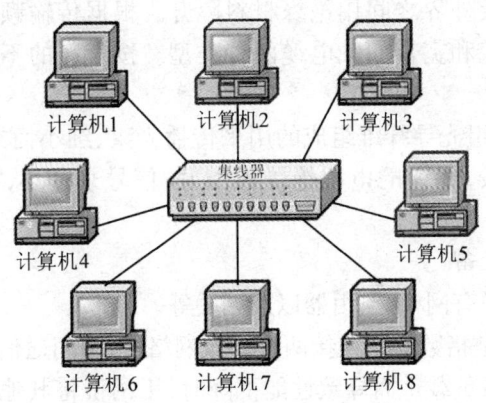

图 2-2　集线器工作原理

交换（switching）,是按照通信两端传输信息的需要,用人工或设备自动完成的方法,把要传输的信息送到符合要求的相应路由上的技术统称。广义的交换机（图2-3）,就是一种在通信系统中完成信息交换功能的设备。交换机拥有一条很高带宽的背部总线和内部交换矩阵。交换机的所有的端口都挂接在这条背部总线上,控制电路收到数据包以后,处理端口会查找内存中的地址对照表以确定目的 MAC（网卡的硬件地址）的 NIC（网卡）挂接在哪个端口上,通过内部交换矩阵迅速将数据包传送到目的端口,目的 MAC 若不存在才广播到所有的端口,接收端口回应后交换机会"学习"新的地址,并把它添加入内部 MAC 地址表中。

图 2-3 交换机

3. 网络传输介质

网络传输介质,是网络中传输数据、连接各网络站点的实体,如双绞线、同轴电缆、光缆。网络信息还可以利用无线电系统、微波无线系统和红外技术传输。

双绞线电缆,是将一对或一对以上的双绞线封装在一个绝缘外套中而形成的一种传输介质,是目前局域网最常用到的一种布线材料。为了降低信号的干扰程度,电缆中的每一对双绞线一般是由两根绝缘铜导线相互扭绕而成,双绞线也因此而得名。目前,局域网中常用到的双绞线的传输速率都能达到 100Mbps。

同轴电缆,则是由一根空心的外圆柱导体和一根位于中心轴线的内导线组成。内导线和圆柱导体及外界之间用绝缘材料隔开。根据传输频带的不同,同轴电缆可分为基带同轴电缆和宽带同轴电缆两种类型。按直径的不同,同轴电缆可分为粗缆和细缆两种。

光缆,则是由一组光导纤维组成的用来传播光束、细小而柔韧的传输介质。与其他传输介质相比较,光缆的电磁绝缘性能好,信号衰变小,频带较宽,传输距离较远。

4. 局域网互联设备

常用局域网互联有网桥、路由器以及网关等。

网桥(Bridge),是指数据层连接两个局域网络段,网间通信从网桥传送,网内通信被网桥隔离。网络负载重而导致性能下降时,用网桥将其他分为两个网络段,可最大限度地缓解网络通信繁忙的程度,提高通信效率。例如,把分布在两层楼上的网络分成每层一个网络段,用网桥连接。网桥同时起隔离作用,一个网络段上的故障不会影响另一个网络段,从而提高了网络的可靠性。

路由器(Router),用于连接网络层、数据层、物理层执行不同协议的网络,协议的转换由路由器完成,从而消除了网络层协议之间的差别。路由器(图 2-4)适合于连接复杂的大型网络。路由器的互联能力强,可以执行复杂的路由选择算法,处理的信息量比网桥多,但处理速度比网桥慢。

网关(Gateway),是用于连接网络层之上执行不同协议的子网,组成异构的互联网。网关能实现异构设备之间的通信,对不同的传输层、会话层、表示层、应用层协议进行翻译和变换。网关具有对不兼容的高层协议进行转换的功能,例如使NetWare的PC工作站和SUN网络互联。

图2-4 路由器

(二)Internet接入技术

1. 拨号与宽带接入技术

(1)拨号上网方式

拨号上网方式又称为拨号IP方式,通过电话拨号的方式接入Internet。在上网之后会被动态地分配一个合法的IP地址。用拨号方式上网的投资不大

(2)ADSL宽带入网

ADSL即不对称数字线路技术,是一种通过普通电话线提供宽带数据业务的技术。非对称是指用户线的上传速率与下传速率不同,上传速率低,下载速率高,支持上行640kbps到1Mbps、下行1Mbps到8Mbps。

2. 代理接入技术

对于中小型旅游企业开展电子商务,采用代理服务器实现接入Internet,不失为一种很好的选择。代理接入方式充分利用了局域网出口的有限带宽,加快了企业内网用户的访问速度,也解决了IP资源的不足,使各部门之间的联络更为通畅便捷。同时,它还可以作为一个防火墙,隔离内网与外网,并且能提供监控网络和记录传输信息的功能,加强了局域网的安全性,又便于对上网用户进行管理。

代理接入技术,简单来讲就是由一个高层的应用网关作为代理服务器来接受外来的应用连接请求,在进行安全检查后再与被保护的网络应用服务器连接,使得外部服务用户可以在受控制的前提下使用内部网络的服务。在局域网上通过代理服务器软件可以解决多用户共享访问Internet问题,实质上是一个介于用户群体和Internet之间的桥梁,用以实现其网络用户对Internet的访问。

代理服务器,是介于客户端和Web服务器之间的另一台服务器,有了它之后,浏览器不是直接到Web服务器去取回网页而是向代理服务器发出请求,信号会先送到代理服务器,由代理服务器取回浏览器所需要的信息并传送给用户的浏览器。

目前,主要的代理服务器有以下几种:

(1)HTTP代理

能够代理客户机的HTTP访问,主要是代理浏览器访问网页。

(2) FTP 代理

能够代理客户机上的 FTP 软件访问 FTP 服务器。

(3) POP3 代理

代理客户机上的邮件软件用 POP3 方式收发邮件。

(4) VPN 代理

是指在共享网络上建立专用网络的技术。整个 VPN 网络的任意两个节点之间的连接并没有传统专网建设所需的点到点的物理链路，而是架构在公用网络服务商 ISP 所提供的网络平台之上的逻辑网络，用户的数据是通过点到点的虚拟专线进行传输的，因此称为虚拟网。

3．路由交换接入技术

在前面介绍网络设备的时候，我们已经了解了一些关于局域网的知识。局域网（LAN），通常是一个单独的广播域，主要由 Hub、网桥或交换机等网络设备连接同一网段内的所有节点形成。处于同一个局域网之内的网络节点之间可以直接通信，而处于不同局域网段的设备之间的通信则必须经过路由器才能通信。

而随着网络的不断扩展，接入设备逐渐增多，网络结构也日趋复杂，必须使用更多的路由器才能将不同的用户划分到各自的广播域中，在不同的局域网之间提供网络互联。

正是基于上述原因而产生了虚拟局域网 VLAN。简单来讲，VLAN 是一组逻辑上的设备和用户，这些设备和用户并不受物理网段的限制，可以根据功能、部门及应用等因素将它们组织起来，相互之间的通信就好像它们在同一个网段中一样，由此得名虚拟局域网。VLAN 是一种比较新的技术，一个 VLAN 就是一个广播域，VLAN 之间的通信就是通过路由器来完成的。

使用路由器交换技术的优势，在于以下几点：

(1) 功能强大

使用路由器可以获得强大的防火墙功能、VPN 功能等。

(2) 接入方式的选择多种多样

可以使用 DDN、帧中继等。

(3) 网络整体性能优于使用代理服务器

代理服务器安装在计算机上，由于计算机不是专门处理 IP 数据包的，因此性能不是很好。

(4) 可以方便用户发布 WWW 信息

建立网站并向外提供信息，不适合使用代理服务器，主要由于 WWW 服务器需要合法 IP 地址。同时，需要提供足够的处理外部数据请求的能力。

(5) 整体投资相对较低

使用代理服务器时，对于局域网中节点比较多的网络，专门用来做代理服务器的计算机不能处理别的工作(否则网络访问外部的性能将大大降低),所以,相比之下,投资一台路由器和投资代理服务器软件加上一台计算机,相差不是很大。

(三)TCP/IP 协议与 IP 地址

1. TCP/IP 协议

TCP/IP(Transmission Control Protocol/Internet Protocol),是 Internet 最基本的协议,简单地说,就是由传输层的 TCP 协议和网络层的 IP 协议组成的传输控制协议/互联网络协议。TCP/IP 定义了计算机如何连入因特网,以及数据如何在它们之间传输的标准。其中,TCP 负责发现传输的问题,一有问题就发出信号,要求重新传输,直到所有数据安全正确地传输到目的地。而 IP 是给互联网的每一台电脑规定一个地址。

TCP/IP 协议并不完全符合 OSI 的 7 层参考模型。传统的开放式系统互联参考模型,是一种通信协议的 7 层抽象的参考模型,其中每一层执行某一特定任务。而 TCP/IP 通信协议采用了 4 层的层级结构,每一层都呼叫它的下一层所提供的网络来完成自己的需求。这 4 层分别为:

(1)应用层

应用程序间沟通的层,如简单电子邮件传输协议(SMTP)、文件传输协议(FTP)、网络远程访问协议(Telnet)等。

(2)传输层

它提供了节点间的数据传送和应用程序之间的通信服务。如传输控制协议(TCP)、用户数据包协议(UDP)等,TCP 和 UDP 给数据包加入传输数据并把它传输到下一层中,这一层负责传送数据,并且确定数据已被送达并接收。

(3)互联网络层

负责提供基本的数据封包传送功能,让每一块数据包都能够到达目的主机(但不检查是否被正确接收),如网际协议(IP)。

(4)网络接口层(主机—网络层)

接收 IP 数据包并进行传输,从网络上接收物理帧,抽取 IP 数据包转交给下一层,对实际的网络媒体进行管理,定义如何使用实际网络(如 Ethernet、Serial Line 等)来传送数据。

2. IP 地址

(1)IP 地址

Internet 上的每台主机(Host)都有一个唯一的 IP 地址。IP 协议就是使用这个地址在主机之间传递信息,这是 Internet 能够运行的基础。IP 地址的长度为 32 位,分为 4 段,每段 8 位,用十进制数字表示,每段数字范围为 0~255,段与段之间用句点隔开,例如 126.225.2.1。IP 地址由两部分组成,一部分为网络地址,另一部分为主机地址。IP 地址分为 A、B、C、D、E 五类。常用的是 B 和 C 两类。IP 地址就像是我们的家庭住址一样,如果你要写信给一个人,你就要知道对方的地址,这样邮递员才能把信送到,只不过我们的地址使用文字来表示,计算机的地址用十进制数字表示。

(2)、子网掩码

子网掩码不能单独存在,它必须结合 IP 地址一起使用。子网掩码只有一个作用,就是将某个 IP 地址划分成网络地址和主机地址两部分。

子网掩码的设定必须遵循一定的规则。与 IP 地址相同,子网掩码的长度也是 32 位,左边是网络位,用二进制数字"1"表示;右边是主机位,用二进制数字"0"表示。

子网掩码对于 TCP/IP 协议的网络来说非常重要,只有通过子网掩码,才能表明一台主机所在的子网与其他子网的关系,使网络正常工作。

3. 域名

由于 IP 地址是数字标志,使用时难以记忆和书写,因此在 IP 地址的基础上又发展出一种符号化的地址方案,来代替数字型的 IP 地址。这个与网络上的数字型 IP 地址相对应的字符型地址,就被称为域名。

域名可分为不同级别,包括顶级域名、二级域名等。

(1)顶级域名

顶级域名分为两类:一是国家顶级域名(national top - level domain names, nTLDs),目前 200 多个国家都按照 ISO3166 国家代码分配了顶级域名,例如中国是 cn,美国是 us,日本是 jp 等;二是国际顶级域名(international top - level domain names, iTDs),例如表示工商企业的. com,表示网络提供商的. net,表示非营利组织的. org 等。

(2)二级域名

二级域名是指顶级域名之下的域名,在国际顶级域名下,它是指域名注册人的网上名称,例如 ibm、yahoo、microsoft 等;在国家顶级域名下,它是表示注册企业类别的符号,例如 com、edu、gov、net 等。

我国在国际互联网络信息中心(Inter NIC)正式注册并运行的顶级域名是 cn,这也是我国的一级域名。在顶级域名之下,我国的二级域名又分为类别域名和行政区域名两类。

三、移动 IP 技术与移动电子商务

(一)移动 IP 技术

1. 移动 IP 技术概述

如何让人们能够随时、随地访问 Internet,是当前 Internet 技术研究的一个热点,也是下一代真正的个人通信技术的目标。无线接入中的移动 IP 技术,使得人们一直梦想的无处不在的多媒体全球网络连接成为可能,它适应了普遍计算时代的需求。

现有的移动通信采用的是电路交换方式,用户通话时一直占用固定的带宽资源。这种通信方式适合话音业务,但对IP类型的业务则不是最适合的。为适应快速增长的数据型业务需求,现有的电路交换的移动通信网络必须进行改造,人们需要的是一个以包交换为基础的无线网络,这种新型网络结构正是移动IP未来的结构。

移动IP不是移动通信技术和Internet技术的简单叠加,也不是无线话音和无线数据的简单叠加,它是移动通信和IP的深层融合,也是对现有移动通信方式的深刻变革。它将真正实现话音和数据的业务融合,移动IP的目标是将无线话音和无线数据综合到一个技术平台上传输,这一平台就是IP协议。未来的移动网络将实现全包交换,包括话音和数据都由IP包来承载,话音和数据的隔阂将消失。移动通信的IP化进程将分为三个阶段:首先是,移动业务的IP化;之后是,移动网络的分组化演进;最后是,在第三代移动通信系统中实现全IP化。

2. 移动IP技术基本原理

使用传统IP技术的主机,使用固定的IP地址和TCP端口号进行相互通信,在通信期间它们的IP地址和TCP端口号必须保持不变,否则IP主机之间的通信将无法继续。移动IP的基本问题是,IP主机在通信期间可能需要在网络上移动,它的IP地址也许经常会发生变化,而IP地址的变化最终会导致通信的中断。

如何解决因节点移动,即IP地址的变化而导致通信中断的问题呢?蜂窝移动电话提供了一个非常好的解决问题的先例。因此,解决移动IP问题的基本思路与处理蜂窝移动电话呼叫相似,它将使用漫游、位置登记、隧道技术、鉴权等技术。从而使移动节点使用固定不变的IP地址,一次登录即可实现在任意位置,包括移动节点从一个IP子网漫游到另一个IP子网时,保持与IP主机的单一链路层连接,使通信持续进行。

(二)移动电子商务技术

1. 移动电子商务技术概述

移动电子商务(M-commerce),是指通过手机、掌上电脑、笔记本电脑等移动通信设备与无线上网技术结合所构成的一个电子商务体系。

移动电子商务,是由电子商务(E-Commerce)的概念衍生出来的。现在的电子商务,以PC机为主要界面,是"有线的电子商务";而移动电子商务,则是通过手机、PDA(个人数字助理)这些可以装在口袋里的终端来实现的,无论何时、何地都可以开始。相对于传统的电子商务而言,移动电子商务可以真正使任何人在任何时间、任何地点得到整个网络的信息和服务。

移动因特网的应用和无线数据通信技术的发展,为移动电子商务的发展提供了坚实的基础。目前,推动移动电子商务发展的技术不断涌现,主要包括:无线应用协议(WAP)、移动 IP 技术、蓝牙技术(Bluetooth)、通用分组无线业务(GPRS)、移动定位系统(MPS)、第三代移动通信系统(3G)等等。

2. 移动电子商务技术的特点

(1)方便

移动终端,既是一个移动通信、工具,又是一个移动 POS 机,一个移动的银行 ATM 机。用户可在任何时间,任何地点进行电子商务交易和办理银行业务。如移动电子商务使用户能在票价优惠或航班取消时立即得到通知,也可支付票费或在旅行途中临时更改航班或车次。

(2)安全

使用手机银行业务的客户,可更换为大容量的 SIM 卡,使用银行可靠的密钥,对信息进行加密,传输过程全部使用密文,确保了安全可靠。

(3)迅速灵活

用户可根据需要灵活选择访问和支付方法,并设置个性化的信息格式。

移动电子商务作为一种新型的电子商务方式,利用了移动无线网络的优点,是对传统电子商务的有益的补充。尽管目前移动电子商务的开展还存在安全与带宽等很多问题,但是相比于传统的电子商务方式,移动电子商务具有诸多优势,得到了世界各国的普遍重视,发展和普及速度很快。

第二节 旅游电子商务中的多媒体与虚拟现实技术

一、多媒体技术概述

(一)多媒体与多媒体技术

多媒体的英文单词是 Multimedia,它由 media 和 multi 两部分组成。一般理解为多种媒体的综合,多媒体技术不是各种信息媒体的简单复合,它是一种把文本、图形、图像、动画和声音等多种信息类型综合在一起,并通过计算机进行综合处理和控制,能支持完成一系列交互式操作的信息技术。

(二)多媒体技术的特点

多媒体技术有以下几个主要特点:

1. 集成性

集成性,是指能够对信息进行多通道统一获取、存储、组织与合成。

2. 控制性

多媒体技术是以计算机为中心,综合处理和控制多媒体信息,并按人的要求以多种媒体形式表现出来,同时作用于人的多种感官。

3. 交互性

交互性，是多媒体应用有别于传统信息交流媒体的主要特点之一。传统信息交流媒体只能单向地、被动地传播信息，而多媒体技术则可以实现人对信息的主动选择和控制。

4. 非线性

多媒体技术的非线性特点，将改变人们传统循序性的读写模式。以往人们读写方式大都采用章、节、页的框架，循序渐进地获取知识；而多媒体技术将借助超文本链接(Hyper Text Link)的方法，把内容以一种更灵活、更具变化的方式呈现给读者。

5. 实时性

当用户给出操作命令时，相应的多媒体信息都能够得到实时控制。

6. 信息使用的方便性

用户可以按照自己的需要、兴趣、任务要求、偏爱和认知特点来使用信息，任取图、文、声等信息表现形式。

7. 信息结构的动态性

用户可以按照自己的目的和认知特征重新组织信息，增加、删除或修改节点，重新建立链接。

二、图形图像技术

(一) 图形图像技术中的基本参数

1. 分辨率

分辨率分为屏幕分辨率和输出分辨率两种，前者用每英寸行数表示，数值越大图形图像质量越好；后者衡量输出设备的精度，以每英寸的像素点数表示。

2. 色彩数

色彩数用位(bit)表示，一般写成 2 的 n 次方，n 代表位数。当图形图像达到 24 位时，可表现 1677 万种颜色，即真彩。

我们知道，只要是彩色都可用亮度、色调和饱和度来描述，人眼中看到的任一彩色光都是这三个特征的综合效果。

亮度，是光作用于人眼时所引起的明亮程度的感觉，它与被观察物体的发光强度有关。色调，则是当人眼看到一种或多种波长的光时所产生的彩色感觉，它反映颜色的种类，是决定颜色的基本特性，如红色、棕色就是指色调。饱和度，指的是颜色的纯度，即掺入白光的程度，或者说是指颜色的深浅程度。对于同一色调的彩色光，饱和度越深颜色越鲜明或说越纯。通常，我们把色调和饱和度通称为色度。

(二) 目前常见的图形图像格式

目前的图形图像格式，大致可以分为两大类：一类为位图，另一类称为描绘类、矢量类或面向对象的图形图像。前者,是以点阵形式描述图形图像的;后者,是以数学方法描述的一种由几何元素组成的图形图像。一般来说,后者对图形图像的表达细致、真实,缩放后图形图像的分辨率不变,在专业级的图形图像处理中运用较多。下面是一些常见的图形图像文件格式。

1. BMP(bit map picture)

BMP 是 PC 机上最常用的位图格式,有压缩和不压缩两种形式。该格式可表现从 2 位到 24 位的色彩,分辨率也可从 480×320 至 1024×768。该格式在 Windows 环境下相当稳定,在文件大小没有限制的场合中运用极为广泛。

2. DIF(drawing interchange formar)

DIF 是 AutoCAD 中的图形文件,它以 ASCII 方式存储图形,表现图形在尺寸大小方面十分精确,可以被 CorelDraw、3DS 等大型软件调用编辑。

3. GIF(graphics interchange format)

GIF 是在各种平台的各种图形处理软件上均可处理的经过压缩的图形格式。缺点是存储色彩最多只能达到 256 种。

4. JPG(joint photographics expert group)

JPG 是一种可以大幅度地压缩图形文件的图形格式。对于同一幅画面,JPG 格式存储的文件是其他类型图形文件的 1/20 到 1/10,而且色彩数最多可达 24 位,所以它被广泛应用于 Internet 上的 homepage 或 Internet 上的图片库。

三、音视频与流媒体技术

(一)音频技术

1. 多媒体中的音频处理技术

多媒体涉及多方面的音频处理技术,如:音频采集、语音编码/解码、文—语转换、音乐合成、语音识别与理解、音频数据传输、音频—视频同步、音频效果与编辑等。其中,数字音频是个关键的概念,它指的是一个用来表示声音强弱的数据序列,它是由模拟声音经抽样(每隔一个时间间隔在模拟声音波形上取一个幅度值)量化和编码(把声音数据写成计算机的数据格式)后得到的。计算机数字 CD、数字磁带(DAT)中存储的都是数字声音。模拟—数字转换器把模拟声音变成数字声音,数字—模拟转换器可以恢复出模拟来的声音。

2. 乐器数字接口 MIDI 的概念

现在我们用的最多的音频名词之一 MIDI(musical instrument digital interface),是作为"乐器数字接口"的缩写出现的。MIDI 文件,是指存放 MIDI 信息的标准文件格式。MIDI 文件中包含音符、定时和多达 16 个通道的演奏定义。由于 MIDI 文件是一系列指令,而不是波形,它需要的磁盘空间非常少;并且现装载 MIDI 文件比波形文件容易得多,这样在设计多媒体节目时,我们可以指定什么时候播放音乐,将有很大的灵活性。

3. 常见的声音文件格式

（1）WAVE

扩展名为.WAV,该格式记录声音的波形,故只要采样率高、采样字节长、机器速度快,利用该格式记录的声音文件能够和原声基本一致,质量非常高,但这样做的代价就是文件太大。

（2）MPEG-3

扩展名为.MP3,是现在十分流行的声音文件格式,因其压缩率大,在网络可视电话通信方面应用广泛,但和CD唱片相比,音质不能令人非常满意。

（3）Real Audio

扩展名为.RA,强大的压缩量和极小的失真使其在众多格式中脱颖而出。和MP3相同,它也是为了解决网络传输带宽资源而设计的,因此主要目标是压缩比和容错性,其次才是音质。

（4）CD Audio 音乐CD

扩展名为.CDA,是唱片采用的格式,又叫"红皮书"格式,记录的是波形流,绝对地纯正、HIFI。缺点是无法编辑,文件长度太大。

（二）视频技术

1. 动态图像的组成

动态图像,包括动画和视频信息,是连续渐变的静态图像或图形序列,沿时间轴顺次更换显示,从而构成运动视感的媒体。当序列中每帧图像是由人工或计算机产生的图像时,我们常称作动画;当序列中每帧图像是通过实时摄取自然景象或活动对象时,我们常称为影像视频,或简称为视频。动态图像演示常常与声音媒体配合进行,二者的共同基础是时间连续性。一般意义上谈到视频时,往往也包含声音媒体。

2. 常见的视频文件格式

视频信息在计算机中存放的格式有很多,目前最流行的两种格式是:苹果公司的Quicktime和微软的AVI。

（1）Quicktime

是苹果公司采用的面向最终用户桌面系统的低成本、全运动视频的方式,现在在软件压缩和解压缩中也开始采用这种方式了。其向量量化是Quicktime软件的压缩技术之一,它在最高为30帧/秒下提供的视频分辨率是320×240,其压缩率能从25到200。

（2）AVI

类似于Quicktime,是微软公司采用的音频视频交错格式,也是一种桌面系统上的低成本、低分辨率的视频格式。AVI可在160×120的视窗中以15帧/秒回放视频,并可带有8位的声音,也可以在VGA或超级VGA监视器上回放。AVI很重要的一个特点是可伸缩性,使用AVI算法时的性能依赖于与它一起使用的基础硬件。

（三）流媒体技术

互联网的普及和多媒体技术在互联网上的应用,使网络上传输的资料不仅仅限于文字和图形。人们迫切要求能解决实时传送视频、音频、计算机动画等媒体文件的技术,它们都能最大范围的让观众观看到高质量的节目。在这种背景下,于是产生了流式传输技术及流媒体。

流媒体,指在Internet/Intranet中使用流式传输技术的连续时基媒体,如:音频、视频或多媒体文件,它在播放前并不下载整个文件,只将开始部分内容存入内存,其他的数据流随时传送随时播放,只是在开始时有一些延迟,其关键技术就是流式传输。

现在流媒体技术,广泛用于多媒体新闻发布、网络广告、电子商务、视频点播等互联网信息服务的方方面面,它的应用为网络信息交流带来了革命性的变化,对人们的工作和生活产生了深远的影响。Realsystem系列产品,是在流媒体方面最为成功的系统,它具有跨平台、稳定性高等特点,特别是对直播条件要求不高且非常容易实现在网上进行视频直播。

四、虚拟现实技术

（一）虚拟现实技术概述

正如其他新兴科学技术一样,虚拟现实技术(Virtual Reality,VR)也是许多相关学科领域交叉、集成的产物。虚拟现实是在计算机图形学、计算机仿真技术、人机接口技术、多媒体技术以及传感技术的基础上发展起来的交叉学科,对该技术的研究始于20世纪60年代。直到90年代初,虚拟现实技术才开始作为一门较完整的体系而受到人们极大的关注。它的研究内容,涉及人工智能、计算机科学、电子学、传感器、计算机图形学、智能控制、心理学等。

（二）虚拟现实技术与旅游业

随着旅游电子商务的发展,出现了众多Internet上的旅游信息查询与预订系统,但所提供的信息没有从旅游者对旅游景观美学取向上的需求去考虑。因此,现有的旅游信息提供主要体现在商务信息的支持上,缺少景观信息或仅有少量静态的风光照片,很难让人们对旅游景点有一个整体的、比较真切的认识。如果通过互联网或其他载体,将旅游景观动态地呈现在人们面前,让旅游爱好者根据自己的意愿来选择游览路线、速度及视点,足不出户就可以遍览遥在万里之外的风光美景,这便是虚拟旅游。

这就要解决实际景观虚拟空间移植并再现的问题。旅游观光过程,实际上是一个动态的过程,空间信息的传统地图表示法及旅游景点的有限数量的静态照片的展示,在旅游电子商务应用过程中存在重大缺陷,既不能再现真实景观,亦不能完成动态过程。旅游地图的平面信息和符号化的地理信息,对许多旅游爱好者来说,过于抽象,缺乏视觉上的美感和吸引力。因此,要求虚拟旅游能够实现景观和地图的完美互动。虚拟景观漫游中的视觉效果与实际的视觉效果基本相一致,能给人以身临其境的视觉满足感。构建这样一个具有身临其境的沉浸感、完善的交互能力的旅游环境,主要是利用计算机图形技术,对真实环境进行抽象从而建立其三维矢量模型,实时漫游过程中根据观察者的位置、光照、消隐信息由计算机绘制相应的视景。其场景是由计算机根据一定的光照模型绘制的,色彩层次能够体现实际的丰富自然景观。

目前,虚拟现实技术已经在全球旅游市场中展开应用,如数虎公司设计开发的迪拜野生动物园虚拟漫游。迪拜野生动物园,是集旅游、度假、休闲为一体的主题性公园。数虎图像通过虚拟现实技术,真实地还原了景区内的酒店、会所、野生放养动物等,让人们通过虚拟漫游来了解和体验大自然给他们带来的乐趣。

阅读材料

旅游电子地图

旅游空间信息的提供,传统的方法是使用旅游地图。传统地图的特点是,空间信息平面化、地理信息符号化、地图内容凝固化和静止化。打破传统地图的凝固性和静止性的,是电子地图。电子地图技术,是集地理信息系统(GIS)技术、数字制图技术、多媒体技术和虚拟现实技术等多项现代技术为一体的综合技术。它是一种以可视化的数字地图为背景,用文本、照片、图表、声音、动画、视频等多媒体为表现手段,展示城市、企业、旅游景点等区域综合面貌的现代信息产品,有"大众GIS"之称。可以存储于计算机外存,以只读光盘、网络等形式传播,通过桌面计算机或触摸屏等提供大众使用。它具有大容量、交互式的查询、分析功能。电子地图产品比传统地图产品信息容量大,生产周期短,信息更新快。

第三节 旅游电子商务中的数据库技术

一、数据库技术概述

(一)数据库的概念

数据库技术,是现代计算机应用的一项重要技术,成为计算机软件开发不可缺少的一部分。数据库技术,是20世纪60年代末开始兴起的一门数据处理与信息管理的学科,是计算机科学中的一个重要分支。

数据库（DB），是一个以某种组织方式存储在磁盘上的数据的集合。它通过现有的数据库管理系统（例如 Access、SQL Server 和 Oracle 等）创建和管理。

数据库不仅包括描述事物的数据本身，而且还包括相关事物之间的联系。数据库中存放的数据，可以被多个用户或多个应用程序共享。例如，某航空公司票务管理系统的数据库，在同一时刻可能有多个售票场所都在访问或更改该数据库中的数据。

我们可以形象地将数据库看作是一个"按照数据结构来组织、存储和管理数据的仓库"。在企业经济管理的日常工作中，常常需要把某些相关的数据放进这样的"仓库"，并根据管理的需要进行相应的处理。例如，酒店的人事部门常常要把员工的基本情况（员工号、姓名、年龄、性别、籍贯、工资、简历等）存放在表中，这张表就可以看成是一个数据库。有了这个"数据仓库"，我们就可以根据需要随时查询某职工的基本情况，也可以查询工资在某个范围内的职工人数等。这些工作如果都能在计算机上自动进行，那我们的人事管理就可以达到极高的水平。此外，在财务管理、营销管理中也需要建立众多的这种"数据库"，使其可以利用计算机实现自动化管理。

（二）数据库的特点

1. 实现数据共享

数据共享，包含所有用户可同时存取数据库中的数据，也包含用户可以用各种方式通过接口使用数据库，并提供数据共享。

2. 减少数据的冗余度

同文件系统相比，由于数据库实现了数据共享，从而避免了用户各自建立应用文件，减少了大量重复数据，减少了数据冗余，维护了数据的一致性。

3. 数据的独立性

数据的独立性，包括数据库中数据库的逻辑结构和应用程序相互独立，也包括数据物理结构的变化不影响数据的逻辑结构。

4. 数据实现集中控制

文件管理方式中，数据处于一种分散的状态，不同的用户或同一用户在不同处理中其文件之间毫无关系。利用数据库可对数据进行集中控制和管理，并通过数据模型表示各种数据的组织以及数据间的联系。

5. 数据一致性和可维护性，以确保数据的安全性和可靠性

二、数据库系统的组成

数据库系统，是指引进数据库技术的计算机系统，由计算机硬件、数据库集合、数据库管理系统及相关软件和人员四部分组成。

（一）计算机硬件

计算机硬件，是指有形的物理设备，它是计算机系统中实际物理设备的总称，由各种元器件和电子线路组成。计算机硬件的配置，必须满足数据库系统的需要。

（二）数据库集合

数据库集合，是存放数据的仓库，它是将数据按一定格式有组织地存放在计算机存储器中，并实现数据共享功能的数据集合。数据库是数据库系统操作的对象，可为多种应用服务，具有共享性、集中性、独立性与较小的数据冗余。数据库应包含数据表、索引表、查询表与视图。

（三）数据库管理系统及相关软件

数据库管理系统（DBMS），是数据库系统的核心软件，位于用户和操作系统之间。DBMS 对数据库进行统一的管理和控制，以保证数据库的安全性和完整性。用户通过数据库管理系统访问数据库中的数据，数据库管理员也通过数据库管理系统进行数据库的维护工作。DBMS 可通过一些系统程序与相关软件模块实现以下四个基本功能：

1. 数据定义功能

可以通过 DBMS 提供的数据定义语言 DDL，对数据库的数据对象进行定义。

2. 数据操纵功能

可以通过 DBMS 提供的数据操纵语言 DML，对数据库进行基本操作，如查询、插入、删除与修改等。

3. 数据库的运行管理功能

DBMS 能统一地对数据库在建立、运行和维护时进行管理与控制，可保证数据库的安全性与完整性，并使数据库在故障后得以恢复。

4. 数据库的建立和维护功能

DBMS 能对数据库进行初始输入、数据转换与修改、恢复与重组、性能监控与分析，以确保数据库系统的正常运行。

（四）人员

人员是指使用数据库的人。数据库系统中主要有如下 4 类人员：

1. 数据库管理员

负责数据库系统正常运行的高级人员，决定数据库的数据内容、存储结构，定义数据的安全性与完整性，监控数据库的运行与数据的重组恢复。

2. 系统分析员

负责数据库应用系统的需求分析、规范说明，与用户及数据库管理员一起确定系统的软硬件配置，参与概要设计。

3. 数据库设计人员与应用程序员

负责数据库中数据的确定、数据库的模式设计、应用程序的编写，参与需求分析与系统分析。

4. 最终用户

通过数据库系统提供的应用软件对数据库进行使用与访问。

三、常用数据库管理系统简介

下面简单介绍一些当今流行的、常用的数据库管理系统,包括 Access、SQL Server、Oracle、MySQL、DB2 等。

(一)Access

Access 数据库管理系统,是 Microsoft Office 套装软件的成员,由美国 Microsoft 公司于 1994 年推出,是典型的新一代桌面数据库管理系统,运行于 Windows 操作系统平台。其主要用户为个人和小型企业,当前很多小型 ASP 网站也用 Access 创建和管理后台数据库。Access 的最大特点是,易学易用,开发简单;其最大的问题是,安全性问题。

(二)SQL Server

SQL Server 数据库管理系统,最初由 Microsoft、Sybase 和 Ashton-Tate 3 家公司共同研发,后来 Microsoft 公司主要开发商品化 Windows NT 平台上的 SQL Server,而 Sybase 公司则主要研发 SQL Server 在 Unix 平台上的应用。现在人们所说的 SQL Server 是 Microsoft SQL Server 的简称。

Microsoft SQL Server 是一种基于客户机/服务器的关系数据库管理系统,其专门为大中型企业提供数据管理功能,其安全性和保密性非常好,因此,目前也有很多大中型网站采用 Microsoft SQL Server 作为后台数据库系统。但 Microsoft SQL Server 只支持 Windows 操作系统平台,不支持 Unix 或 Linux 平台。

(三)MySQL

MySQL 数据库管理系统,由瑞典的 T.c.X. DataKonsultAB 公司研发,目前该公司已被 Sun 公司收购。MySQL 是一种高性能、多用户与多线程的,创建在服务器/客户结构上的关系型数据库管理系统。其最大的特点是,部分免费、容易使用、稳定的性能和运行的高速度。

(四)Oracle

Oracle 公司是世界最大的企业软件公司之一,主要为世界级大企业、大公司提供企业软件,其主要产品有数据库、服务器、商务应用软件以及决策支持工具等。Oracle 数据库管理系统,是 Oracle 公司研制的一种关系型数据库管理系统,是一种协调服务器和用于支持任务决定型应用程序的开放型数据库管理系统。

(五)DB2

DB2(DATABASE 2)数据库管理系统,由 IBM 公司研制开发,它起源于最早的关系数据库管理系统 System R。DB2 的主要用户也是大中型企业。

第四节　旅游电子商务中的电子支付技术

一、电子支付

(一)电子支付概述

所谓电子支付,是指从事电子商务交易的当事人,包括消费者、厂商和金融机构,使用安全电子支付手段通过网络进行的货币支付或资金流转。在线旅游服务商向客户提供的并非实物商品而是单价较高的预订服务,其与电子支付的模式有着天然的契合度,将是电子支付产业最成熟的细分市场之一。

电子支付是采用先进的技术通过数字流转来完成信息传输的,其各种支付方式都是采用数字化的方式进行的;而传统的支付方式则是通过现金的流转、票据的转让及银行的汇兑等物理实体流转来完成的。电子支付的工作环境是基于一个开放的系统平台(互联网)之中,而传统支付则是在较为封闭的系统中运作。电子支付具有方便、快捷、高效、经济的优势。用户只要拥有一台上网的 PC 机,便可足不出户,在很短的时间内完成整个支付过程。支付费用仅相当于传统支付的几十分之一,甚至几百分之一。

支付的电子化与创新经历了后端到前端的发展过程。银行后端 IT 系统与电信网络的应用使货币债权能够被电子化地记录与保存,实现银行间支付清算与结算的电子化处理,这个阶段的变革几乎不被公众所注意。银行前端支付工具与渠道的创新则为消费者带来真实的便利,ATM/POS、支付卡、互联网、手机、机顶盒逐步成熟与流行,极大地改变了银行与客户、消费者与商家之间的交互方式。

(二)第三方支付

1. 第三方支付概述

所谓第三方支付,就是一些和产品所在国家以及国外各大银行签约,并具备一定实力和信誉保障的第三方独立机构提供的交易支持平台。在通过第三方支付平台的交易中,买方选购商品后,使用第三方平台提供的账户进行货款支付,由第三方通知卖家货款到达、进行发货;买方检验物品后,就可以通知付款给卖家,第三方再将款项转至卖家账户。

在第三方支付交易流程中,支付模式使商家看不到客户的信用卡信息,同时又避免了信用卡信息在网络上多次公开传输而导致信用卡信息被窃。以 B2C 交易为例,首先,客户在电子商务网站上选购商品,最后决定购买,买卖双方在网上达成交易意向;然后,客户选择利用第三方作为交易中介,客户用信用卡将货款划到第三方账户;接下来,第三方支付平台将客户已经付款的消息通知商家,并要求商家在规定时间内发货;商家收到通知后按照订单发货;客户收到货物并验证后通知第三方;最后,第三方将其账户上的货款划入商家账户中,交易完成。

目前,中国国内运行的第三方支付平台主要有 PayPal、支付宝、财付通、百付宝(百度 C2C),其中用户数量最大的是 PayPal 和支付宝,前者主要在欧美国家流行,后者属阿里巴巴旗下。据称,截至 2008 年 9 月,支付宝用户超过 1 亿。

2. 第三方支付应用

指通过 PayPal 支付一笔金额给商家或者收款人,可以分为以下几个步骤:

①只要有一个电子邮件地址,付款人就可以登录开设 PayPal 账户,通过验证成为其用户,并提供信用卡或者相关银行资料,增加账户金额,将一定数额的款项从其开户时登记的账户(例如信用卡)转移至 PayPal 账户下。

②当付款人启动向第三人付款程序时,必须先进入 PayPal 账户,指定特定的汇出金额,并提供受款人的电子邮件账号给 PayPal。

③接着 PayPal 向商家或者收款人发出电子邮件,通知其有等待领取或转账的款项。

④如商家或者收款人也是 PayPal 用户,其决定接受后,付款人所指定之款项即移转予收款人。

⑤若商家或者收款人没有 PayPal 账户,收款人得依 PayPal 电子邮件内容指示链接进入网页注册取得一个 PayPal 账户,收款人可以选择将取得的款项转换成支票寄到指定的处所、转入其个人的信用卡账户或者转入另一银行账户。

二、网上银行

(一)网上银行概述

网上银行利用 Internet 和 Intranet 技术,为客户提供综合、统一、安全、实时的银行服务,包括提供对私、对公的各种零售和批发的全方位银行业务服务,还可以为客户提供跨国的支付与清算等其他的贸易、非贸易的银行业务服务。

网上银行的特征包括:

①依托迅猛发展的计算机和计算机网络与通信技术,利用渗透到全球每个角落的互联网。

②突破了银行传统的业务操作模式,摒弃了银行由店堂前台柜员接待开始的传统服务流程,把银行的业务直接在互联网上推出。

③个人用户不仅可以通过网上银行查询存折账户、信用卡账户中的余额以及交易情况,还可以通过网络自动定期交纳各种社会服务项目的费用,进行网络购物。

④企业集团用户不仅可以查询本公司和集团子公司账户的余额、汇款、交易信息,并且能够在网上进行电子交易。

⑤网上银行还提供网上支票报失、查询服务,维护金融秩序,最大限度减少国

家、企业的经济损失。

⑥网上银行服务采用多种先进技术来保证交易的安全,不仅用户、商户和银行三者的利益能够得到保障,而且随着银行业务的网络化,商业犯罪将更难以找到可乘之机。

(二)网上银行业务简介

网上银行的业务品种主要包括基本业务、网上投资、网上购物、个人理财、企业银行及其他金融服务。

1. 基本网上银行业务

商业银行提供的基本网上银行业务包括:在线查询账户余额、交易记录,下载数据,转账和网上支付等。

2. 网上投资

由于金融服务市场发达,可以投资的金融产品种类众多,国外的网上银行一般提供包括股票、期权、共同基金投资和CDs买卖等多种金融产品服务。

3. 网上购物

商业银行的网上银行设立的网上购物协助服务,大大方便了客户网上购物,为客户在相同的服务品种上提供了优质的金融服务或相关的信息服务,加强了商业银行在传统竞争领域的竞争优势。

4. 个人理财助理

个人理财助理,是国外网上银行重点发展的一个服务品种。各大银行将传统银行业务中的理财助理转移到网上进行,通过网络为客户提供理财的各种解决方案,提供咨询建议,或者提供金融服务技术的援助,从而极大地扩大了商业银行的服务范围,并降低了相关的服务成本。

5. 企业银行

企业银行服务,是网上银行服务中最重要的部分之一。其服务品种比个人客户的服务品种更多,也更为复杂,一般提供账户余额查询、交易记录查询、总账户与分账户管理、转账、在线支付各种费用、透支保护、储蓄账户与支票账户资金自动划拨、商业信用卡等服务。此外,还包括投资服务等。部分网上银行还为企业提供网上贷款业务。

6. 其他金融服务

除了银行服务外,大商业银行的网上银行均通过自身或与其他金融服务网站联合的方式,为客户提供多种金融服务产品,如保险、抵押和按揭等,以扩大网上银行的服务范围。

阅读材料

移动电子商务技术——3G 通信技术

一、什么是 3G？

3G 是英文 3rdGeneration 的缩写，指第三代移动通信技术。相对第一代模拟制式手机(1G)和第二代 GSM、TDMA 等数字手机(2G)，第三代手机一般地讲，是指将无线通信与国际互联网等多媒体通信结合的新一代移动通信系统。1995 年问世的第一代数字手机，只能进行语音通话；而 1996 年到 1997 年出现的第二代数字手机便增加了接收数据的功能，如接收电子邮件或网页；第三代与前两代的主要区别是，在传输声音和数据的速度上的提升，它能够处理图像、音乐、视频流等多种媒体形式，提供包括网页浏览、电话会议、电子商务等多种信息服务。为了提供这种服务，无线网络必须能够支持不同的数据传输速度，也就是说在室内、室外和行车的环境中能够分别支持至少 2Mbps、384kbps 以及 144kbps 的传输速度。

相对第一代模拟制式手机(1G)和第二代 GSM、TDMA 等数字手机(2G)，3G 通信的名称繁多，国际电联规定为"IMT-2000"（国际移动电话 2000）标准，欧洲的电信业巨头们则称其为"UMTS"通用移动通信系统。

目前，国际上 3G 手机(3G handsets)有 3 种制式标准：欧洲的 WCDMA 标准、美国的 CDMA2000 标准和由我国科学家提出的 TD-SCDMA 标准。

3G 手机完全是通信业和计算机工业相融合的产物，和此前的手机相比差别实在是太大了，因此越来越多的人开始称呼这类新的移动通信产品为"个人通信终端"。即使是对通信业最外行的人也可从外形上轻易地判断出一台手机是否是"第三代"：第三代手机都有一个超大的彩色显示屏，往往还是触摸式的。3G 手机除了能完成高质量的日常通信外，还能进行多媒体通信。用户可以在 3G 手机的触摸显示屏上直接写字、绘图，并将其传送给另一台手机，而所需时间可能不到一秒。当然，也可以将这些信息传送给一台电脑，或从电脑中下载某些信息。用户可以用 3G 手机直接上网，查看电子邮件或浏览网页。将有不少型号的 3G 手机自带摄像头，这将使用户可以利用手机进行电脑会议，甚至使数字相机成为一种"多余"。

3G 通信，是移动通信市场经历了第一代模拟技术的移动通信业务的引入、在第二代数字移动通信市场的蓬勃发展中被引入日程的。在当今 Internet 数据业务的不断升温中，在固定接入速率(HDSL、ADSL、VDSL)不断提升的背景下，3G 移动通信系统也看到了市场的曙光，愈发为电信运营商、通信设备制造商和普通用户所关注。

二、中国 3G 手机使用的技术

TD-SCDMA(Time Division-Synchronous Code Division Multiple Access，时分同

步的码分多址技术)。TD-SCDMA 作为中国提出的第三代移动通信标准,自 1998 年正式向 ITU(国际电联)提交以来,已完成了标准的专家组评估、ITU 认可并发布、与 3GPP(第三代伙伴项目)体系的融合、新技术特性的引入等一系列的国际标准化工作,从而使 TD-SCDMA 标准成为第一个由中国提出的、以我国知识产权为主的、被国际上广泛接受和认可的无线通信国际标准。这是我国电信史上重要的里程碑。

TD-SCDMA 技术的应用使得用户不只能打电话,而且可流畅观看电视和视频流媒体节目;利用手机钱包进行网上购物,把手机号和银行卡等支付账户进行"捆绑"提供移动支付服务;下载音乐在线游戏;实时导航远程监控,用户可获得公交位置通知或查看远程特定地点人流状况。其中,数据卡业务将成热点。3G 业务的启动,将使用户无限上网的速度大大提升。比如一些数据卡,支持高传输速率的 TD-SCDMA HSDPA 业务,数据传输速度可高达 2.8M。

(资料来源:百度百科)

本章小结

> 随着信息化浪潮席卷全球,各类信息技术尤其是互联网技术渗透到旅游行业的方方面面。现代旅游企业开展电子商务的主要目标集中在两个方面:一是进行有效的营销活动,树立企业形象,传递产品信息和服务信息,开发新市场;二是对企业内部资源进行合理配置,提高企业资源利用率,降低运行成本。本章所介绍的开展旅游电子商务的技术基础,都是为实现这两个目标服务的。旅游企业应从实际出发,根据自身资源与实力、技术可行性、外部环境等综合考虑,将现实经营中需要解决的问题与技术手段相结合,从而推动企业信息化进程与旅游电子商务应用。

思考与练习

1. 作为一个中小型旅游企业,如果要开展电子商务,有几种入网方式可以选择?其中哪些比较适合该企业?试述你的理由。
2. 结合在旅游业中的应用实例,分析比较 C/S 结构与 B/S 结构的区别。
3. 分析虚拟现实技术在旅游业中应用的作用与特点。
4. 以某一旅游电子商务应用过程为例,说明其中包含的相关技术。

第3章

旅游电子商务的信息安全与相关问题

本章导读

旅游业是信息依托型产业,具备发展电子商务的先天优势,因此旅游电子商务迅速发展起来,但是由于电子商务的虚拟性和开放性,使得旅游在线交易受到一些网络黑客的破坏和不法分子的利用,旅游电子商务的安全问题不容忽视。本章就旅游电子商务的信息安全和电子交易所产生的法律问题进行探讨,并对我国目前旅游电子商务发展的社会环境进行了分析。通过学习本章,使大家能够对旅游电子商务的信息环境、法律环境、社会环境有所了解。

第一节 旅游电子商务的信息安全问题

旅游业是信息密集型和信息依托型产业,这一特点决定了信息技术与旅游业之间的深层次互动关系,同时,也就决定了信息技术与旅游业的结合是必然趋势。但信息技术的应用在提高企业效益、给用户带来便利的同时,也给企业和消费者增加了风险隐患。各个行业都同样面临着信息安全问题的困扰,尤其是像旅游企业这样通过网络平台和信息系统直接面对消费者的服务型行业,信息安全的问题就显得尤为突出。

一、旅游电子商务安全威胁

(一)目前旅游电子商务安全所面临的威胁

国家计算机网络应急技术处理协调中心(CNCERT/CC)2007年上半年网络安全工作报告数据显示,半年时间内,CNCERT/CC接收的网络仿冒事件和网页恶意代码事件,已分别超出去年全年总数的14.6%和12.5%。我国内地地区被植入木马的主机IP远远超过去年全年,增幅达21倍。我国内地地区被篡改的网站数量比去年同期增加了4倍,比去年全年增加了近16.9%。

从CNCERT/CC掌握的半年情况来看,攻击者的攻击目标明确,针对不同网站和用户采用不同的攻击手段,且攻击行为趋利化特点表现明显。对旅游企业,尤其是以网络为核心业务的旅游企业,采用有组织的分布式拒绝服务攻击(DDOS)等手段进行勒索,从而迫使企业接受相应条件,影响企业正常业务的开展。对于个人用户,攻击者更多的是通过用户身份窃取等手段,偷取该用户账号、银行账号、密码等,窃取用户的私有财产。如利用网络钓鱼(Fishing)和网址嫁接(Pharming)等对金融机构、网上交易等站点进行网络仿冒,在线盗用用户身份和密码。通过恶意网页、社交工程、电子邮件和信息系统漏洞等方式传播恶意代码,利用间谍软件(spyware)和木马程序窃取用户的私有信息,严重地导致财产损失。

不论是从旅行线路的查询到机票酒店的预订,还是从电子地图的浏览到旅游资讯的获取,这些都必须有强大、稳定、安全的信息资讯服务平台和信息传输网络来支撑。随着Internet的高速发展,旅游企业业务的开放性和国际性在增加应用自由度的同时,也使安全成为一个日益重要的问题。这主要表现在:开放性的网络,导致网络的技术是全开放的,因而网络所面临的破坏和攻击也是多方面的,如何保证旅游企业和旅游服务使用者的信息不被非法获取、盗用、篡改和破坏,已成为旅游信息化从业人员的重要研究课题。随着电子商务在Internet上全球性的推广,信息安全的重要性更加凸显,企业与消费者对电子交易安全的担忧已严重阻碍了旅游企业信息化建设、旅游电子商务和网络营销的发展。

(二)旅游电子商务中安全隐患分类

1. 信息的截获和窃取

如果没有采用加密措施或加密强度不够,攻击者可能通过互联网、公共电话网、电磁波辐射范围内安装截收装置或在数据包通过的网关和路由器上截获数据等方式,获取传输的机密信息,或通过对信息流量和流向、通信频度和长度等参数的分析,推测出有用信息,如消费者的银行账号、密码以及企业的商业机密等。

2. 信息的篡改

当攻击者熟悉了网络信息格式以后,通过各种技术方法和手段对网络传输的信息进行中途修改,并发往目的地,从而破坏信息的完整性。这种破坏手段主要有三个方面:

(1)篡改

改变信息流的次序,更改信息的内容,如购买商品的出货地址;

(2)删除

删除某个消息或消息的某些部分;

(3)插入

在消息中插入一些信息,让收方读不懂或接收错误的信息。

3. 信息假冒

当攻击者掌握了网络信息数据规律或解密了商务信息以后，可以假冒合法用户或发送假冒信息来欺骗其他用户，主要有两种方式：一种是伪造电子邮件，虚开网站和商店，给用户发电子邮件，收订货单；伪造大量用户，发电子邮件，穷尽商家资源，使合法用户不能正常访问网络资源，使有严格时间要求的服务不能及时得到响应；伪造用户，发大量的电子邮件，窃取商家的商品信息和用户信用等信息。另外一种为假冒他人身份，如冒充领导发布命令、调阅密件；冒充他人消费、栽赃；冒充主机欺骗合法主机及合法用户；冒充网络控制程序，套取或修改使用权限、通行字、密钥等信息；接管合法用户，欺骗系统，占用合法用户的资源。

4. 交易抵赖

交易抵赖包括多个方面，如发信者事后否认曾经发送过某条信息或内容；收信者事后否认曾经收到过某条消息或内容；购买者下了订单不承认；商家卖出的商品因价格差而不承认原有的交易。

二、旅游电子商务安全控制系统

随着旅游企业信息化的建设和旅游电子商务在 Internet 上全球性的推广，安全的重要性更加凸显，旅游企业与消费者对电子交易安全的担忧已严重阻碍了我国旅游电子商务和网络营销的发展。按照安全策略的要求及风险分析的结果，应建立的安全控制系统由物理安全、网络安全、信息安全和制度安全等四个方面组成。

（一）物理安全

物理安全是保护计算机网络设备、设施以及其他媒体免遭地震、水灾、火灾等以及防范人为操作失误或错误及各种计算机犯罪行为。应对计算机网络设备、设施的使用和管理制定严格的规章制度，以杜绝此类安全隐患。

信息系统服务器是中小企业信息系统的核心，服务器的速度、稳定性、安全性是企业信息系统能否正常运行的关键。在购买计算机服务器时，应考虑到机器性价比、整体性能和售后服务等方面的因素，并应考虑双机设备，即一台服务器出现故障，另一台服务器迅速接管，以确保信息系统不间断运转。

重要数据应建立数据恢复与容灾系统，容灾就是能够恢复数据灾难发生前的系统状态的方法。远程容灾系统是指在相隔较远的异地，建立两套或多套功能相同的系统，互相之间可以进行健康状态监视和功能切换。典型的容灾系统一般包括两个主要的功能部分：数据复制和应用切换。数据恢复与网络容灾是信息安全战略中不可或缺的一个环节。

（二）网络安全

1. 软件系统安全

软件系统安全指主机和服务器的安全，主要包括反病毒、系统安全检测、入侵检测(监控)和审计分析。其中包括对系统的登录数据和网络信息流向的实时监控,对各种黑客攻击的防范,如:Back Orifice、冰河等特洛伊木马黑客软件、口令入侵、监听(Sniffing)技术、邮件炸弹攻击、拒绝服务式攻击(Denial of Service,DOS)、分布式拒绝服务攻击(Distribute Denial of Service,DDOS)等。

2. 网络运行安全

网络运行安全指要具备必须的针对突发事件的应急措施,如数据的备份和恢复等,网站的备份系统是为了尽可能快地全盘恢复运行计算机系统所需的数据和系统信息。根据系统安全需求可选择的备份机制有:场地内高速度、大容量自动地数据存储、备份与恢复;场地外的数据存储、备份与恢复;对系统设备的备份。备份不仅在网络系统硬件故障或人为失误时起到保护作用,也在入侵者非授权访问或对网络攻击及破坏数据完整性时起到保护作用,同时亦是系统灾难后恢复的前提之一。

3. 局域网或子网的安全

主要是访问控制和网络安全检测的问题。尽量减少暴露在互联网上的系统和服务的数量,每暴露一个都会给网络增加一份危险。企业内部局域网一般含有一些重要机密信息,此类信息如果被攻击或篡改则后果严重。网络安全人员一方面要用防火墙防范外部入侵,另一方面,也要对企业内部人员管理控制,防止内部员工对企业网络安全造成的危害。

(三)信息安全

信息安全涉及信息传输的安全、信息存储的安全以及对网络传输信息内容的审计三方面,当然也包括对用户的鉴别和授权。在信息安全涉及的几个方面中,为保障数据传输的安全,需采用数据传输加密技术、数据完整性鉴别技术。为保证信息存储的安全,须保障数据库的安全和终端的安全。信息内容审计,则是实时对进出内部网络的信息进行内容审计,以防止或追查可能的泄密行为。对用户的鉴别是对网络中的主体进行验证的过程,通常有三种方法验证主体身份:一是只有该主体了解的秘密,如口令、密钥;二是主体携带的物品,如智能卡和令牌卡;三是只有该主体具有的独一无二的特征或能力,如指纹、声音、视网膜或签字等。目前比较常见的信息安全技术有以下几类:

1. 密码技术

当今计算机业界的公司及各种机构所提供的技术服务,包括令牌、安全传输数据协议、电子证书及可信任网站安全标准等,都要涉及加密技术,其重要性显而易见。目前被广泛采用的算法有以下几种:美国著名的算法公司 RSA 提供的公钥密码算法 RSA 和美国 IBM 公司提供的分组密码算法 DES。

2. 数字证书与 CA 中心

在数字化社会中,要实现上面所述的身份认证的安全需求,必须建立一种信任及信任验证机制,即每个网络上的实体(例如个人、企业等)必须有一个可以被验证的数字标志,这就是"数字证书(Certificate)"。同时,这就意味着应有一个网上各方都信任的机构,专门负责对各个实体的身份进行审核,并签发和管理数字证书,这个机构就是认证中心(Certification Authority,简称 CA)。对于参加电子商务的各方来说,都必须拥有合法的身份,即由 CA 签发的数字证书。在交易的各个环节,交易的各方都检验对方数字证书的有效性,从而解决了用户信任和身份认证的问题。

目前在互联网上存在着很多 CA,适用于不同的国家或地区,应用于不同的情况,实现不同的目的,其中最有全球影响力的是美国的 VeriSign。在中国,目前的 CA 架构以银行体系为主,基本上各大银行都有自己的 CA 中心。另外还有一些地区性的 CA 中心,一些企业和网站也设立了自己的 CA 中心,但规模和影响目前都还比较有限。不同的 CA 之间可以遵循一个开放性的标准——PKI(Public Key Infrastructure,公钥基础设施)规范,以使各个 CA 之间能够互联、互相认证。

3. 安全协议

这些安全功能的实现必须基于一整套的安全协议。目前世界上公认的标准有:SSL、SET 和 NetBill 协议。SSL(Secure Socket Layer,安全套接层)协议是 TCP/IP 协议族中目前最新的安全协议,可以实现通信过程的安全保密,目前 SSL 被众多厂家和用户广泛采用,已经成为通信底层协议的实际标准。SET(Secure Electronic Transaction,安全电子交易)规范是由两大信用卡商 Visa 和 MasterCard 联合制定的实现网上信用卡交易的模型和规范。从概念上,它是通用信用卡的自然延拓,保留了信用卡交易的一切特点,同时针对网上交易,制定了确保安全的一系列规范和协议。SET 能够保证较好的安全性,但是也有处理速度慢、协议复杂、安装麻烦等缺点,而且只适用于信用卡的应用。

(四)制度安全

首先,应建立健全企业信息系统安全管理制度。在信息系统运行过程中,企业信息系统管理部门应制定严格的服务器日常维护、巡视和记录制度,客户机维护和操作制度,用户管理制度,人员培训制度等,并严格按照制度进行奖惩。

其次,重视 CIO 的培养与使用。企业信息化是一项复杂的系统工程,除了一把手要高度重视外,有一个既懂信息系统,又懂业务流程的复合型 CIO 也是非常关键的。在国外,大学、大企业的 CIO 直接参与企业重大问题的决策。一个合格的 CIO 既能充分调动网络技术人员的工作积极性,又能把握企业信息化发展全局,并能随时为领导提供参考意见。

最后,注重网络管理人员的地位与作用。在实施信息化的企业中,网络管理人员掌管着网络技术的核心,系统能否正常运行,全依赖于他们。在国外,企业每 20 台计算机就配备 1 名维护人员,且他们的薪水是相当可观的。而国内目前却做不到,满负荷的工作和较低的薪水确实不能吸引高层次的网管人员。不过,有些企业已开始致力于改善这方面的工作。

第二节 旅游电子交易产生的法律问题

一、在线交易主体及市场准入问题

在现行法律体制下,任何长期固定地从事营利性事业的人(主体)必须进行登记。而网络具有开放性,电子商务因此也具有开放性,任何人均可以设立网站(主页)或设立在线商店或专卖店销售其生产或经销的商品。如在现实中就出现过此类情况,有些网站没有经过合法的经营登记注册,往往采用电子邮件的形式与旅游者联系,没有住所地址与电话。游客抵达目的地后由一名所谓的"导游"出面联系接机、住宿和游览,其收费价格很高,在遇到客人提出疑问时便不知去向,旅游者难以维护自身的权益,甚至有境外的网站利用主页显示的"××旅游官方网站"等字样来蒙蔽游客。因此,哪些主体可以从事在线商务,如何规范在线商务行为,如何确保网上交易的主体是真实存在的,且能够使当事人确认它的真实身份等都是相关法律需要研究的问题。

此外,即使注册登记,是否具有相应的业务经营资格,也是值得探讨的问题。黄金假日旅行社起诉携程"超范围经营"、"虚假宣传不正当竞争"一案,从2003年打到2007年,"战火"遍及上海、杭州、天津、河北、北京等地。2003年年底,黄金假日认为携程无旅行社经营许可证,却从事订房、订机票及旅游业务,属非法经营,举报到国家工商总局、民航总局等部门,并先后在上海、北京等地提起诉讼。2004年年初,黄金假日在上海提起第一场诉讼,指控携程不正当竞争和虚假宣传,黄金假日认为,携程在明知自己不能经营"互联网信息服务增值电信业务"的情况下,利用上海携程商务有限公司的"携程旅行网"(www.ctrip.com)进行虚假广告宣传和非法经营互联网信息服务增值电信业务及旅游业务。2005年3月17日,携程将黄金假日诉至上海市一中院,要求法院判令黄金假日立即停止侵害,通过相关媒体恢复名誉、消除影响、公开赔礼道歉,并赔偿经济损失500万元。2006年7月,黄金假日将携程诉至河北省高级人民法院,再次要求携程停止虚假宣传和不正当竞争,并赔偿经济损失500万元,这些诉讼请求没有得到河北省高级人民法院的支持。黄金假日最终上诉至最高人民法院。从黄金假日提交的数份起诉状来看,其起诉的理由几乎都是"携程利用其他公司的经营许可证非法经营旅行社业务和非法从事机票代理业务",黄金假日认为这构成了不正当竞争法所禁止的"虚假宣传"。上海市高级人民法院在2005年6月的终审判决中认为,公司是否超越经营范围从事经营活动,应当由公司登记机关——工商行政管理机关进行合法性的监督与审查,不属于人民法院受理的民事诉讼范围。此外,法院还认为,携程未经有关行政许可、超经营范围进行经营的行为,并不能等同于其实施了对黄金假日的不正当竞争。那么,是携程违反了旅行社的行业许可规定引发了一系列的诉争?还是旅行社管理制度造就了诉争?利用互联网平台从事旅游电子商务,我国尚无相关的法律进行规制。

二、网上无形财产保护问题

网络为企业带来了新的经营环境和经营方式,在这个特殊的经营环境中,出现了一些不规范的商业行为。这些不规范的商业行为大多与网上新形态的知识产权或无形财产权的保护有关,特别是因为域名、网页、数据库等引起一些传统法律体系中的不规范的商业行为,需要探讨一些新规则。实际上,保护网上无形财产是维持一个有序的在线商务运营环境的重要措施。

2008年4月起,携程发现"去哪儿"网站酒店栏目内,有数万个页面均转载有携程酒店点评文章,许多甚至是原封不动地复制携程酒店点评页面。携程方面表示,携程一直鼓励携程会员发表酒店点评文章,这些文章再通过携程系统组织和整理,汇集成携程的酒店点评页面,这些耗费大量心血原创所得的酒店点评已成为携程会员预订酒店的重要参考及衡量标准,是属于携程的珍贵信息资源。在发现了"去哪儿"网站的侵权行为后,携程上诉到北京海淀区人民法院。2009年1月12日,北京海淀法院作出一审判决,携程拥有该网站内容及资源的版权,酒店点评等相关内容的著作权归携程公司所有,"去哪儿"的行为明显属于侵权,应依法承担侵权责任,要求"去哪儿"网十天内停止侵权行为,赔偿携程相关公证费用1000元,并在其网站首页连续24小时赔礼道歉。

三、在线消费者权益和个人隐私保护问题

2009年3月15日武汉一伙人打着优惠机票的幌子,利用400的号码冒充中国南方航空股份有限公司订票客服热线,骗得市民往其账户汇款买票。市民王先生反映,他需要订购两张从武汉前往广州的往返机票,通过网络搜索引擎查找特价机票的订票热线,最后,查到所谓的"南方航空快乐飞订票热线:4006699×××"。该电话称有特价,两张仅需800元,要他汇款到一个指定账户,并承诺24小时内送票上门。王先生将钱汇过去,但一直未收到机票。追问详细情况后,对方挂了电话。王先生登录南航官方网站查询购票记录,发现自己的两张票并不在其中。

旅游电子商务市场的虚拟性和开放性、在线交易的便捷性使消费者权益保护成为突出的问题,尤其是如何保障网上产品或广告信息的真实性、有效性的问题,以及如何处理不实或无效信息引发的交易纠纷问题。特别是在我国商业信用不高的情形下,网上商品良莠不齐,质量难以让消费者信赖,而一旦出现质量问题,补偿索赔又很难,这成为困扰电子商务发展的问题之一。寻求在电子商务环境下执行《消费者权益保护法》的方法和途径,制定网上消费者权益保护的特殊法律条文,既

维护了消费者权益，也是保障电子商务健康发展的法律制度的组成部分。

另外，由于互联网的特性，旅游网站在运营过程中，将无可避免地与用户发生直接或间接的互动关系，对用户的姓名、性别、年龄、出生日期、电话、所在地、电子邮件地址等个人信息进行收集，网站可以用其进行信息数据的统计，但未经旅游者允许绝不可泄露。

第三节　旅游电子商务社会环境建设

我国的旅游电子商务是发展速度较快的领域，根据艾瑞咨询《2008—2009年中国网上旅行预订行业发展报告》统计显示，2008年，中国在线旅游市场规模达到27.89亿元，预订用户规模达到600万。随着相关技术和设施的逐步成熟，旅游电子商务发展到目前，越来越突出的问题不再局限于技术领域，而扩展到企业管理、经济体制、政府参与、公众意识更新等更加广泛复杂的层面。也就是说，逐步建立起协调发展的电子商务社会环境已经成为电子商务健康发展所面临的严峻挑战。

一、我国旅游电子商务发展所存在的问题

（一）相关行业管理规范需进行变革

旅游行业现有的管理规范制约了旅游电子商务的发展，虽然国家在20世纪90年代曾颁布了旅游行业经营和管理的一系列规定，以及保护旅游消费者合法权益的有关处罚条例，但如何对旅游电子商务活动进行管理，如何识别和确认旅游消费权责，如何投诉、调解和理赔，如何对网上活动进行网络监管等，这些都需要不断地对行业管理规范进行扩充和完善，以适应并进一步推动旅游电子商务的发展。

（二）市场体系还有待于进一步完善

旅游业是一个关联性非常强的行业，从行业内部而言，各种类型的旅游企业如旅行社、景点、娱乐服务企业、旅游产品生产企业等在地理位置上存在较大距离，相互联系比较松散，要适应旅游电子商务的发展，客观上需要进行统一管理；从行业外部而言，旅游企业与外部关联企业缺少合作，如与民航、铁路的网络系统进行连接，统一和规范酒店预订系统，与银行联盟合作，解决网络支付问题，有一系列的工作要做，才能从根本上解决旅游电子商务外部环境的问题。在种种因素制约下，现实的网络旅游消费市场还相对窄小。一些旅游企业从电子商务中获得的收入相当微薄，从旅游市场的供应看，少数具有实力的企业垄断着市场。

（三）公共环境体系建设有待加强

旅游电子商务发展的公共环境有待于进一步改善。制约电子商务发展的公共环境主要包括网上支付、网络安全、网络带宽、法律环境及网络信息服务等。鉴于

中国传统习惯以及网络虚拟环境下诚信缺乏带来的不利因素,我国多数消费者习惯了面对面的消费和交易,从心理上他们觉得这种方式更加安全可靠,怀疑基于网络虚拟环境下的企业商家的诚信;另外,有些企业或商家也在制造诚信问题,他们利用网络技术的不完善和电子商务法规的不健全,发布虚假信息,获得非法利益,从而引发了一系列诚信危机,影响旅游电子商务的发展。

（四）旅游企业信息化程度与专门人才方面存在不足

当前,众多的中小旅游企业还停留在手工操作阶段,企业内部信息化程度不高,缺乏开展旅游电子商务的意识,从事旅游电子商务的企业缺乏相关专业高素质的经营管理人才,尤其是想拥有既能把握市场动态,又能洞察电子商务发展趋势的复合型管理人才更为困难。另外,由于人才流动受利益驱动的影响,旅游企业要网罗到并留住优秀的网络技术、电子商务专业人才,困难重重。这些都是目前制约旅游企业电子商务发展的重要因素。

二、我国旅游电子商务社会环境的建设

（一）加强社会信用体系建设

1. 政策方面

政府应致力于营造良好的社会信用环境,强化对企业电子商务的信用监管,探索电子商务信用体系的相关立法,积极开展对电子商务企业,包括电子商务平台服务商、信息服务类网站、电子商务交易商等的征信和评级工作,制定和实施电子商务企业信用标志证制度等。

2. 企业信用管理技术方面

构建网上信用评估模型,企业信用部门在电子商务交易之前,首先应评估客户信用,可以根据客户的财务报表进行评估,或开发出适合本行业特点和本企业特征的信用评估系统;加强网上客户档案管理,企业应对赊销客户的档案一般进行定期审查,根据客户信用信息的变化,及时调整信用额度;建立合理的应收账款回收机制,企业内部的信用部门负责追收账款,采取多种方式（如定期追收、外部力量、法律手段等）以防止坏账。

3. 体系建设方面

加快信用服务体系建设,建立科学、合理、权威、公正的信用服务机构;建立健全相关部门信用信息资源的共享机制,建设在线信用信息服务平台,实现信用数据的动态采集、处理、交换;严格信用监督和失信惩戒机制,逐步形成既符合中国国情又与国际接轨的信用服务体系。

（二）加强旅游电子商务法制环境建设

近几年来我国电子商务的政策法律环境有了较快的发展,但还是在立法、司法及法律环境等方面存在不足,应加快订立电子签章法等法律法规,解决电子商务的

根本性的法律问题即电子签章、电子合同、电子交易的有效性、合法性的问题;明确立法规划,加强立法中的系统性和一致性,确定电子商务立法的步骤、重点和基本原则,协调法律、法规、司法解释、部门规章、地方法规,避免冲突,使其做到相辅相成,形成一个有机的整体;强化法律法规的可操作性,使具体规定与企业实际状况密切结合,把握不同类型电子商务企业的共性与个性的法律问题,针对产业发展的具体法律问题作出明确规定,形成良好的法制环境;研究电子商务领域适用的行政许可模式,提出切合电子商务产业发展特点、宽严适中的管理模式;通过发展网上法庭、网上仲裁、网上公证、网上律师等司法辅助机制,建立灵活的法制环境,以弥补传统法律环境的灵活性不足的缺点;认可商业惯例在交易中的作用,使商业惯例成为法制的重要补充,将成熟的商业惯例及时上升为法律法规;协调管理、技术、法律、标准和商业惯例的关系,使其成为一个有机的整体,互为补充,共同发展,为电子商务的运行和发展提供全面有效的保障。

(三)完善旅游电子商务运行环境建设

要完善信息基础设施,为开展电子商务建立安全的网络环境。目前,我国通信网络和信息系统的建设取得了长足的进步,但是与发达国家相比,我国在网络能力、信息资源开发和应用等方面仍存在很大的差距。随着我国经济体制改革的深化和市场机制的建立,跨部门跨地区的信息通信与交换将日益频繁,信息网络将成为现代社会重要的基础设施。1996年8月,"金桥工程"被正式批准列为国家的107个重点工程项目之一,是以建设我国重要的信息化基础设施为目的的跨世纪重大工程。2001年我国正式启动的"金旅工程"项目是国家信息化工作在旅游部门的具体体现,它由两个基本内容组成:一是政府旅游管理电子化,利用现代化手段管理旅游业;二是利用网络技术发展旅游电子商务,与国际旅游市场接轨。"金旅工程"可概括为"三网一库",即内部办公网、管理业务网、公众商务网和公用数据库。

(四)营造旅游电子商务发展的社会人文环境

"网络旅游"的概念频频见于媒体,但仍然存在消费者旅游购买观念和方式陈旧、商业信用不足等方面的问题。真正通过旅游网站来吃"旅游套餐"的人并不多,因此表现出来的另一方面问题是网站的访问率低。由此可见,旅游电子商务时代真正来到的首要条件是民众意识的激发。目前网络旅游服务定位于中高层消费者,参加自助旅游的人多是时间较少、收入比较多或知识水平比较高的人。旅游网站要提供与旅游产业有关的全方位、多层次的服务,提供个性化的自主型旅游散客消费模式,给旅游者的吃、住、行、游、购、娱带来种种便宜、方便,再通过多种媒介宣传,突出其个性化的特性,多角度激发民众的网络旅游、自助旅游意识,揭开其神秘面纱,使之不再仅仅是一种时尚。随着互联网的普及、社会富裕程度的提高和闲暇时间的增多,以及网络技术门槛的降低和操作的简便化,网上旅游将成为人们日常生活的一种习惯,这样将很快地进入大众网络、自助旅游阶段。

案例学习

携程网上买到假保单

2008年11月14日,与妻子在海南度蜜月的梁玉祥通过电话向携程网订购了两张11月18日返回昆明的机票,外加两份"平安交通工具意外伤害保险单"。两张保单共计20元,最高保额80万元。梁玉祥当天拿到保单时发现,保险期限仅18日一天,而航空意外保险的保险期均在7天到10天。"我的航班的空中飞行时间是从18日23时05分到19日凌晨0时55分,航程跨越两天,这也就是说,有近一个小时的时间我是在'裸飞',没有任何保障。"梁玉祥如是说。

梁玉祥就该疑问致电携程网客服热线,客服人员称保单是保当次航班,航程肯定受保障。但令梁玉祥错愕的是,他发现保单上"1天"的英文翻译竟然是ONEDAYS(注:应为ONEDAY),而背面"保险期限详见保单"中的"详见"也写成了"祥见"。

梁玉祥随即致电平安财险客服热线,经平安财险的客服人员查证,平安公司的系统并未查到其两张保单的投保记录。梁玉祥说,他返昆后多次与携程沟通,提出携程应出具该保单为真保单的证明,但携程仍然称保单不会有假。

随后,梁玉祥向平安财险海南分公司提出验真申请。2008年12月12日,海南分公司出具了书面回复,指出该保单存在着没有印刷限售地区、没有打印验证码、保险期限错误、单证流水号及保单号不符合编写规则等诸多问题,并称"所提供的保单非我公司产品"。

"我将平安财险的证明发给携程,但其回复我说,它们也是受害者,接着就晾了我两个多月,没有和我联系。"梁玉祥说。

2009年2月20日,携程以"上海携程国际旅行社"的名义在网上公布了"致携程会员梁玉祥先生的道歉函",证实两张保单属伪造保单,系携程资源合作方三亚辰龙工作人员擅自向三亚禧嘉航空售票中心购买两份仿造保单所致,承认其负有监督管理不力的责任,同时表示,携程已终止与三亚辰龙在保险方面的合作,并责成三亚辰龙向当地公安机关、工商部门举报出售假保单的禧嘉航空售票中心。

2月20日,海南保监局吊销了三亚辰龙售票公司保险兼业代理许可证,同时,三亚工商部门也将涉嫌出售假保单的禧嘉航空售票中心予以取缔。

(资料来源:网易科技频道 http://www.tech.163.com)

思考题:你觉得此次假保单事件的责任应该在谁,并谈谈旅游电子商务中有哪些需要改进的方面。

本章小结

本章介绍了旅游电子商务所面临的安全威胁,并从物理安全、网络安全、信息安全和制度安全等方面介绍了相关的安全技术。由于电子商务的虚拟性和开放性,使得旅游在线交易产生了各种法律问题,通过现实中所发生的有关旅游者和旅游网站的案例让我们了解到只有通过不断完善旅游电子商务相关法律体系和社会环境才能不断促进旅游电子商务的健康快速发展。

思考与练习

1. 旅游电子商务所面临的安全威胁和相关的安全技术主要有哪些?
2. 利用搜索网站,查找旅游电子商务运营中的相关法律案件,并对其进行分析,提出你的看法。
3. 你觉得应该如何构建适合旅游电子商务发展的社会环境。

综合项目学习

项目一：Internet 的入网方式与网络服务的选择应用

一、项目背景

假日旅游公司为了提高办公效率，计划将总部各部门的计算机首先组建成一个局域网，然后再将局域网接入互联网。公司办公区主要有总经理室、综合办公室、人事部、财务部、计调部、外联部。

二、项目任务

(1) 统计公司各部门办公室的具体位置、计算机的数量、对网速的要求；

(2) 确定网络中心的具体位置，铺设网线和供电电源线，安装机柜；

(3) 根据公司计算机的分布情况，制订局域网 IP 地址的分配方案、局域网拓扑结构、布线方案；

(4) 安装服务器、交换机、路由器、防火墙、各部门要入网的 PC 机等硬件设备，并用已敷设好的双绞线将它们连接；

(5) 在服务器和各部门入网的 PC 机中安装相应的软件；

(6) 对网络中的设备进行网络参数配置；

(7) 进行网络测试与调试。

三、项目分析

在相同条件下，局域网设计是否合理直接影响到各部门计算机运行速度和数据安全。局域网的设计要综合本公司的具体情况（各部门的地理位置、机器的数量）确定服务器的配置、局域网的拓扑结构、IP 地址的分配、ISP 提供商的选择等。要做到设备和材料的采购既要满足要求，又不浪费资源，做到性价比合理。拓扑结构设计、IP 地址的分布要合理,做到不能因为设计缺陷影响网络速度和网络安全。

四、项目实施

(一)知识准备

(1)了解 Internet 的接入方式;

(2)了解 Internet 服务提供商;

(3)掌握硬件(服务器、交换机、路由器等)的安装方法;

(4)掌握相应软件的安装;

(5)掌握局域网 IP 地址的分配;

(6)掌握局域网拓扑结构设计。

(二)探究内容

1. 选择 Internet 的接入方式

目前 Internet 的接入方式有几种,各有什么特点,业务量较大的单位或部门选择什么样的接入方式,业务量较小的单机用户选择什么样的接入方式?

2. 选择 Internet 服务提供商

不论采用哪一种方式入网,首先需要选择 Internet 服务提供商 ISP(Internet Service Provider),在当地都有哪些 ISP,它们都提供什么样的服务,收费情况如何?

3. 选择服务器配置

网络服务器是局域网实现网络资源管理和共享的核心设备,一个局域网至少安装一台服务器。按服务器提供的服务,服务器一般可分为文件服务器、打印服务器、通信服务器和数据库服务器。在局域网中,使用最普遍的是文件服务器。服务器的好坏直接影响着局域网的安全和稳定。

4. 选择拓扑结构

局域网的不同拓扑结构具有不同的优缺点,选择哪种拓扑结构,要根据组建局域网的具体情况而定。

(三)目标要求

(1)总结分析统计信息;

(2)根据统计信息制订网络设计方案;

(3)按照设计方案制订出工程报告书,新购设备、材料配置单和经费预算清单。

五、评价与小结

1. 评价标准

(1)统计信息要准确,能通过分析统计信息制订合理的网络设计方案;

(2)工程报告书应具有合理性、可操作性、内容要准确、全面;

(3)新购设备、材料配置单和经费预算清单要科学、合理、全面、准确。

2. 小结

这是一项综合性较高的工作任务,涉及许多人、财、物、事、时间、工作流程安排等方方面面。在整个工作过程中,不但需要多方面的计算机知识综合应用能力,而且还需要较强的设计能力和动手能力。

项目二:B2C、B2B 旅游电子商务系统的功能应用与分析

一、项目背景

某公司将在 8 月份组织 16 名员工去北京旅游,时间为 8 天,每人消费金额不得超过 2500 元人民币。现在由你来通过旅游电子商务系统来确定旅游景点和吃住行等一切事宜,形成此次旅游活动的策划书。

二、项目任务

(1)通过旅游电子商务系统预订购买某种产品或服务;
(2)对旅游电子商务系统网上交易平台进行考察,分析其电子商务系统的功能设计;
(3)撰写相应的商务流程分析报告。

三、项目分析

旅游企业通过电子商务系统实现企业经营目标,需要电子商务系统能提供网上交易和管理等全过程的服务。因此,一般的旅游电子商务系统应具有广告宣传、咨询洽谈、网上订购、网上支付、电子账户、服务传递、意见征询、业务管理等功能。不同的旅游电子商务系统具有不同的功能和商务流程,旅游电子商务系统的功能设计是否全面、流程设计是否合理直接影响着旅游企业的经营目标。

四、项目实施

(一)知识准备
(1)了解旅游电子商务系统的概念;
(2)掌握旅游电子商务系统的功能模块。
(二)探究内容
(1)B2C 旅游电子商务系统应该具有哪些功能?
(2)B2B 旅游电子商务系统应该具有哪些功能?
(3)旅游电子商务系统的功能和商务流程怎样设计才能最大限度地吸引消

费者?

（三）目标要求

（1）旅游景点的选择、酒店和车票的预订、合同的洽谈等事宜要充分利用旅游电子商务系统来进行。

（2）确定旅游线路和景点时不能超过规定的旅游时间和费用。

五、评价与小结

能够利用旅游电子商务系统顺利完成预订任务，通过旅游电子商务系统的使用掌握该系统的功能设计和流程设计。

旅游电子商务系统是保证以电子商务为基础的网上交易实现的体系，该系统通过与酒店和航空公司的紧密合作，以网站平台和呼叫中心为工具，为旅游消费者提供以酒店和机票预订为主的服务。电子商务系统大幅度提高了旅游活动的准备效率和行程质量。

第二篇 在线旅游电子商务

第4章

旅游网站与在线旅游服务商

本章导读

本章在说明各种类型的旅游网站、行业内旅游电子商务平台应用的基础上,介绍旅游网站在旅游电子商务活动中的作用,并就我国知名的携程旅行网这一具体实例,分析在线旅游服务公司这一新型的旅游企业形态,进而对在线旅游电子商务的运营模式等内容进行探究。然后对垂直搜索——旅游搜索引擎这一新兴的旅游电子商务新形式进行学习,就其运营模式及其对行业的作用影响进行分析介绍。

第一节 旅游网站与行业电子商务平台

一、旅游网站概述

网络目前已成为旅游业一种至关重要的营销渠道,旅游景点可以利用网站介绍旅游资源吸引招徕客源,旅行社可以通过网站发布旅游资讯和进行在线旅游产品销售,更有旅游行业新兴的在线旅游服务商依托其网站为广大旅游者提供了完整、丰富、权威的综合商旅与个人出行服务,旅游者可以非常方便地在旅游网站上了解到各种所需的旅游信息,在网站社区交流平台上分享各自的旅游心得。

(一)旅游网站的内涵与发展变化

1. 旅游网站的内涵

旅游网站是利用网络技术,从旅游专业角度整合传统旅游资源,提供全方位多层次的网上旅游服务的场所,是旅游信息系统的传输媒介和人—人、人—机交流的窗口。具体地讲旅游网站指的就是基于网络、拥有自己的域名、由若干个相关的网页组成、在服务器上存储了一系列旅游信息的 Web 站点。旅游网站所包括的 Web 页面又包括了许多文本、图像、声音和一些小程序,使用者可通过浏览器浏览所需要的旅游信息。

当今社会人们的生活处处离不开网络,网络虽然不能给旅游者现实的旅游体验,但是为旅游者提供信息服务的优势是其他任何工具都不能比拟的。旅游产品是极适宜网络营销的,原因是旅游产品不能流动,其在市场上的表现形态即是信息形态,并且旅游产品的综合性也格外需要借助信息技术方式的运作以综合反映。特别是大部分旅游产品具有无形性,旅游者在购买这一产品之前,无法亲自直接了解,只能通过介绍来体会,旅游网站给旅游者提供了大量的旅游信息、虚拟旅游产品以及"身临其境"的体验,从而培养了潜在的游客。因此,旅游网站使无形的旅游产品在虚拟世界中"有形化",为潜在的游客向现实的游客转化提供了可能性。

旅游网站的服务功能包括旅游信息的汇集、传播、检索和导航,旅游产品和服务的在线销售,个性化服务等。通过网站的运行,把众多的旅游供应商、旅游中介、旅游者、旅游产品整合在一起,使原来市场分散的利润点集中起来,提高了资源的利用效率,扩大了旅游市场规模。

2. 旅游网站的发展

在国内还没有旅游网站的时候,国外旅游网站的发展已经如火如荼,比较著名的有美国的 itn.com 和欧洲的 etn.com,还有一度为雅虎等大型门户网站提供资讯的 lonelyplanet.com,一时间旅游资讯成为继新闻之后的第二大网上资源。随着网络功能的进一步深化,以 expedia.com、travelocity.com、priceline.com 为代表的新型旅游网站逐渐崭露头角,而且后来居上,它们除了提供详尽的目的地信息外,还提供酒店、机票、包价旅游、租车等网上预订功能,可用信用卡进行相关费用的支付。其中 Expedia 源于微软旗下,是全球领先的在线旅行公司,占据着世界在线旅游业务第一的位置,它集研究、策划、预订等综合性旅游需求和旅游商务及休闲旅行信息工具于一体,为旅游者提供最广泛的旅游产品和服务选择。Travelocity 由美国著名的 Sabre 集团创办,提供 BtoB、BtoC 平台,致力于为游客提供旅行前、旅行后及旅行期间的全程服务,占据了世界在线旅游业务的第二把交椅。Travelocity 还同时拥有并运行着欧洲最大的在线旅游网站 Lastminute.com。priceline 采用的是电子零售模式,其核心是通过聚合庞大的用户形成一个强大的采购集团,使顾客能享受到批发的价格,而且一直以鲜明的自主定价服务牢牢吸引了众多的顾客。这些网站除了实用详尽的目的地信息外,便宜的价格和快捷的预订更加方便了旅游者,而且在其系统的背后还有庞大的支持平台,如美国的几大预订系统互联互通,信息及时传递,每一个航班座位情况、酒店的房态都可以在网上查阅,即时购买。

20世纪90年代中期,中国旅游电子商务开始起步,主要是综合性网站的发展,旅游服务仅作为网站的一部分,且绝大部分仅是旅游企业信息查询,并停留在专业门户阶段,缺少商务含量,缺乏竞争力。20世纪90年代末,由于旅游业巨大的市场空间和电子商务强大的生命力,旅游电子商务网站如雨后春笋般涌现。1997年,国内相继出现以中国旅游资讯网、华夏旅游网和中华行知网为代表的中国第一代BtoC旅游网站,其中中华行知网以文化旅游为市场切入点,定位为网络版的中国国家地理杂志。华夏旅游网和中国旅游资讯网推出潜力巨大的自助游,以自定行程、自助价格、网络导航、网际服务为特征,适应了人们个性化的需要。2000年,以携程、艺龙旅行网为主的第二代B2C旅游网站开始崭露头角。携程网首次将旅游网站定位为旅游行业的中介服务机构,市场定位主要为商务旅行和自助旅游服务。携程这样的全国性旅游预订服务网站成功地运用网络技术,利用集中式呼叫中心(Call Center)搭建起来的虚拟服务网络支撑着遍及全国的预订服务体系,形成规模效应,大大提高了工作效率,降低了服务成本,进而形成了国内在线旅游业运营的"携程模式"。根据国内独立第三方数据统计分析服务提供商CNZZ(www.cnzz.com)的统计数据,截至2009年6月在中国互联网上从事旅游行业业务的网站的站点数量达到49 264个,日独立访问量达到1 563.29万人,日页面浏览次数达到7324.79万次。但是,从目前国内旅游网站使用者成分来看,境外访客数量所占比例很少,只占到7.63%,这与中国这一国际旅游大国的地位是不相称的,但这同时也意味着国内的旅游行业网站在扩大境外知名度、增加境外业务、吸引境外游客等方面有着很大的发展空间。

3. 旅游网站模式的变化

随着互联网的快速发展,旅游网站正在出现重大变化,以博客为代表的一批web2.0网站正崭露头角。Web2.0是由美国欧雷利媒体公司主席蒂姆·欧雷利提出的兴起于Web服务领域的一系列软件、标准和模式的总称,一般来说Web2.0(也称互联网2.0)是相对Web1.0的新的一类互联网应用的统称。Web1.0的主要特点在于用户通过浏览器获取信息,Web2.0则更注重用户的交互作用,用户既是网站内容的消费者(浏览者),也是网站内容的制造者。其独特之处在于对"长尾"理论的成功应用,而区别于以集中方式、单一方向为特征的Web1.0。

(1)web1.0旅游网站存在的问题

网站提供给用户的内容是网站编辑进行编辑处理后提供的,用户只是阅读网站提供的内容,从网站到用户这个过程是单向行为。但由于一个网站的编辑总是有限的,而这么少的编辑面对的却是爆炸性增长的信息,难免会力不从心,于是我们看到的很多旅游网站中出现信息不全、信息失效等情况,这样当旅游者遇到实际问题时往往无法解答。另外,无论网站编辑怎么按照客观的标准筛选信息,最终都会受其主观的影响,导致编辑所选用的信息并不一定是浏览者喜欢看的。web1.0

旅游网站的劣势还表现在旅游网站无法黏住浏览者,由于网站基本都是以提供旅游资讯为主,可替代性的网站又很多,从而使网站失去对用户独特的魅力。

(2)崛起中的web2.0旅游网站

针对web1.0旅游网站出现的种种劣势,web2.0旅游网站作了重大的改进。让用户成为网站的主角,真正体现网站以用户为本的特色。第一是网站的内容一改以往由少数几个编辑添加的特点,改为网站用户自己添加,这种方法在网站建设初期虽然效果不是很明显,但随着网站用户的增加,网站的信息量也会呈几何增长,满足用户对最新、最全、最详细信息的需求。第二是网站的诸多功能由用户参与建设,加强了网站与用户之间的双向交流。网站的建设不再是网站的建设者几个人说了算,而是由众多的用户所决定,确保规划出的网站、设计出的功能为用户所认可。第三是加强网站对用户需求的主动提取,并加以分析处理,然后给用户所需要的资源。当用户出现问题时,一方面可以通过站内搜索看是否有答案,如果没有,可以在网站直接提问,接受其他用户的在线解答。第四是加强用户之间的互动,由于用户在这个网站上拥有了众多的朋友,使得网站对用户的吸引力大大增加,提高了网站对用户的黏性。

(二)旅游网站的在线基本业务

1. 信息服务

(1)单向信息服务

①旅游行业信息。包括景点名胜、酒店、旅行社信息,购物指南等。还有旅游新闻、网站动态信息、旅游行业动态、政策法规等多种分类信息。②旅游知识信息。包括相关的法律法规、国内外旅游常识。还有如旅游用品的选择、旅游保险、旅游中怎样解决突发事件、如何选择旅行社、旅游安全注意事项等。也包括对特殊的自然资源、民俗风情、人文景观、民族节日等的介绍。

(2)交互信息服务

①交通信息查询:航班、列车、汽车等到达目的地的交通线路及信息查询,提供以出发地、目的地、出发日期及时间、到达日期及时间、航空公司、列车班次等为关键字段的多种查询方式。②旅游辅助查询工具系统:网上电子地图,方便用户查询定位旅游景点、宾馆酒店等旅游资源和设施。天气预报,检索查询景区或指定查询全国部分地区的未来天气状况预报信息,为游客出行提供必要的天气参考。③在线旅游咨询系统:提供游客所关心的常见问题的分类检索及查询,可灵活实现多种关键字段的前台检索。系统的查询数据初步由网站收集录入,网站运营后将在线咨询中陆续收集的各类型问题同步提交到查询数据库,不断更新的数据又将为游客提供更完善的查询支持,实现内容更新的有机循环。无论是普通游客还是网站的客服人员或是提供相关服务的商家,都能在这个平台上进行充分的交流和良性的互动。

(3) 社区信息服务

旅游服务是一种体验式的服务,且旅游服务的提供与享受同时进行,因此用户在决策时更加需要借助他人的经验,这也使得旅游用户对他人 UGC(用户原创信息)的信任程度远远高于网络广告。正是这个原因,旅游社区才积累了大量黏性很强的固定用户,通过交流产生有价值的内容,从而影响更多的用户。对于旅游网站来说,网站的资源终归是有限的,而网民的参与才是不可估量的。在社区提供交流中心,增强网站与广大使用者之间的互动交流,主要形式是利用博客和论坛。旅游博客,主要以个人表现为亮点,不拘一格,百花齐放,成为网站频道中一道独特的风景。如果说博客是个人秀,那么论坛就是大家乐,开通 BBS 板块,提供游记发布、影集上传,形成各种主题的圈子,网站论坛既是广大"驴友"畅所欲言、交流沟通的桥梁,也是向社会大众展示网站魅力的有效途径,最终形成自己的群体影响力,它的作用是非常突出的。

2. 产品代理、预订交易服务

(1) 旅游产品代理功能

①客房和票务代理管理:具体包括制作代理申请单、统计申请物资等。②供应商管理:包括建立供应商档案、管理供应商合同等。

(2) 同业平台系统

有的网站能够提供一个平台,方便同业经营,每个商户都有专门的区域展现商家的经营特色、企业文化、产品等。同业间可据此共享资源、交流合作。

(3) 网上广告系统

在网站上发布促销广告,介绍新的旅游线路和旅游热点。提供景区全景式展示,发布酒店房间促销信息等。

(4) 预订功能

①预订信息查询:按条件查询酒店客房或票务信息。②进行预订:根据查询情况进行选择、预订。③信息维护和更新:根据预订情况和供应商的供应情况对现有信息进行维护和更新。④信息统计:将预订信息进行统计,供本企业及供应商进行分析。

表 4-1　旅游网站的各预订系统功能

机票系统	具有航班查询、机票预订、订单的查询与修改、退票、代理出票/退票/订单维护等功能
酒店系统	具有酒店查询、酒店预订、更改预订、取消预订、房源维护、库存预警、退房等功能。游客在填写身份信息后,可选择订房日期及时间、房间规格、订房数量、预计退房日期及时间等。收到预订信息后,网站通过必要的联系方式与游客进行反馈或确认
旅游线路系统	具有信息查询、线路预订、更改预订、取消预订、管理和维护等功能。此外自助旅游模块,用户选择旅游景点后,可提供合理的旅游线路、行程安排、相关旅游设施介绍等信息

(5)账务核算系统

该系统包括与签约酒店和航空公司的佣金结算、财务处理和财务分析。账务子系统能处理企业要求的所有财物信息处理,包括过账、对账、结账、制表及打印等。

3. 客户管理

(1)登录注册功能

旅游者在进行第一次网络交易之前要进行会员注册。注册完成后,系统会自动生成一个会员名称和密码,并在网页上显示出来,用户可自行在网上修改自己的密码。

(2)客户信息维护

包括客户档案管理、客户资信等级评估等。管理会员资料,可以避免在预订过程中重复填写相同的信息,提高预订效率。提供个性化服务,更有针对性地发布旅游信息,特别是当客户没有找到满意的解决方案时,可以委托服务器监视和跟踪;当有符合标准的信息出现时,及时用电子邮件的方式提醒客户。并通过积分、奖品及优惠来鼓励和回报会员,如积累客户的消费量(比如飞行距离),以此作为促销奖励的依据。

(3)流量统计分析

统计分析各种时段网站整体访问量,统计分析网站各主要频道的访问量,统计分析全球来访IP的区域,统计分析各主要搜索引擎对网站的搜索频率及相关地址。网站统计数据是作为判断网站知名度、分析网站影响范围、分析访问者关注重点或进行网站改版、内容调整时重要的原始依据。

(4)社区服务

可以提供给旅游者一个自由交流的平台,能促使旅游者与社区的结合更加紧密。同时可以进行一些旅游调查,接收信息反馈,组织一些活动,黏住客户,提高顾客的忠诚度。论坛拥有用户管理、等级管理、栏目管理、权限管理等论坛管理功能。与网站系统实现通行证式用户管理,统一注册、登录、数据共享。

(三)旅游网站的服务优势

1. 提供更好的信息服务

相比传统旅游企业,旅游网站的信息更丰富、经营方式更合理,游客可在网站里收集游记(文字、图片)、评论以及目的地的景点、食宿和交通等详尽的信息,还可通过链接和搜索引擎漫游相关网站。旅游网站把饭店、旅游交通部门和其他旅游企业的信息综合反映在自己的网站上,它更多扮演的是旅游产品代理商的角色,把主要精力都放在对信息的收集、处理上,这使得它们能够提供比传统旅行社更全面的信息,旅游者因而可以有更大选择空间。同时旅游网站以网络为传播媒体,使得旅游者可以自主选择自己需要的信息,而不像其他一些媒体让旅游者只能被动接收信息。

2. 实现更低的运营成本

由于旅游网站可以打破地域的限制，可以最大限度地将各种旅游资源以最经济的方式结合在一起，同时无店铺经营也将有助于降低成本，因而使旅游资源的所有者和消费者都得到益处。而且旅游服务的无形性也使其更适合网上销售，它不需要库存，一切都可以通过电话和鼠标完成。旅游网站处理一个订单的成本比传统旅行社低很多，其纯利润是旅游行业中最高的。旅游电子商务省去了许多中间环节，通过网络平台直接把生产者和消费者联系起来，避免了由于中间商的利润需求而导致终端价格的提高。旅游网站的赢利模式很简单，就是提取代理费用，尽管平均利润率不算高，但它可以将原来市场分散的利润点集中起来。

3. 开创更广阔的目标市场

传统旅行社主要是以经营团队旅游为主，它们的目标市场多半也只是局限于一个较小的区域范围之内。一方面是由于按照传统的营销方式，没有能力进一步扩大市场份额；另一方面是由于激烈的竞争环境，只有在区域性优势下，才能获得生存空间。而旅游网站可突破时空限制，为消费者提供全天候、跨地域的服务。旅游网站的营销面触及世界任何连入互联网的地方。随着中国入境游业务的迅速增长，这块市场潜力巨大，是旅游发展的一个重要目标。20世纪90年代以来，散客成为旅游者的主流，通过互联网提供的产品信息进行产品组合，与传统的旅行社的产品组合相比，前者更能满足散客的需要，也更能适应新的旅游趋势。另外，散客旅游的单位利润比团队要大，而且有更大的目标市场，使得在线旅游服务可以做大、做强，形成规模经济。

4. 满足个性化的需求

旅游网站的出现，无疑为散客旅游和个性化旅游提供了一片自由的天空。每一个潜在旅游者都有可能通过互联网选择自己所喜爱的旅游产品，并按个人需要自行组合。这样，每一个人的特殊需要就有可能被满足，个性化旅游需求也可以较好地实现。从网上订票、预订饭店、查阅电子地图到完全依靠网站的指导在陌生的环境中观光、购物，都可以按照个人的要求来进行。由于网络的交互性和快捷性，游客可以通过网络，根据自己的个性需求制定旅游线路，自主组合各种旅游产品，从真正意义上实现个性化旅游，冲破由旅行社为自己定制旅游线路所带来的局限性。

二、旅游网站类型

目前对旅游网站的分类尚无一个明确统一的模式，这里根据网站的业务性质，将旅游网站分为如下几种类型：

(一)综合门户网站的旅游频道类

在门户网站中,几乎都不同程度地涉及了旅游的内容,如新浪网生活空间的旅游频道、搜狐和网易的旅游栏目、中华网的旅游网站等。在大多数的门户网站的旅游频道中,都包含了相关的旅游信息,如旅游新闻信息、旅游政策信息、行业活动信息、目的地和旅游企业信息动态、旅游景区信息、旅行社信息、酒店信息、票务公司所提供的产品和服务信息、反映旅游者的旅游经历和感受的文章、图片、视频等。门户网站的旅游频道依靠自身流量大、点击率高、资源多的优势,将"建立权威的旅游信息交流平台"作为发展战略的主要方向,经营网上营销代理,提供预订酒店、设计旅游线路、经营交通票务和设计旅行计划等服务。这和门户网站要求大而全的特点是吻合的。但由于旅游业务仅仅是其网站的一部分,是对现有网站内容的补充,其信息的专业性、权威性、全面性等方面相对于其他类型的专门旅游网站要差一些,竞争力也较弱。加上缺乏行业优势,故而没能完全展现网上旅游的魅力。而且从运营的层面来说,这样大而全的方式对于浏览者并没有太大的黏性,当然也就不太可能产生很好的商业效益了。

(二)旅游产品与服务直接提供商类

此类网站是旅游产品与服务直接提供方(如旅游饭店、航空公司),为更好地促销和推广其旅游产品、宣传本企业和发布企业信息而设立的网站,内容主要针对企业自身的产品,主要包括旅游资源、旅游饭店、旅游交通等。

(三)旅游中介服务商类

1. 传统旅游中间商建立的网站

传统旅游中间商自建的网站,如港中旅旗下的芒果旅行网(www.mangocity.com)、中青旅旗下的遨游旅行网(www.auyou.com)、春秋旅行社的春秋旅游网(www.china-sss.com)。在传统旅游企业信息化进程中,中青旅是最早介入网络的少数旅游企业之一,当时中青旅通过设置单独的旅游电子商务公司来推出青旅在线(www.cytsonline.com)。随后成立青旅在线所属的票务中心和酒店预订中心,以之统筹标准化程度较高的酒店预订、机票配送等业务。青旅在线结合自身优势和网络特点,独立开发出"机票+酒店"、旅游自助行线路等适合网上销售的产品。中青旅和青旅在线形成了相互供求关系:中青旅向青旅在线提供旅游线路产品,负责接待青旅在线的游客;中青旅的机票、酒店全部向青旅在线采购。青旅在线以强大的传统旅游资源为依托,线路预订随即成为网站的主营业务和主要利润来源,中青旅众多的线路选择和实惠的价格无疑形成了青旅在线的优势,可以为游客提供极具个性化的自选旅游服务。"水泥+鼠标+新型旅游业务"以及"旅游线路+酒店+机票"的模式为传统旅游企业信息化提供了一种新的发展思路。

2. 在线旅游服务公司的网站

以携程、艺龙旅行网为代表的第二代电子商务网站脱离了传统实体旅游企业而独立存在,已经发展成为真正意义上的旅游信息中介机构,形成了旅游行业中另一类重要的商业模式和企业模式——在线旅游服务公司。

在线旅游服务公司是以计算机互联网技术为基础,通过与潜在旅游者在网上直接接触的方式,向旅游者提供旅游产品和服务的企业,它是一种新型的商务模式和企业形式,实际上就是开展旅游电子商务的一类新兴公司。

在线旅游服务公司的旅游网站,是一个基于网络的完全独立的服务平台,汇聚游客、酒店、旅行社、交通、景区等各种旅游要素,旅游信息内容丰富,旅游交通、旅游饭店、旅游餐饮、旅游购物、旅游资源、旅游线路等信息十分详尽,服务良好。这类网站中最具代表性的有携程旅行网(www.ctrip.com)、艺龙网(www.elong.com)等,其中携程旅行网是目前国内最大的综合性旅游网站。和许多初期的旅游专业网站一样,携程最初的目标是做旅游门户网站,靠广告赢利。随着"网络泡沫"的破灭,携程网及时转向,借助3次具有代表意义的收购或合作,实现了业务转型。例如在收购当时国内最大的订房中心和北京最大的票务中心后,形成了酒店+机票的主营业务,携程旅行网也因此实现了赢利,并成为中国旅游业第一家在美国纳斯达克上市的公司。2004年初,携程网又与上海翠明国际旅行社合作,将业务范围拓展到具有较高利润的出境旅游市场。

酒店预订、机票配送业务具有较高的标准化,其中,酒店预订由于完全不涉及物流,游客预订也不用首先交纳订金,网站此部分的赢利是通过酒店返还的佣金获得,不涉及网站与游客的资金往来,因此酒店预订成为最适合网上开展的旅游业务。从最适合在网上开展的酒店预订业务做起,再到订票,发展成熟后再逐步实现旅游线路等产品的网上经营,形成"酒店+机票+旅游线路"3大模块,是此类在线旅游企业发展电子商务的典型方式。而"鼠标+水泥+传统旅游业务"是此类在线旅游企业的典型模式。

(四)垂直搜索类——旅游搜索引擎

随着互联网的发展,旅游产品直接提供商的服务日益增加,一方面为消费者提供了更优惠的价格,而另一方面也增加了消费者搜索的工作量,旅游搜索引擎因此应运而生。旅游搜索引擎专注于旅游领域,帮助网民获取旅游信息以及选择旅游方式,提供多种旅游产品搜索和比较,并且帮助网民快速流畅地购买产品。旅游搜索可以搜索各航空公司和其他的旅游资料,并将顾客连接到最佳的网站上订票,仅仅扮演着一个"媒人"的角色。旅游搜索作为一种以行业为分类的垂直搜索,其主要的目的是让有关旅游的信息可以更加精准地展现在搜索者的面前。旅游搜索网站正在发挥信息整合平台的作用,成为有旅游需求的用户获取信息和预订产品越来越重要的渠道。最早的旅游搜索出现在美国,国外比较知名的有kayak、sidestep、Farecast等。

类比SideStep在国外的市场角色,国内以"去哪儿"(www.qunar.com)旅游搜索引擎为代表,这类网站弱化了预订功能,而是强调查询比价,类似旅游类的百度网,致力于让用户拥有更为完善的知情权与自主选择权,其主营业务是为消费者提供航班、酒店比价的查询。"去哪儿"已经搭建起一个智能化的比价平台,凭借超大规模实时数据搜索技术,其核心技术实现了在3~5秒的时间内从数百个数据源获取大量数据,处理并展现给消费者最新的在线旅游产品数据,能够同时服务数十万查询的速度和效果。"去哪儿"对整个互联网上的机票、酒店和度假等信息进行整合,为用户提供最新的、最可靠的旅游产品价格查询和比较服务。"去哪儿"目前与专业机票和酒店预订网合作,在搜索完毕后,若游客要预订,则点击链接,直接进入与其合作的其他专业网站预订机票和酒店。由于可以搜索到更多的直销网站,旅游搜索引擎比在线预订服务商可以提供给消费者更多的选择和更优惠的价格。

(五)旅游目的地类

各类旅游目的地资讯网和地方性旅游网站,致力于宣传目的地的旅游资源,帮助旅游企业利用互联网进行营销活动,让旅游消费者找到更好、更方便、更快捷的旅游信息,如云游网(www.yunnantourism.com.cn)、桂林旅游网(www.guilin.com.cn)等。

云游网是基于目的地营销系统的旅游电子商务平台,也是云南省旅游局的官方网站,由简体中文网、繁体中文网和英语、德语、法语、日语等六个站点组成。集B2B旅游企业平台和B2C旅游平台于一身,是面向海内外宣传云南旅游资源及旅游产品的平台。"云游网"可为个人用户、企业用户提供旅游行业询价报价、旅游线路自定义发布、在线交流、自助组团、网络在线客户服务等服务。用户可通过"云游网"进行产品信息发布、网上促销、网上预订、网上交易等业务活动。"云游网"免费帮助用户建立属于自己的个性化旅游专业信息空间,由专人负责维护,企业自主管理。在"云游网"根据会员的级别可享受不同的虚拟服务空间,使用旅游线路自由录入系统、文章图片录入系统、旅游相关预订系统、票务录入系统和客户管理系统。"云游网"是行业人士信息交流、沟通的商务工具,为旅游营销机构、旅游企业和旅游者之间搭建了一个网络沟通平台。

(六)旅游行业管理与研究类

旅游管理部门、行业协会、研究机构等建设的以面向业内为主的网站,如国家旅游局网站——中国旅游网(www.cnta.com)、中国旅游饭店协会网站(www.ctha.com.cn)等。这类网站的内容重点是信息发布、旅游新闻、行业管理的政策和法规等,其中旅游业内相关统计数据、旅游研究等信息尤为丰富。

三、行业电子商务平台

(一)行业电子商务平台的概念与意义

1. 旅游电子商务平台的概念

我们知道在经济发展过程中,同一类产品的产供销企业,为了提高生产和经营的效率和效益,交易地点逐渐集中、交易内容逐渐专一,使得此类商品或服务的生产、推广、销售等行为逐渐集中化,最终形成了比较独立、在一定地域具有一定规模和特征的专业市场。在我们的经济生活中有许多这样的例子,如建材五金市场、IT数码产品市场等。行业性电子商务平台则是传统的专业市场概念通过电子商务手段的实现。专业的电子商务服务商建设了容纳众多企业加盟的中立的电子商务平台,在平台上汇集了大量的相关产品和信息,形成了行业的电子商务专业市场。在旅游业中,同行之间的合作是旅游企业最主要的赢利模式,无论是组团社还是地接社,如果想仅仅依靠自己的能力,解决经营中的所有环节,那是不太可能的。和其他行业相比,旅游业也是 B2B 特征最为突出的行业之一。最近几年,对于旅游电子商务平台的搭建呼声也越来越高。从 2003 年开始精准定位后,同程网已经逐渐成为国内旅游 B2B 的领军团队。九寨沟旅游集团旗下的九网的电子商务平台则是目前国内交易量最大的 B2B 电子商务平台。

旅游行业电子商务平台是由专门的旅游网络公司建立的,为旅游企业之间开展一对一或一对多的合作与交易,如采购、分销、客源交换与组合等,提供专门的场所与服务,相当于网上的专业交易市场。一方面,它为旅游电子商务活动的实现提供信息系统支持和配套的资源管理服务,是旅游企业、旅游营销机构和旅游者之间信息沟通的技术基础;另一方面,它为网上旅游交易提供商务平台,是旅游市场主体间进行交易的商务活动基础。例如,旅游电子商务平台对酒店最大的吸引力来自于平台上大量的大采购商——旅行社,通过已经积聚在网上的大量旅行社,来吸引越来越多的酒店来开展网上营销。B2B 平台和酒店的合作模式与 B2C 平台和酒店的合作模式有很大的不同,由于 B2B 平台对交易的不可控性,因此 B2C 平台和酒店返佣的模式在 B2B 平台上还没法实行,目前的 B2B 平台大都采取了收取年费的形式。

2. 建立专业旅游电子商务平台的意义

(1)形成开放性与标准化的在线交易模式

每一个旅游企业通过资质审查后都可以成为电子商务平台的成员,每一个接入网上交易市场的成员借助于统一的技术平台与交易标准,就可发布、查询供需信息和进行交易。有了开放统一的接入与交易标准,旅游电子商务平台就能在大范围内集合各方资源,真正发挥网络的效应。旅游电子商务平台使旅游企业的产品发布与推荐、上游产品组合、同业合作、客户关系管理等全部在线进行,同时使旅游者能方便地在线查询、比较选择、预订旅游产品并实现支付。旅游电子商务平台使信息充分汇聚、交流,提高了信息价值,使沟通更方便,交易更便捷。

(2)构建信息通畅的市场环境

旅游业是一个由众多子行业构成、需要各子行业协调配合的综合性产业,其食、住、行、游、购、娱各类旅游企业之间存在复杂的代理、交易、合作关系,离不开旅游电子商务平台构建信息通畅的市场环境。专业旅游电子商务平台的特点是规模大、知名度高、访问量大,有巨大的用户群。它就像提供了一个虚拟的旅游交易市场,收集并整理旅游市场信息,提供虚拟的交易场所,为参加旅游商务活动的各个方面提供信息通畅的市场环境,降低交易成本,提高商务活动效率。旅游电子商务平台能吸引众多有目的的访问者,它还能为各类旅游机构发布新闻和宣传促销信息,由于自身的优势,是一种有效的媒体。

(3)推动中小旅游企业电子商务的发展

我国旅游企业以中小规模企业居多,如果自行建设网站,不仅每个企业都要投入相当的资金和人力,而且众多小规模网站知名度难以提升,不易形成效益。而企业加盟旅游电子商务平台,无须自备技术力量,只需要最基本的联网设备,将自身的信息传递到电子商务平台上,信息即可发布。费用上只需交纳会员年费和预订佣金,比较经济。这种模式更能发挥专业电子商务平台技术上的优势并形成规模效益,是一种集约利用资源的模式。一些成功的旅游电子商务平台已经有相当大的访问流量和预订量,在旅游市场上具有一定影响力,是中小旅游企业选择销售渠道时不可忽视的途径。

(4)通过规模化实现低成本、高效率

电子商务平台的公共性保证了服务面的广泛性,使实现规模效应、降低成本成为现实。电子商务平台是一个开放的通用的系统,建设一套交易系统、结算系统、后台技术支持系统就可以被众多的旅游企业使用,与企业各自为政分别建设相比,其使用效率明显提高了。同时,同行业在同一个电子商务平台上开展商务活动也会提高市场的商业效率。利用电子商务平台能有效地推动旅游企业宣传网络化、旅游产品信息化和旅游交易电子化,将提高旅游企业开展电子商务的效率和效益。

(二)旅游电子商务平台的服务

旅游电子商务平台,具有强大的信息交流与产品交易功能,它为旅游电子商务活动提供信息沟通支持,同时也为网上旅游交易提供商务平台。旅游电子商务平台主要提供中介、虚拟的旅游交易场所和交易服务。旅游企业注册成为其会员后,便可以利用平台发布供求信息并开展商务活动。平台可以利用自己的优势,帮助企业制作网站,并负责推广,还能帮助企业进行客户管理、预订管理和支付管理等。

1. 旅游电子商务平台的商务服务形式

(1)面向旅游企业 B2B 旅游电子商务平台

它通过收集和整理旅游企业的供求信息,为供求双方提供一个开放的、自由的交易平台,并提供供求信息发布和管理服务。交易形式包括:①旅游企业之间的产品代理,如旅行社代订机票与酒店客房,旅游代理商代售旅游批发商组织的旅游线路产品。②组团社之间相互拼团,以实现规模运作并降低成本。③旅游地接社批量订购当地旅游酒店客房、景区门票。④客源地组团社与目的地地接社之间的委托、支付关系等,组团社和地接社间可议价并洽谈合作。⑤酒店可在旅游电子商务平台上对不同的旅行社报价。旅行社通过其注册权限登录旅游电子商务平台后,可以查看报价,或对旅游酒店进行寻价。在设计上,系统允许同业客户通过特殊入口登录,看到的是面向同业的特殊价格。

面对旅游企业,旅游电子商务平台通常可以充当:①ASP,即应用服务提供商,为旅游企业提供电子商务代理、出租空间并帮助建立附加于电子商务平台的企业网页等服务,使旅游企业实现电子商务的成本大大降低。②PSP,即网络促销服务商,为旅游企业提供网络广告促销、网上黄页或产品列表促销、网上活动促销等服务。平台信息资源丰富,能吸引众多有目的的访问者,受众定位准确,发布效果好。

(2) 面向旅游者 B2C 旅游电子商务平台

面对公众,平台又可以充当互联网内容供应商 ICP 的角色,即提供充实的旅游信息内容,供浏览者阅读、查询,同时又支持旅游产品的预订。也可以是面向旅游者的网上商厦,出租一些空间给旅游企业,形成一个虚拟的网上旅游产品展销会,让真实的旅游企业到展销会上发布它们的产品和服务信息,这些信息,经过专业信息系统的整合与表现提供给旅游者。如可帮助旅游企业制作旅游产品介绍的页面向旅游者发布,并负责客户管理、预订管理、支付管理等。旅游者通过平台可以进行机票、酒店、旅游线路等旅游产品的查询和预订,设计旅游活动日程表,或报名参加旅行团等。还可组织旅游企业将闲散的旅游资源公布到平台上,组织旅游者进行竞拍,有效平衡了旅游市场供求。如美国著名旅游网站 Bid4vacations.com 针对旅游饭店、游船客舱存在的空房进行拍卖。也可由旅游者提出需求,然后由旅游企业通过竞争满足旅游者的需求。

2. 同程网电子商务平台建设

同程网创立于 2002 年,总部设在中国苏州。2003 年"非典"的肆虐让中国旅游业的上空笼罩了一层阴霾,此时中国需要一个平台让中国旅游经理人相互认识和了解,进而相互交流和交易。同程网应势而生,从网上名片到网店,从同程助手到诚信录指数,从同行平台到直客平台,经过数年在旅游在线市场上的成功运作,已成为国内最大的旅游电子商务平台之一,同程网的旅游 B2B 交易平台处于行业领先者的地位,也是目前中国唯一拥有双平台即 B2B 旅游企业间平台 www.17u.net 和 B2C 大众旅游平台 www.17u.com 的旅游电子商务平台。

B2B 旅游企业间平台(www.17u.net)作为中国最大的旅游 B2B 交流交易平台,搭建在包括旅行社、酒店、景区、交通、票务等在内的旅游企业间,目前注册旅游企业会员 13 万家,其中 VIP 会员 6 000 余家,被誉为"永不落幕的旅游交易会",在全球中文旅游网站中排名第一。B2C 大众旅游平台(www.17u.com)作为中国领先的在线旅游网站,拥有 300 万注册会员,面向大众提供酒店机票预订、景区门票折扣与预订、旅游线路比价搜索等全方位旅游服务,并形成了以旅游点评、旅游问答、旅游询价、旅游博客为特色的旅游社区,在全球中文旅游网站中排名前三位。同程网汇集了中国 30 000 名旅行社经理人,影响力覆盖全国上千个市县,而它的旅游分销平台的角色更是名声在外,已经形成了事实上的中国最大的旅游分销群体。

同程网致力于做中国数千中小旅行社的领头羊,通过整合资源,然后进军大众旅游市场,利用掌握的大量旅游相关产品,精心打造着中国大众在线旅游的沃尔玛。

同程中房信旅游分销平台是完全建立在开放的互联网基础上的,依托千千万万的中国中小旅行社群体,将零散的需求汇总起来,获得较强的采购能力,并通过利益分配机制,保证中小旅行社的收益。以酒店预订为例,同程网诚信录会员可免费使用同程酒店分销平台,在线预订全国 3 000 家酒店。旅行社只需根据客户需求直接在前台下单,剩下的所有流程,包括酒店确认、夜审、对账、结算都完全由同程酒店分销平台进行。同程将酒店佣金的 70% 直接返还给旅行社,同程只用 30% 进行系统营运。

第二节 在线旅游服务公司运作实务
——以携程旅行网为例

一、我国在线旅游服务公司的代表——携程旅行网

携程旅行网是我国最成功的在线旅行服务公司。携程网站(www.ctrip.com)是目前国内最大的旅游专业电子商务网站。携程将其成功秘诀归结为:利用高科技和现代化管理手段对传统旅游行业进行成功改造,将优质服务标准化,实现大规模复制,为客户提供一站式便捷服务。

(一)携程旅行网概述

携程网是以美国硅谷模式、吸纳美国风险投资创立的,于 1999 年 10 月正式开通。总部设在中国上海,目前已在北京、广州、深圳、成都、杭州、厦门、青岛、南京、武汉、沈阳、南通、三亚 12 个城市设立分公司。作为中国领先的在线旅行服务公司,携程旅行网成功整合了高科技产业与传统旅业,向超过 2 000 万会员提供包括酒店预订、机票预订、度假预订、商旅管理、特约商户及旅游资讯提供在内的全方位旅行服务,被誉为互联网和传统旅游无缝结合的典范。凭借稳定的业务发展和优异的营利能力,携程于 2003 年 12 月在美国纳斯达克成功上市。

携程利用高效的互联网技术和先进的电子资讯手段,提供饭店、机票、度假产品的预订服务以及国内、国际旅游实用信息的查询。利用互联网和电话呼叫中心系统等先进技术平台及各类软硬件,携程旅行网为客户提供全天候 24 小时的网上网下预订服务。携程旅行网拥有国内旅游行业最大的电话呼叫中心(Call-Center),并开发了先进的管理系统,包括先进的客户关系管理系统 CRM、预订服务质量监控体系、独特的房态管理系统(e-Booking)和网络实时预订系统等。携程把网络化与信息化的优势发挥得淋漓尽致,通过信息整合、专业化经营,统一全国市场,用"发卡+呼叫中心"抓住广大追求效率和品质的商务旅游者的心,用先进的制度和管理把携程推到了中国在线旅游电子商务龙头的位置。2008 年全年,携程网酒店预订服务收入为 7.64 亿元人民币,机票预订服务收入为 6.59 亿元人民币,每天机票订票量有 4.5 万张,承包旅游服务收入为 1.09 亿元人民币。携程在激烈的在线市场竞争中脱颖而出,目前占据中国在线旅游市场一半以上的份额。

(二)携程旅行网网站

1. 携程的主页

在携程的主页上,网站根据业务的不同将其板块分为酒店、国内机票、国际机票、度假、商旅管理、目的地指南、社区、VIP 特惠商户等几部分,使用户上网后能快捷地找到自己想要的信息。从上网习惯来说,携程的网页设计也很符合出游人的心思。酒店、机票、度假、特惠精选、目的地指南,几乎就是按照出游的操办手续层层递进,对于不想跟团出游的人来说,上携程去订自己的旅程非常自由方便。

对新用户来说,携程提供的思路也很清晰明了,在网站的最下方,有宾馆索引、网站导航、服务说明、关于携程、免费注册、代理合作、诚聘英才、广告业务、联系我们、友情链接等服务性内容,使新用户能更快地熟悉网站。对于老用户而言,在导航条下专为老会员设置了便于查询自己过往信息、积分信息及订单信息的功能,使老用户上网后能快捷地找到自己想要的信息。同时,英文版和中文繁体版也极大地方便了我国港、澳、台地区及海外用户。

2. 携程网的栏目导航

携程网站的栏目导航条列于网站上方,分别为酒店、国内机票、国际机票、度假、特惠精选、商旅管理、目的地指南、社区、VIP 特惠商户。从导航条中我们可以看到携程的业务主要是酒店预订、飞机票预订、旅游度假和商旅管理。

(1)酒店栏目

为会员推荐超值酒店,并提供方便快捷的网上预订服务。设有国内预订须知、国内酒店查询、海外酒店查询、携程酒店索引、特别推荐酒店等项目。

(2)机票栏目

为会员提供国内、国际航班的网上查询及机票预订。设有国内机票查询、国际机票查询、国际特惠机票(北京出发、上海出发、广州出发、深圳出发)等项目。

(3)度假栏目

度假产品是以度假和休闲为主要目的和内容的一种旅游消费活动,携程的度假产品主要是以酒店为核心,外加机票、附加产品的一系列打包的产品。国内度假产品又包括城市周边的短途产品和机票+酒店+附加产品的长途产品。设有度假线路查询,提供对国内外旅游线路的查询及预订服务,并可为游客量身订制旅游线路。还根据度假出发地(如北京、上海、广州、深圳、杭州、成都、南京、青岛、厦门、武汉、沈阳等)提供详尽的度假产品推荐。

(4)特惠精选

集中了度假项目近期的各种特惠产品信息。如果旅游者想要了解近期的所有特惠度假产品,可进行度假产品查询。设有周末出游目的地板块,利用商务酒店周末的优惠价格,精选了以商务城市为主的都市游度假产品。特惠酒店板块分为酒店促销和新体验两种特惠类型。机票类优惠分为国内特惠机票和国际特惠机票两个板块,分别是指某条国内或国际航线的具有价格优势或者有特惠组合的产品。

(5)商旅管理

为公司客户提供全方位、专业的商旅管理服务,并且在网上提供动态、实时查询。

(6)目的地指南

携程旅行网建立了覆盖中国及世界各地旅游景点的目的地指南频道,拥有全国各地2 000多个自然人文景观的综合旅游信息,涉及吃、住、行、游、购、娱等多个方面,堪称网上旅行百科全书。国外目的地涉及亚洲、欧洲、北美洲、大洋洲和非洲等地。可通过地图和关键字搜寻,设有特色主题榜和火红人气榜、出行情报、吃四方、淘乐子、旅行百科书和旅行工具箱、魅力策划和自驾悠游等项目。

(7)社区

是一片属于网友们自己的天地,在这里网友可以发表自己的观点,组织自己的活动。设有社区说明、宾馆点评、游记发表、照片发表、有问必答、自助线路、热点推荐、结伴同游、七嘴八舌、俱乐部等栏目。

(8)VIP特惠商户

特惠商户是携程给予VIP会员的增值服务。目前携程的特惠商户遍布全国各主要旅游城市,商户类型覆盖各地特色餐饮、酒吧、娱乐、健身、购物、生活等方方面面。携程的VIP会员可在这些特惠商户处享受打折的消费优惠。设有餐饮和娱乐场所查询,提供北京、上海、广州、深圳、成都、武汉、南京、杭州、苏州、宁波、温州、青岛、沈阳、厦门、重庆等地的相关特惠服务。

二、携程的经营理念与服务

(一)经营理念与定位

1. 携程的经营理念

携程公司充分借鉴Priceline、Travlocity以及Preview Travel等美国旅游服务网站的成功之处,立足于中国的实际情况,设计出3C(Content 内容,Community 社区,Commerce 商务)旅游网站模式,即以旅行者为中心,将内容(旅行指南)、社区(网友咨询和交流)和商务(预订服务)三者有机地融合,以预订获取收入,奠定网站运营的基础,建立实时预订系统,建设目的地指南频道和社区频道,以网上预订为核心,通过旅游信息内容吸引旅游者上网,通过旅游社区黏住上网旅游者。推荐特惠酒店与航班,通过优惠的价格和便捷的预订方法促进旅游者上网消费。发行会员卡,实行积分奖励。同时还在旅游交通站点设立产品推广点,出版旅游系列丛书提高知名度。

携程的经营理念可以用 CTRIP 五个字母来表述:Customer 顾客,以顾客为中心;Teamwork 团队,紧密无缝的合作机制;Respect 敬业,一丝不苟的合作精神;Intergrity 诚信,真实诚信的合作理念;Partner 伙伴,伙伴式的"多赢"合作体系,从而共同创造最大的价值——携手同程。

2. 携程的定位

携程旅行网在产品形式上,定位在商务旅行、自助度假旅行,主要面对散客。携程定位的目标人群主要是经常上网的中高收入白领阶层,商务旅客为主,约占88%;观光和度假游客为辅,约占12%。这个定位相对于携程的整体网络营销的投入来说,范围太狭小,因此携程也正根据未来市场的发展情况,及时调整整体的市场定位,实施多目标市场的定位战略。

携程表面上看,提供的是一种代理服务,但深层次上,它的定位很明确,就是行业上下游信息的整合者。携程通过对全国酒店、机票预订市场信息(上游信息)和旅游消费者信息(下游信息)的全面整合,把供应商和消费者连接起来。它很好地充当了供应链整合的角色,而这一点是 20 世纪 90 年代以来最具现代商业精神的运作模式。

在创业初期,携程给自己的服务作了 3 个定位:中国人在国内的旅游;中国人在国外的旅游;外国人在中国的旅游。并将其网站综合定义为四种角色,即一站、一社、一区、一部,从而在此基础上建立携程颇具特色的 3C 旅游网站模式。

一站:即携程网站,Ctrip.com 就是 Chinese trip,一方面立足国内,是"中国人的旅行网站",为国人出行的首选网站;另一方面,服务于来华外国旅客,成为"中国的旅行网站"。

一社:作为大型电子商务网站,携程旅行网试图建立一个虚拟的网上旅行社,在网上提供吃、住、行、游、购、娱 6 个方面全方位的产品,网民可以方便快捷、省心省力地在 Ctrip.com 上订票、订房、订餐、订旅游路线。

一区:携程旅行网的旅游社区是用户发表点评、相互交流的场所。网友交流包括新发现与推荐、结伴同游、聘请导游、旅行投诉、游记发表、有问必答等栏目。点评包括景区点评、宾馆点评、餐馆点评、娱乐场所点评等内容。另外还有携程广场、旅游俱乐部、申请和招聘等栏目。在社区里上网者可以共享彼此所了解的信息,交流在旅程中的种种酸甜苦辣,对各个景点、宾馆发表自己的意见和看法,甚至可以在网上发帖,联系素不相识的网友一同出游。

一部:就是携程网友俱乐部,这里将成为旅行爱好者的沙龙、旅行发烧友的寄居处。俱乐部不断推出各项活动,领导旅游时尚,让网友们在网上网下都能感受到携程带来的快乐。

(二)主要产品和服务

携程为客户提供全方位的商务及休闲旅行服务,包括酒店预订、机票预订、商旅管理、休闲度假、旅游信息提供和打折商户。其中,酒店和机票预订是网站的主营业务,业务起点是酒店预订,2001年成为中国最大的酒店分销商。紧接着跟进的业务是机票预订,2003年10月,建成中国最大的机票预订网络。同时,携程旅行网还将酒店与机票预订整合成自助游和商务旅游产品即"酒店 + 机票"式的度假旅游服务。在与其他旅行社合作的情况下,携程旅行网也推出了一些组团线路。作为业务发展的旅游线路,其产品的典型代表如"360度旅游超市"克服了传统旅行社线路单一的缺点,最大限度地满足了游客选择线路的自由度。

1. 酒店预订

酒店预订是携程的四大业务之首,也是携程运作和发展的基础。携程同28 000余家酒店建立了长期稳定的合作关系,遍布全球134个国家和地区的5 900多个城市,预订量达到每月100万间夜。旅游者通过执行简单的网上查询就可以获得国内8 000多家酒店的资讯情况,并可以3~7折优惠预订。同时携程在国内的55个城市中1 000多家酒店每天有大量的保留房可为携程会员提供即时的预订服务。携程旅行网还推出全新酒店评价体系,鼓励客人记录下住店的真实感受,在客人点评完毕后,酒店可以通过酒店点评平台进行回馈,不但实现了客人与客人之间的动态互动,也增进了客人与酒店之间的沟通,更为打算入住酒店的客人提供了更为客观、真实的住店参考,真正让客人做到"未住先知"。2008年底,携程每月酒店点评数已超过2万,截止到2009年8月,已有超过80万人次的客人在携程旅行网上留下了酒店评论,携程旅行网业已成为国内最大的酒店点评网站。携程的酒店点评分为文字点评和数字综合评分两个部分。数字综合评分方面,携程客人可以从"房间卫生"、"周边环境"、"酒店服务"、"设施设备"四个维度进行打分。与国内其他网站的酒店点评不同,携程的酒店点评只向三个月内预订酒店并入住酒店的用户开放,从而能有效防止没有入住过的网友或者酒店方自己参与点评,确保了携程酒店点评的真实可靠性,能客观反映酒店服务质量,为预订酒店的客人提供有效的参考,因此也被公认为目前酒店业界最具权威性的酒店评论。

2. 机票预订

机票预订是携程的四大业务中迅速发展起来的业务。携程旅行网拥有全国联网的机票预订、配送系统和各大机场的现场服务系统,通过和国内外各大航空公司合作,为会员提供国际和国内机票的查询预订服务,覆盖191个城市的7 600多条国内外航线。有别于其他订票机构,携程的国际机票可以实现异地出发、本地订票、取票,或本地付款、异地送票业务,极大地方便了会员。携程还开发了各大航空公司电子客票产品,客人可在航空公司支持电子客票的城市用信用卡支付方式购买电子客票,无须等待送票,直接至机场办理登机,出行更便捷。携程推出的1小时飞人通道,在舱位保证的前提下,航班起飞前,只需提前1小时预订电子机票,并使用信用卡付款,即可凭身份证件直接办理登机。

3. 度假预订

为会员提供自由行、海外团队游、半自助游、自驾游、签证、自由行PASS、代驾租车等多种度假产品。其中,自由行产品依托充足的行业资源,提供丰富多样的酒店、航班、轮船、火车、专线巴士等的信息,拥有多达千条的度假线路,涉及海内外200余个最热门的度假目的地,并可为旅游者出游量身定做最佳方案,提供完善的旅游地安排及导游服务,是中国内地最丰富最权威的休闲度假产品大全。目前,携程旅行网已开拓出10余个出发城市,月出行近5万人次。

4. 商旅管理

商旅管理是携程新近推出的一项业务,面向国内外各大企业与集团公司,以提升企业整体商旅管理水平与资源整合能力为服务宗旨。携程依托遍及全国范围的行业资源网络,以及与酒店、航空公司、旅行社等各大供应商建立的长期良好稳定的合作关系,为公司客户全力提供商旅资源的选择、整合与优化的服务。商旅管理给大中型企业带来的收益是巨大的。携程商旅管理工作人员透露,引入携程商旅管理服务,客户差旅费用平均可节省25%以上,这对于年差旅支出在几百万、上千万的企业来说非常可观。目前携程商旅已经为爱立信、可口可乐、松下电器、平安保险、宝钢、UT斯达康及万科等300多家跨国公司、大型企业,20万工商界人士提供差旅管理服务。通过技术平台,这些企业的员工输入出差时间及目的地,前后1小时内所有机票和酒店的价格信息,就将由高至低依次出现;员工预订的价格及过程也将被如实记录,那些违反差旅政策的行为因而变得有据可查。除了商旅预订之外,依托强大的技术支持和服务能力还可为企业客户提供科学严谨的管理和实时的智能报道。如2008年汶川大地震发生后,索尼中国在第一时间就拿到了携程提供的索尼中国所有机构正在地震受灾地区出差的员工名单、详细的航班、酒店、联系方式等信息,由此索尼中国与携程共同逐一联络确认员工的安全。

5. 特惠商户

特惠商户是携程给予VIP会员的增值服务。目前携程的特惠商户遍布全国15个知名旅游城市近3 000家商户,遍布城市最广,商户类型覆盖各地特色餐饮、酒吧、娱乐、健身、购物、生活等方方面面。携程的VIP会员可在这些特惠商户处享受到最低至5折的消费优惠。

6. 旅游资讯

旅游资讯是为会员提供的附加服务,由线上交互式网站信息与线下旅行丛书、杂志形成立体式资讯组合。"目的地指南"涵盖全球近 500 个景区、10 000 多个景点的住、行、吃、乐、购等全方位旅行信息,更有出行情报、火车查询、热点推荐、域外采风、自驾线路等资讯。"社区"是目前公认的中国人气最旺的旅行社区之一,拥有大量丰富的游记与旅行图片,并设立"结伴同行"、"有问必答"、"七嘴八舌"等交互性栏目,为您提供沟通交流平台,分享旅行信息和心得,帮助解决旅途问题。

目前,携程还推出旅游书刊《携程走中国》、《携程自由行》、《私游天下》、《中国顶级度假村指南》、《携程美食地图》等,通过大量的旅游资讯、精美的文字信息、多角度的感官体验,为旅游者提供周到体贴的出行服务,打造独具个性的旅游方案。

三、携程的赢利模式与核心竞争力

(一)收益来源与赢利模式

1. 收益来源

收益来源是电子商务模式的关键,携程旅行网的收益来源主要由以下几部分组成:

(1)酒店预订代理费

从预订成交的酒店获取的佣金,这是携程网按照事先的协议跟签约酒店进行的利益分成。酒店客房预订一直是携程的主要收入来源,在 2001 年甚至达到了 93.5% 的份额,近年来由于有了更多的赢利点,这一部分所占比重有所下降。

(2)机票预订代理费

该费用从顾客的订票费中获取,等于顾客订票费与航空公司出票价格的差价。机票预订提成是携程按照事先的协议跟相关的航空公司的利益分成,这一部分也占据了比较大的比重。

(3)度假预订服务费

携程凭借其拥有的强大的酒店、航空公司联盟与信息资源以及为旅客制订的一整套旅游计划,为旅客节省旅行费用的同时获得利润。

(4)商旅管理服务费

携程面向国内外大企业提供全方位的旅行、会议服务,从而获得服务费用。这部分收益目前在整个收益总额里虽然占据不太多的份额,但是随着商务管理市场的逐步扩大,该部分收益所占比重将会逐年增加。

(5)在线广告收费

对旅游点、旅行社、宾馆的网上展示收费。广告收入也是收益来源的主要部分,携程凭借其在领域内的领头羊地位,拥有广泛的知名度和巨大的联盟资源、网站、出版物,特别是众多的携程客户,决定了很多商家在携程投放广告。随着携程一如既往的良性发展,广告收入也是逐年递增。

(6)联盟商家提成

是携程跟各地商家达成的相关协议,携程用户持携程信用卡在联盟商家购物,携程用户可以享受相应的折扣,而携程则可以按比例和商家分享利润。

2. 赢利模式

通常来说,网站的赢利模式大概分为两种,一种是流量模式,一种是会员模式。流量模式下,不区分用户群,依托庞大的点击率,可以获得广告收入。会员模式下,必须区分出用户群,然后依靠足够数量的使用会员,获取会员服务费,或者成为会员与商户的中介,赚取商户的中介费。

携程网采用的是会员模式,在发展足够的使用会员的基础上,赚取旅游中介的费用。携程面对的主要都是中高端的商务会员,这些会员不仅有较强的消费能力,而且具有使用该业务的需求,使用频率非常高。携程网广泛的发卡就是为了首先从人群中区分出它所需要的目标客户,发卡的成本相当于广告成本。携程会员卡的积分制保证了它的会员卡的重复使用率。携程网在发展了数量巨大的会员之后,对于相同模式的市场后进者就是一个坚强的壁垒。除非竞争对手可以提供更低的折扣优惠和更便捷可信的服务,否则无法轻易转移它的会员。这也使它的市场先入优势最终转化为它的核心竞争力,占据了较为强势的地位。

(二)自有优势资源与核心竞争力

1. 线上资源与传统旅游企业资源整合

2000年8月,携程斥巨资并购了北京现代运通订房中心。2002年4月,携程旅行网又并购了北京海岸航空服务公司,很快发展为全国最大的饭店分销商和机票预订中心。2004年2月,携程旅行网以战略合作的方式收编了上海翠明国际旅行社,并更名为携程翠明国际旅行社。携程借此拿到了现成的出境旅游经营权,这种经营权同时也包含了在国内经营旅游业务的资格。2009年5月,携程以收购传统旅行社的方式,在三亚专门成立分公司,这是携程首次在纯度假目的地设立分公司。携程今后还计划在丽江、桂林和四川等地挑选若干旅游目的地,通过收购和合作的形式,在当地直接提供导游、租车、门票等业务。通过对传统旅游企业的资源整合,落地经营,携程旅行网既恰到好处地壮大了自身的实力,为未来发展打下良好的基础,又使自身的旅游业务和经营效果上了一个新的台阶。

2. 统一的市场运作和规模化经营

一个成熟发达的产业领域,都是以统一市场和现代化大企业的形成为特征的。携程出现之前,中国旅游服务业看不到这一点。而携程的出现,把中国旅游服务业的市场化程度提升了一大步。携程的这一步,在于很好地利用了现代互联网,充分发挥了现代信息化企业的运作理念。以机票分销为例,在携程之前,没有一家全国性的公司能够统一处理全国各地的机票,传统机票市场的运作,基本上都是大批发商转给零售商,零售商再以柜台的形式面对各地区的客户,运作时间长,效率低,而且以地域为中心各自为战,没法形成一个统一反应与服务的体系。而在携程,全国各地的机票业务都可通过呼叫中心(拥有亚洲业内最大的呼叫中心,其坐席数已近4 000 个)以及 IT 后台统一处理,出票时间、机票价格都能得到监控。携程把网络化与信息化的优势发挥得淋漓尽致。

3. 领导地位的品牌和强大的资源网络

携程网在建立之日起,展现给用户的就是企业的整体品牌,比如很多人要出差或旅游,马上想到的是通过上网或电话找携程网解决机票、酒店预订等问题,携程已成为众多消费者旅行时的首选网站。此外,据国外媒体报道,美国最受欢迎的投资理财网站 Motley Fool 评选出的 2008 年 4 支最具潜力的中国概念股中,在线旅游网站携程网位列其中。《亚洲华尔街日报》评选出的 2009 年"中国最受尊敬企业榜"中,携程旅行网位列第四名。这些也都从侧面保证了携程的品牌地位的确立。

以携程领导地位的品牌能赢得更多的供应商和更多的合作机会,通过加强与各地知名旅行社、运输企业、各大酒店之间的合作关系,并发展更多的合作伙伴,形成强大的资源网络。携程同全球 134 个国家和地区的 28 000 余家酒店建立了长期稳定的合作关系,其机票预订网络已覆盖国际国内绝大多数航线,随着运营规模和实力的日益壮大,进而可以获得更多客户,并可以为客户提供更多、更方便的服务,带来更多的实惠。

4. 科学的管理体系与先进的技术应用

互联网时代,虽然每个在线旅游公司都是以相似的界面展现在消费者面前,网站前台看起来每个公司都差不多,但是事实上真正的差距体现在其后台的管理和控制体系上。携程将服务过程分割成多个环节,以细化的指标控制不同环节,并建立起一套测评体系。同时,携程还将制造业的质量管理方法——六西格玛体系成功运用于旅行业,使携程各项服务指标均已接近国际领先水平。携程建立了一整套现代化服务系统,包括:客户管理系统、房量管理系统、呼叫排队系统、订单处理系统、E - Booking 机票预订系统、服务质量监控系统等。依靠这些先进的管理系统,携程为会员提供更加便捷和高效的服务。

携程一直将技术视为企业的活力源泉,在提升研发能力方面不遗余力,自行开发客户管理系统、呼叫排队系统、订单处理系统、电子地图查询系统,强大的技术力量在业内并不多见。如呼叫中心在朗讯基础上二次开发的系统,可以预测一个呼叫在队列中大概要等多长时间,可以告知客户前面有几个人在排队,可能还要等多长时间,程序根据客户的不同情况生成不同的内容。携程呼叫中心接听和呼出大量的电话,均包含有种种重要的信息,如客户呼入电话的主叫号码、每个电话平均接听时间、通话时间、呼出电话的接听情况、每天话务量等,这些对呼叫中心的管理、监测和运营维护都非常有价值。携程旅行网自行开发了一套基于数据库的呼叫记录管理系统,对呼叫数据能完整地记录、查询和统计,还能对大量数据进行分析、挖掘和处理。

(三) 携程模式与发展

作为在线旅游业的标志性公司,携程创立的商业模式已经成为了在线旅游业的经典。这一商业模式强调平台和服务,即在同一个购买平台上提供几乎所有航空公司的机票和酒店,然后通过一个庞大的呼叫中心提供细致的客户服务。携程的成功源于对传统旅游分销模式的创新,"互联网+呼叫中心"的应用颠覆了传统的门店销售模式,无孔不入的"会员卡派送+互联网营销"打响了品牌的知名度,因而携程迅速在散客旅游市场占据了绝对的优势。携程的商业模式其实很简单,从最容易切入的两个点:住宿、交通,也就是酒店和机票入手。为什么从这两个点容易切入?因为这两个产品最标准、电子商务化最容易,成本低,而且市场也有这样的需求。于是携程一方面发展庞大的会员用户群,另一方面又借助用户群向上游的酒店、航空公司等获取更高的折扣,赚取佣金,最后再反过来用高折扣吸引更多的会员用户,形成一个良性的赢利循环。但这是一种非常容易复制的商业模式,因此各路竞争对手纷纷克隆,希望能够分得一杯羹。在市场竞争日趋激烈的环境下,为了提高竞争力,携程进行了巨大投入,主要包括开发酒店供应商资源和建设呼叫中心。这大大提高了行业竞争的门槛,使携程逐步拉大与竞争对手的差距。2008年,易观国际的中国网络旅游市场的报告显示,携程的市场占有率高达57%,稳居绝对优势地位。

可是也要看到,巨大投入的另一面则是高昂的运行成本。资料显示,2004—2006年,携程完成每间客房每晚的订单平均成本是16.4元、23.5元和31.7元。众多比携程成本更低的销售渠道已经崛起,而作为竞争矛头所指的携程,一方面努力维护自己的市场地位,另一方面则开始将业务渗透至上游的酒店服务业,比如增持关联企业如家的股份,组建"星程酒店"联盟等,直接介入上游的酒店业。同时鉴于其利润来源过分集中于酒店和机票预订两块的状况,携程还将致力于商旅管理等业务领域的发展,以拓宽赢利渠道。与携程的酒店预订、机票预订、度假等具备较高知名度的B2C业务相比,携程的商旅管理业务就低调了很多,但却是近年来发展最快的一项业务。作为携程四大核心业务之一,也是旗下唯一针对企业客户的业务,目前携程商旅业务已经进入全国商旅管理市场前三强。商旅管理不但是携程增长最快的业务,同时也是竞争力最强的业务之一。

第三节 旅游搜索引擎

搜索引擎是一种可以让网民将所需要的内容尽量快速、简便和精确地展现在自己面前的技术工具。由搜索引擎的普及使用衍生而来的"搜索游"正成为助推在线旅游消费的加速器。一份美国在线旅游市场的调查报告显示,在美国的在线旅游市场中,占得最大份额的不是 Expedia 这类旅游电子商务企业,而是以搜索业务为核心的 Google、Yahoo 这类搜索引擎企业。

一、旅游搜索引擎的出现与作用

(一)旅游搜索引擎的出现

1. 旅游搜索引擎出现的背景

旅游已经成为当前最具活力的行业之一,特色各异、数量众多的旅游供应商为消费者提供了空前丰富的选择,但也存在着服务提供商分散、信息庞杂的问题。而与此同时,随着旅游者的自主意识越来越强,人们对个性旅游和品质旅游的需求日益增长,也日益多样化。这时,旅游者就会利用搜索引擎来寻找自己所需要的信息。许多人对搜索引擎并不陌生,例如 Google、百度等搜索引擎帮助访问者在浩瀚的互联网信息海洋中快速查找到自己所需要的信息,在多个网站了解信息和比较产品。由搜索引擎的普及衍生而来的"搜索游"已逐渐成为时下旅游的新潮流,所谓"搜索游"就是指游客利用各种搜索引擎,把线路、机票、酒店等各个环节全部敲定,不再受限于旅行社的安排,自由度更大。和传统的出行方式相比,"搜索游"通过各种搜索引擎在网上浏览、查询相关的旅游信息,不但信息量大,而且直观、方便。

搜索引擎可以让网民将所需要的内容尽量快速、简便和精确地展现在自己面前。然而,对于互联网用户中潜在的顾客来说,这样的搜索引擎提供的功能显然不够。以在网上购买机票为例,Google、百度等搜索引擎只能告诉搜索者哪些网站在销售机票,却不能告诉旅客他想要的产品(例如市面上最便宜的机票)在哪家销售网站有售,并保证这些信息的真实性。而旅游搜索作为一种以行业为分类的垂直搜索,其主要的目的是让有关旅游的信息可以更加精准地展现在搜索者面前。随着在线旅游市场中的用户需求的逐渐变化,需要一种中立、智能、全面的比较平台,这种平台能帮助消费者进行合理的旅游产品选择和决策。此种需求的增长,促使了一类新的网络平台——旅游搜索引擎的出现。旅游搜索引擎迎合了旅游业上下游的需求——消费者需要便宜的机票、酒店和更高的价格透明度,而旅游供应商需要找到更有效的分销渠道。由于旅游搜索引擎填补了在线旅游产业链条中的重要空缺,因而迅速发展起来。

2. 传统代理模式的突破与 Kayak.com 的成长

在线旅游网站 Orbitz 的创业团队成员之一史蒂夫·哈弗勒,美国第二大在线旅行网站 Travelocity 的前任 CEO 特里·琼斯,对他们曾经打造的旅游网站很不满意:他们本想颠覆旅游代理行业,但没想到这些旅游网站都只是把旅行代理模式搬到了线上,而且只有2%到6%的网站点击率会转化为交易。两人开始思考,究竟什么样的模式才能简单、方便地为用户提供优质结果,并彻底颠覆旅游行业传统的代理模式？于是旅游搜索引擎 Kayak.com 诞生了。

Kayak 通过抓取航空公司、酒店、在线旅游网站等的数据,为用户提供上百家航空公司的机票、超过 158 000 家酒店、所有优秀租车公司以及 17 条游轮航线的信息。它只提供搜索结果,并不参与交易环节。这样搜索结果便能全面、客观,方便用户货比三家。它的用户体验在当时也让人耳目一新:界面简洁,使用 Ajax 技术,一旦用户修改了搜索参数,便能立即刷新屏幕;把指定日期的前后三天都纳入检索范围之内,方便比较;使用也更灵活方便,比如可以键入多个城市:从 A 地到 B 地,再到 C 地,然后再回 A 地。

旅游搜索引擎的基本商业模式是按流量收费,即搜索者一旦通过旅游搜索网站的搜索结果链接到航空公司的直销网站,那么航空公司就需要为每个这样的访问付费。航空公司之所以心甘情愿支付流量费,一些航空公司甚至还在旅游搜索网站上投放促销广告,说明比价搜索具有存在的价值和发展的空间。美国规范的旅游业环境和创始人的旅游行业背景都让 Kayak 的发展相对顺利。到 2007 年时,Kayak 的年收入达到 5 000 万美元,用户在 Kayak 上每点击一次旅游产品,该产品的供应商要为之付出 55 美分到 2 美元。高速的成长甚至能让 Kayak 在 2007 年底收购竞争对手 Sidestep,获得更多的用户及 Sidestep 在旅游计划、用户评论等方面的更好经验,进而能让网站吸引更多的广告。

(二)旅游搜索引擎的作用

1. 垂直搜索使信息更加精准

旅游搜索首先是搜索,当通用搜索在广告中强调其搜索的海量时,旅游者却对搜索页面中的大量非目标源信息不胜其扰,浩繁的信息量增加了消费者选择的难度,而这正是旅游搜索的机会所在。旅游搜索与通用搜索相比更加精准,更易于筛选和寻找旅游信息。旅游搜索摆脱了通用搜索利用 pagerank 技术,将数据简单成单一维度的筛选方式。它利用数据抽取技术,模拟人的思维,将无序数据结构化,方便用户过滤和筛选数据。在将数据层次化结构化的同时,旅游搜索引入新的 PR(ProviderRank)值,真正从用户角度帮助其选择产品和服务。凭借超大规模实时数据搜索技术,旅游搜索在 3~5 秒的时间内从数百个数据源获取大量数据,处理并展现给消费者最新的在线旅游产品数据,还能够同时服务数十万查询且保证服务的速度和效果。相比通用搜索海量信息的无序化,旅游搜索将酒店、航空公司、旅游分销商、传统旅行社提供的旅游服务信息汇集于互联网平台上,通过对整个在线旅游产品资源的整合与发布,提供实时的旅游产品比价与服务比较系统,帮助消费者轻松进行充分选择,找到适合自己的旅游产品。

2. 促进直销一体式的服务

通用搜索只能是帮助用户发现更多的旅游服务类网站,而旅游搜索是对整个互联网上的机票、酒店和度假等信息进行整合,为用户提供最新的、最可靠的旅游产品价格查询和比较服务。用户可根据自身的个性化需求,通过搜索的方式进行充分选择,从而找到最适合自己的在线旅游产品,让用户拥有更为完善的知情权与自主选择权。旅游搜索将搜索结果与服务提供商连通,提供从"寻找—选择—购买"的全方位服务。它的价值在于帮助消费者和服务提供商之间建立更好的信息和交易通道,采用直销,减去中间环节,直接向供应商拿货,让用户彻底享受"直销一体式"的服务。

3. 影响在线旅游市场的竞争格局

旅游搜索只是提供了一个比价的平台,帮助消费者选择更多适合自己需要的产品,揭开旅游价格中存在的人为操作的谜团,使价格更透明,市场竞争更公平。中小网络旅游服务商由于自身特定的社会关系,某些旅游产品往往比行业龙头有价格优势,但由于网站知名度小,旅游消费者很难获知。旅游搜索引擎的出现,将使得旅游产品的价格更加透明化,因为原来大型的网络旅游服务商主要依靠其品牌和网站知名度,即使产品价格高也有市场,而搜索引擎出现之后,信息不对称的优势已不再是获得并留住老客户的有效手段。毕竟,消费者对价格更加敏感,这种价格杀手的效应明显地表现了出来。

值得提出的是旅游搜索不是简单的比价搜索。价格高低,并不能说明全部问题,价格低的未必就是好的产品。每家网站都会有它们的经营模式、生存优势和市场价值,而这种价格竞争要求网络旅游服务商加强产品开发,扩大客户群,提高服务质量。通过提供一系列的增值服务,培育其客户的忠诚度也将是至关重要的。例如美国的机票搜索引擎 Farecast 通过为用户提供机票的历史价格数据,帮助客户作出购买决策;Sidestep 通过在线社区为用户提供目的地资讯、在线地图、当地活动信息、酒店服务的用户评价等,进一步提升了其服务对于用户的价值。

二、旅游搜索引擎实例——"去哪儿"

(一)关于"去哪儿"

"去哪儿"(www.qunar.com)成立于 2005 年 5 月。作为全球最大的中文旅游搜索引擎,"去哪儿"通过对整个在线旅游产品资源的整合与发布,提供实时、可信的旅游产品比价与服务比较系统,帮助消费者找到最合适的在线旅游产品。作为中国最早进入专业旅游搜索领域的新媒体,"去哪儿"一直致力于为供应商和用户提供最全面、最及时、最权威的旅游搜索服务。"去哪儿"的目标是协助消费者搜索到最有价值的机票、酒店、签证、度假线路和其他旅游服务。同时帮助广告主有效地针对这些高质量的具有很高消费潜力的旅游者,提供多元的、定位于品牌推广以及促成销售机会的各类广告形式,令企业得以在市场中更精准地定位目标受众并在竞争中赢取先机。

"去哪儿"汇集了近400家网站信息,其中包括超过3 000条航线和30 000家酒店信息,拥有每月近3 000万独立用户访问量。"去哪儿"将房价、机票价格信息与公司的数据库实时连接,提供机票、酒店、签证、线路、博客等的全方位旅游搜索信息。根据艾瑞(iResearch)研究数据显示,2008年第三季度中国旅行预订网站机票业务季度总访问次数市场份额中,旅游搜索引擎"去哪儿"(Qunar.com)以33.7%的市场份额排在首位。机票方面,消费者只要在网站上输入机票的需求信息,即会出现各航空公司、区域大型机票代理销售的各自最低价格和特惠服务,使得消费者能够对旅行产品轻松地进行充分比较;酒店方面,"去哪儿"已经与希尔顿国际酒店集团、万豪酒店集团、上海锦江集团、法国雅高集团、洲际国际酒店集团、速8中国酒店等众多国内外著名品牌达成战略合作伙伴关系,为消费者提供更为广泛的酒店选择和直接有效的获得渠道。

"去哪儿"的用户大部分都是有效用户,这是传统搜索引擎没法比拟的。"去哪儿"旅游搜索引擎月点击率超过500万次,目前已名列在线旅游网站点击率前列,其强大的比价功能正在显现。"去哪儿"旅游搜索引擎以其强大的互动和检索功能,实现数据采集实时连接,更多的消费者将获得更实惠的价格。"去哪儿"主张"自由、自主、自在"的旅行方式,秉承"聪明你的旅行!"的品牌理念,正在颠覆以往在线旅游网站的营销模式,推动着中国在线旅游产业的创新和发展。

(二)主要产品与服务

1. 机票搜索

提供全面的国内和国际机票搜索功能,用户能够随时查询国内外各城市之间的所有最新航线价格信息,并获得该机票在赠送保险、接送机等服务方面的参考内容。联程航班的机票信息能够与直飞航班同时被自动查询到,以便用户根据实际情况,选择最合适的出行方案。用户通过"去哪儿"的价格预测工具的帮助,可以明确未来45天飞往目的地的价格趋势走向。价格预测工具基于全部搜索数据,进行实时性展示,为用户决定出行时间提供了直观和高效的参考。

2. 酒店搜索

能够搜索超过15 000家酒店的最新报价,并根据价格范围、星级标准、经营类型、特色设施、特殊优惠和酒店所处周边地区的情况,进行更为便捷、精确的选择。

通过"去哪儿"网站的酒店频道这样的旅游搜索引擎平台,旅游供应商可以无限次地将产品信息呈现在目标用户面前,用户可以直接跳转到酒店的产品页面上完成预订。在这个过程中,酒店不仅可以获得信息直接展示的渠道,还可以有效地降低由于交易环节过于烦琐导致的价值用户流失。

酒店消费者最为重视的酒店位置信息,通过"去哪儿酒店地图"工具被细致地呈现。而价格等重要信息,在这个频道上也通过特殊的"去哪儿推荐"工具体现出来。消费者通过这个工具,首先获得的便是直销酒店的客房信息,其次是付费广告客户的信息。为了体现搜索引擎的公平公开特性,"去哪儿推荐"还特别选取了可信赖供应商的低价酒店产品,保证消费者能够百分之百订到选择的酒店。

3. 特惠搜索

能够快速搜索各类旅行社、在线供应商的旅游度假产品,范围包括海外度假、特价周边游、国内特价机票、国际特价机票、国内外特价酒店等。试图为消费者提供更为全面的旅行产品信息,例如搜索接送机、免费保险等附加服务,通过为消费者提供更多与决策相关的价值信息,比较出最具性价比的旅行产品。能直接将酒店、机票的优惠券信息,向用户进行第一时间的传递。

4. 深度服务

"去哪儿"更专注于为消费者提供信息搜索的深度服务,并在数据搜索量、搜索范围、反应速度、价格实时性、数据详细程度、过滤排序功能的易用性等多方面确立了深度服务的优势。"去哪儿"提供了多种技术工具,让用户自行通过排序或者过滤得到所需的数据,其特有的智能比价系统可以帮助消费者最大限度地满足消费体验。选择什么样的价格与服务的权利,完全掌握在用户自己手中。此外还定期推出新鲜专题,综合最新、最具特色的旅游时尚,呈现最具魅力的旅游风情,是用户了解精品旅游资讯的最便捷的方式。

(三)经营模式分析

1. 在赢利模式上,摒弃了原有在线服务企业的佣金模式

提到在线旅游服务市场的赢利模式,便会联想到携程模式,其利润点在于收取产品供应商的代理佣金。但"去哪儿"所做的,并不是同样的代理预订、收取佣金的中介生意。它不针对顾客收费,主要赢利模式是向酒店、航空公司和机票代理商收取广告费。这一模式与携程有很大不同。携程扮演的是机票代理商的角色,其收入是从每笔成交的订购中抽取佣金。"去哪儿"摒弃了原有在线服务企业以收取佣金赢利的模式,网站收入100%来源于广告。"去哪儿"会给客户最适合他们的广告方案,包括确定目标人群、投放位置,并提供周报告、月报告辅助他们分析,鼓励用户安装第三方的跟踪体系,来检验投入的回报。

2. 产品服务上,是给用户提供丰富、准确、中立的信息

很多时候旅游搜索"去哪儿"从产品结构上与携程、艺龙等代理人服务商非常相似,但本质上它们是完全不同的。对于旅游垂直搜索引擎来说,搜索的本质是给用户提供丰富、实用、中立的产品信息来满足用户的需求,用户利用搜索引擎提供的平台直接和产品生产商取得联系,购买产品。从这一点看来,旅游搜索引擎的存在是为了更好地为旅游产品作宣传,在产业中以一个资讯提供商的身份出现。旅游搜索坚持独立性和第三方身份,保证自己对数据推荐的公正性、合理性,核心价值是利用全面并且多维度的信息(包括来自官方的权威信息,还有普通用户的意见,比如评论、游记、问答、经验等,所有的代理人网站都只是旅游搜索的信息来源

之一），帮助用户更好地选择所有跟旅游有关的产品，包括机票、酒店、景点等，搜索出最低的价格，并可以让消费者自由组合。"去哪儿"不完全是比价搜索，从目前"去哪儿"提供的服务来看，其侧重旅游产品的全面比较，不单是价格。

3. 在市场模式上，构建诚信、自由、直接的交易渠道

"去哪儿"提供一个比价的信息平台，消费者通过这个平台自由选择销售方，直接与销售方联系来预订。即"去哪儿"仅仅提供机票和酒店信息而不提供代理预订的服务，顾客需要自己同搜索链接到的航空公司或酒店进行交易。可见"去哪儿"突破了传统的市场模式，使得"去哪儿"能围绕消费者的需求，建立更全面的旅游服务采购决策支持信息平台，构建出完全独立自主的采购决策的支持体系。

"去哪儿"坚持的新业务模式理念在于：搜索引擎永远站在用户的立场，百分之百中立地帮助用户找到最全面的旅游服务信息。引擎在搜索供应商网站时更关心供应商是否有最好的价格以及服务，并且其是否真的能够提供这些服务，而不论其是否是引擎的付费客户。为确保信息的即时更新以及信息的高质量和准确度，"去哪儿"一方面利用搜索技术自动提取；另一方面进行人工追踪，并且和一些供应商签署质量保证协议，保证提供的信息真实、可靠。公司有一个小组每天打电话核实，进行不定期抽查，确保消费者获得即时、真实、有效的信息。

借助旅游搜索引擎，可有效地帮助供应商进行直销，而直销模式对于旅游市场的影响，最直观的体现就是交易环节的减少，以及随之带来的交易费用的节省。更重要的是，这种直销模式能进一步扩大对市场的覆盖面，将那些在原有网络代理模式中难以覆盖的经济型酒店纳入预订范围，从一定意义上来看，这是对占市场 90%左右的低星级酒店的帮助。但是，旅游搜索引擎不只是提供了一个全新有效的直销渠道，更重要的是建立起了旅游产品供应商和用户之间直接信息交流的平台，让供应商真正了解消费者的需求，挖掘旅游产品的特征、品牌价值等，从而树立本企业在众多竞争对手中的独特之处。

案例学习

全球最大的在线商务旅行公司 Expedia

一、Expedia 商务旅行公司

Expedia 商务旅行公司（Expedia Corporate Travel）是世界上第一大在线商务旅行公司，总部设在美国华盛顿州贝尔维尤市，2000 年之前，Expedia 曾是微软下属的一个子公司。Expedia 的目标是要建立一个全球性的旅游市场，使得旅游服务的提供商可以扩展其网上业务，使消费者可以直接查询他们需要的旅行资料，并提供给商务和休闲旅行者所需要的工具和信息，以方便他们研究、计划、预订和体验旅游。Expedia 的客户价值体现就是要减少客户的交易成本和搜寻成本，增加价格透明

度。Expedia是目前通行的在线旅游商业模式的开创者,通过取代许多原本由当地的旅游代理所完成的功能,Expedia改变了整个行业的结构。当年,Expedia公司凭借网上酒店预订和动态的组合游服务取代了Travelocity公司的地位,稳居在线旅游市场世界第一位。在入股艺龙数年后,2008年Expedia开始将麾下的商旅业务正式独立地发展进入中国市场。

二、Expedia网站的运行

Expedia是世界上访问量最大的旅游服务网站之一。Expedia网站信息内容涉及景点、饭店、旅游线路、旅游常识、旅游注意事项、旅游新闻、货币兑换、旅游目的地天气和环境及人文旅游观感、与旅游相关的产品和服务信息,以及各种优惠、折扣,还有航空、饭店、汽车租赁服务的检索和预订等。如果旅游者有什么问题,可以找该网站上由250名员工组成的消费者服务部门帮忙。

通过Expedia网站,一般消费者和商务旅行者可以一天24小时实时地获得行程安排信息、450家航空公司的价格信息、65 000家旅馆的信息以及所有大型租车公司的信息。网站的访问者还可以咨询350多个旅游景点的旅游情况,从业内专家那里获得旅游信息和旅游建议,还可以通过聊天室和社区公告栏向其他旅游者了解情况。在收集了必需的信息之后,消费者还可以在网站上订购相应的旅游产品或服务。Expedia提供了强大的预订功能,以航空预订为例,通过丰富的可供选择的按钮,客户可以确定预订的机票是单程,还是往返;从哪儿、何时出发,何时返程;同行的成人、老人或小孩各几位;是否需要预订宾馆或出租车等。Expedia的组合游服务可以让旅游者自行制定旅行线路,而且旅游者订飞机、酒店和租车仅用支付一个总价。

Expedia网站为改进服务增加了不少新功能。包括一个家庭旅行区;一个费用对比功能,可以告诉你其他人现在为你希望购买的航班座位支付的是多少钱;一个帮助客户得到最佳座位的点座系统;以及为常客提供的快递服务等。2008年Expedia在网站右上角加入了一个新的搜索框,用户可以输入数量不限的与旅游相关的搜索关键词。Expedia启用的Baynote的Social Search(社区搜索)功能,提升了网站现有的旅游预订引擎功能。Baynote Social Search根据其他搜索用户发现的最为实用或最有趣的信息,对搜索结果进行精确优化处理。现在,Expedia用户能够使用自然搜索关键词,获取旅游灵感、旅游策划工具以及他们所需的信息,帮助他们计划一次完美的旅程。

三、Expedia技术工具的应用

运用Expedia QuickConnect实现与酒店客房管理预订系统直连对接,2007年6月Expedia正式发布酒店预订系统界面Expedia QuickConnect,酒店合作伙伴可通过该界面简便高效地将客房管理及中央预订系统连接到Expedia上。通过Expedia QuickConnect,独立酒店及中小型酒店连锁合作伙伴可方便地实现对客房变更、房价及预订信息的自动化操作。Expedia QuickConnect 使得广大酒店合作伙伴获益于与 Expedia 的预订系统直接连接所实现的成本、速度、准确度及安全性方面的优势。同时，酒店合作伙伴通过实时、更准确地操控其客房库存，从而在战略方面管理其预订部门。另外，Expedia QuickConnect 允许酒店合作伙伴提供范围更广的客房类型，同时通过减少传真预订所需的数据输入来削减成本，因此有助于酒店提升客户预订量。

通过与 Expedia 的直接连接实现房价、客房库存和预订信息的交换，符合独立和中小型酒店连锁的需求。随着 Expedia QuickConnect 的面世，Expedia 成为了能为酒店提供一个开放式应用编程接口（API）的首家在线旅行社。在 Expedia Quick-Connect 推出仅仅半年之内，23 个国家中运营 28 种不同预订系统的酒店已使用 Expedia QuickConnect 与 Expedia 建立了直接连接。Expedia QuickConnect 为客人及酒店实现了双赢，客人可以实时获取酒店的客房库存，从而第一次实现了即使在最后一刻也能预订并确认所选的客房。在线预订客房变得前所未有的顺畅无忧；而酒店可以更好地管理客房库存，使其能够更严密地管理收益。

思考分析：
比较分析 Expedia 与携程两者之间在运营上有哪些异同点。

本章小结

就目前来看，旅游网站主要依靠技术手段来提供资讯、社区、搜索和网络订票及酒店的服务，还没有真正出现各类资源聚合的功能性网站。旅游网站的发展模式仍需要创新，未来发展的方向有两个：一是发展能够整合各类资源的强大整合性网站；另一方向，就是发展具有独自特色的垂直型网站，将旅游与虚拟社区相结合，创造线上线下互动类型的网站。

在线旅游企业的运行模式大致可以分为两类：一类是利用互联网技术与传统旅游业务结合的模式，如携程旅行网、艺龙旅行网；另一类是传统旅游企业自主设立在线旅游网站的模式，如青旅在线。携程网的成功，无论是对互联网企业还是传统旅游行业而言，都可谓是一个奇迹。携程模式的出现，不但给旅行社、分销代理商等这些传统旅游企业带来了巨大的震动，也吸引了风险基金、传统旅行社、航空公司等纷纷涉足在线旅游预订。而在线旅游搜索服务商的出现将旅游产品购买的过程透明化，使得在线旅游预订服务商的价格竞争处于信息对称状态。这给中小在线旅游预订服务商提供了一个非常好的业务拓展机会，搜索平台也削弱了大型在线旅游预订服务提供商的平台作用,从而促使在线旅游预订服务商不断丰富自身的产品和提高服务质量。值得注意的是,旅游搜索引擎能否为用户提供除了价格以外更多的选择和服务,将成为影响其未来发展至关重要的因素。

旅游电子商务发展的趋势将以旅游在线交易为代表,目前一些网站只能提供标准化程度较高的星级酒店预订、机票预订等服务,已不能完全满足旅游者的个性化要求。随着竞争的日益激烈,网站的功能完善、操作简单和人性化服务等将是下步竞争的重点和优势所在。旅游网站的发展需要培养忠实的客户群,要根据自己的资源优势与特色开展个性化旅游服务,避免在目标市场、服务内容、功能等方面的雷同性,旅游线路的个性化定制与在线咨询服务的推行也将有助于旅游网站客户群的扩大。同时,专业旅游网站的赢利渠道除酒店、机票、旅游线路预订以及网络广告招商外,也要积极探索、拓展更多的网上交易收益渠道。专业的旅游电子商务平台的特点是规模大、知名度高、访问者多,可为参与旅游商务活动的各方提供便利的信息平台和市场环境,降低交易成本,提高商务效率,吸引众多的旅游企业加盟,轻松开展电子商务活动。但行业电子商务平台也要注意让加盟企业有更多自我发挥的空间,能投放企业个性化的信息,更高效地利用网络资源。

思考与练习

1. 旅游网站的类型有哪些?
2. 分析国内几个主要旅游网站的自有优势、运行模式与业务侧重。
3. 比较一下中外旅游网站在网页构成内容上的差别。
4. 建设行业电子商务平台的意义是什么?
5. 为什么是携程充当了行业资源的整合者,而不是国旅、中青旅这些传统的旅游服务商?

第 5 章

旅游目的地营销系统

本章导读

本章从介绍旅游目的地营销系统 DMS 的概念、作用、国外 DMS 的典型应用开始,通过对我国 DMS 的运营模式、存在的问题以及提高我国 DMS 运营现状的策略的论述,使我们对国内、国外 DMS 系统的情况有一个基本的认识。其间,引用了我国以及其他国家的一些成功的旅游目的地营销案例,通过对这些成功案例的介绍,使我们进一步理解适应信息化时代要求的 DMS 的理念与模式。

第一节 旅游目的地营销系统概述

一、旅游目的地营销系统的概念与作用

(一)什么是旅游目的地营销系统

旅游目的地营销系统(Destination Marketing System,DMS)是一种旅游信息化应用系统,它以互联网为基础平台,结合了数据库技术、多媒体技术和网络营销技术,把基于互联网的高效旅游宣传营销和本地的旅游咨询服务有机地结合在一起,为游客提供全程周到的服务,可以极大地改善提升旅游目的地的形象和旅游业的整体服务水平。

旅游目的地营销系统 DMS 是一个信息化的营销平台,该系统可以充分支持旅游部门的市场营销任务。如作为该系统组成部分的旅游网站,可以自我管理网站、收集、编辑、发布信息,生成目的地电子地图,接受和处理网上投诉,并将旅游企业纳入网络化营销中,进行网上交易。这个系统还可以支持传统的营销手段——电子触摸屏、游客信息中心、电话中心以及出版物的制作等。同时,由于网络传播没有地域限制,该系统可以将旅游营销范围扩展到世界各地。

DMS 可以代替传统的信息传递方式,并更好地介绍旅游目的地。它能够提供

给游客在出行前或出行后所需要的信息,并具有预订功能。目的地营销系统与传统营销模式相比具有明显的优势:地理覆盖面广,成本相对较低,信息更加准确和全面及时,制作更新快,可与顾客互动。

世界旅游组织认为目的地营销系统与传统营销模式相比具有发展潜力,它以相对较低的价格向世界各地的大量顾客介绍信息和产品;提供比通过传统印刷媒体更有深度、质量更高的信息;让顾客预订起来更快、更容易;省去制作和发行印刷品的大量费用;可针对客源地运用电子邮件做推广等。

目前 DMS 在世界范围内已经得到有效应用。在英国、新加坡、西班牙、澳大利亚、芬兰等 10 多个发达国家和地区,它已演变为一种新的旅游营销模式,并且通过有效地将网络和传统营销业务相结合,广泛地支持了当地的旅游企业,明显地提高了旅游营销效益。

(二) 旅游目的地营销系统的作用

1. 网络资源共享

DMS 可以共享区内各类有形和无形资源。绝大多数中小企业无法承担网络基础设施的高额成本,而 DMS 内的各个企业以租用网络空间的形式共享某些网络基础设施(网络服务器、某些管理及服务软件),可以分摊部分成本。DMS 有助于各中小企业在信息资源和网络营销资源等方面实现共享。如更有效地从整体上把握市场动态信息,更好地了解游客的个性化需求;还能统一进行广告宣传和促销;可以分摊成本,还可以共树目的地整体品牌形象,共享品牌资源。

2. 集聚效应

DMS 有类似于零售业在地理空间上的集聚效应。旅游者一般会更青睐那些信息详细完整、信息量大,又集聚了各种特色产品的旅游网站。DMS 上会同时集聚大量的游客和目的地内的旅游企业及相关机构,能提供目的地全方位的旅游信息,还能实现目的地内的个性化定制服务。

3. 动态合作网络

DMS 通过对旅游产品及服务价值链的整合可以形成目的地内的动态合作网络。这不仅有助于降低系统内各企业之间的交易成本,还有助于区域特色旅游产品及服务的形成。DMS 为各方信息交流提供了一个网络平台,它可以将游客、各旅游服务商和相关支撑机构都整合到区域旅游创新过程中,从而形成由旅游机构、旅游媒体、旅游企业、其他相关企业和旅游者共同组成的区域旅游创新网络。

二、旅游目的地营销的相关理念

一个成功的旅游目的地,离不开成功的营销。在全球化的今天,旅游目的地营销迅速驶入整合营销和品牌化的时代。全球化时代的一个特点是时空距离的大大缩减,从伦敦到北京也只不过十几个小时的航空距离。从某种程度上讲,旅游目的地的竞争趋于全球化,而且态势日趋激烈,因而,旅游营销策略需要不断创新。互联网的出现,更是令传统单一的旅游营销策略在"品牌为王"的21世纪难以奏效。诉诸广告、公关、会展、网络和促销等多种营销手段,让旅游者对旅游目的地形成一个相对稳定、统一的印象,进而塑造品牌,产生情感认同,整合营销成为旅游市场竞争的新兴武器。

(一)形象营销

对于旅游目的地而言,形象营销最终是要达到品牌塑造的目的,因而首先要做的是目的地品牌形象的定位。旅游由于其不可储存、不可异地消费、不可试用的特点,决定了旅游的实现形式首先是旅游主体对旅游地的感知。因此,旅游者在选择旅游目的地时,其头脑中对旅游地的印象起到了近乎决定性的作用。只有旅游目的地形象被完整、系统、良好地表现出来,形成品牌,且有效地传达到旅游者的头脑中时,才有可能被旅游者选择为出游目的地。

可以说,形象营销是目的地营销最有效的途径之一。举个例子,香港的旅游资源相对贫乏,与其他著名旅游胜地相比,没有闻名遐迩的名山大川,也没有独一无二的历史文化遗迹,但这块弹丸之地却使世界各地的游客趋之若鹜,2004年香港被美国极具影响力的刊物 *Recommend* 评为"亚洲/太平洋最佳旅游目的地",2005年香港被美国《国家地理杂志》选为全球14个经典旅游地之一。说到底,香港营销的最成功之处便是形象营销的到位,从2001年到2003年香港的旅游主题是"动感之都,就是香港",展示出一个充满机会和活力、中西文化会聚的都市形象;2003年"爱在此,乐在此"主题形象宣传很好地塑造了香港作为国际性都市的健康美丽新形象;随着家庭群体及商务客人逐渐成为香港旅游客源的主体,香港于2006年开展了"2006精彩香港旅游年"主题活动,目的在于短期内令香港成为亚洲最热门的目的地,进一步巩固香港在国际旅游市场的领导地位。目前香港政府部门的旅游策略小组正在研究如何借鉴国际大都市的经验,打造香港大都会旅游的新品牌。

(二)创新营销

产品的标新立异就是产品创新,是旅游目的地营销取得轰动效应的重要条件,其核心就是"新",以新形象、新产品、新形式给旅游者"耳目一新"的感觉,以达到吸引旅游者、占领目标市场的目的。营销手段的创新在某种程度上更会起到起死回生之效,牢牢掌握市场主动权。

举个例子,"世界杯"足球赛是球迷的挚爱,在夏季旅游"黄金假期"里,"德国世界杯游"的确让德国旅游好好地火了一把,但欧洲的其他旅游目的地国也并不落下风。据报道,2006年5月,瑞士一则旅游广告独树一帜,做起了球迷之外的女性游客生意。这则片名为《女孩,我的爱》的广告在德国、法国电视台黄金时段亮相,片中是身材魁梧的农场工人、性感的火车列车长、健美的登山运动员、强壮的伐木工等一系列美男的镜头,展现着独特的男性魅力,阳光而性感。"亲爱的姑娘们,为什么不离开世界杯看台,到瑞士来。这里的男人不爱足球爱佳丽!"煽情的广告词完全会激起女性前往瑞士旅游的欲望。这便是创新营销。平常人想到"世界杯"便想到德国,足球之旅自然非德国莫属,其他欧洲国家旅游如果说沾"世界杯"的光,充其量也只是"德国之旅"的附加目的地,得到的是极小的辐射效应。这则广告把营销对象直接指向那些对足球不感兴趣的女性,创造性地借题发挥,唤起那些受到冷落、打算放弃一年一度家庭休假的女性出游的愿望,便得到了一大块新市场客源。创新往往能出奇制胜,旅游业也是靠创新激活的行业。

(三)合作营销

传统的市场营销观念总是把竞争对手视为敌人,这往往导致竞争双方两败俱伤。其实,"你死我活"并不是市场竞争的唯一"出路"。现如今"共存共荣"的合作营销,把对手当成朋友和合作伙伴,在市场竞争中共同发展,这在如今的旅游市场上越来越多见。

旅游是线状的,旅游目的地的产品组合包装在一起营销,反而会卖得更好。比如,在桂林《印象·刘三姐》门口竖块大牌子,做个网络——把阳朔西街、漓江百里画廊、桂林两江四湖串成网。游客看了后,若是自助旅行,便会在看完演出后游历其他的三个景点。同样,在西街也有这样的牌子,这就是合作营销。作为多目的地的旅游线路,还可以进行跨区域宣传合作,可达到"1+1>2"的效果。国内有中国四大佛教名山营销联合、泛珠三角旅游联合、中部地区旅游联合的诞生,有长三角旅游圈的逐步形成,那些知名度较低、影响较小的旅游目的地,其合作营销旅游的要求更为迫切,责任更大。

(四)事件营销

德国旅游业成为2006年世界杯足球赛真正的大赢家。世界杯期间游客数量较预测翻了一番,达到了200万人次,直接为德国带来了30亿~35亿欧元的消费额。这一切的取得似乎出人意料,但又在情理之中。多年来,德国植根于世界各地的旅游推广体系,假之以世界杯事件,诉诸整合营销手段,德国旅游井喷时刻的到来自是水到渠成。

事件旅游,一直是旅游目的地营销的重要手段。目的地的重大活动,就如同一趟可以搭乘的快车,机会绝对不容错过,尤其是像世界杯这样的体育全球事件,未来10年德国都不会再碰到。紧抓这一机遇,创造性地借题发挥,并以整合营销活动加以推广,令旅游目的地德国迅速走红。由于世界杯的效应,德累斯顿银行专家指出,德国旅游2006年全年的收入增加了7%,达到250亿欧元。更难能可贵的是,91%的游客表示愿意向朋友推荐德国作为旅游目的地,此举将令德国的旅游业长期受益。

(五)整合营销

世界杯与德国旅游事实上是一种密切相连、共生共荣的关系。世界杯推广到位,旅游目的地形象塑造成功,相应地,2006年来德国旅游乃至今后故地重游的游客数量自然都不在话下。深谙此道的德国在世界杯广告推广、形象树立方面可谓不遗余力。柏林自 2003 年起，就开始张贴世界杯海报、广告与彩旗。2003 年 9 月，在距离世界杯开幕还有 1 000 天，15 米高的世界杯标志球在勃兰登堡门前亮相。就连当时的柏林国际电影节，也以"射球门，摄电影"为主题，进行了短片比赛。

公益公关活动一向是形象塑造的有效手段。世界杯开始之前，德国发起了一个全球射门慈善活动。在 2005 年的柏林国际旅游博览会上，弗朗茨·贝肯鲍尔为这一项目开出了第一个球。球门在与德国旅游相关的重要旅游博览会上、旅游研讨会和公关活动上使用了足足一年，由此获得的全部收入用于资助 SOS 儿童村建设其"2006 年的 6 个国际儿童村"项目。

德国这几年来推动的"全国服务与友善运动"，终于在世界杯期间开花结果。外国球迷和旅游者在德国有种宾至如归的感觉，甚至连德国出租车司机也都会主动开车门和打开行李箱，用英文祝乘客"美好的一天"。每一个德国人都似乎成为了"公关大使"，难怪 90% 的游客都愿意推荐朋友来德国旅游。

三、旅游目的地营销系统的典型应用

目的地营销的理念和系统，在世界范围内已得到研究及有效应用。下面通过几个示例解释旅游目的地营销系统在旅游目的地机构中的典型应用。

（一）奥地利 TIScover 系统

由奥地利 Tirol 旅游局使用的 TIScover99 是一个高级目的地营销系统，它是一个基于 Web 的系统，具备全面的功能，包括信息管理和发布、预订和电子商务功能，支持英文和德文。

奥地利国家旅游局出于为准确及时地提供关于住宿设施的可用情况以及积雪情况的信息，满足奥地利游客出游决定的需要，而决定在 Tirol 省建设综合性的计算机旅游信息系统。

经过 10 年的发展，关于该系统的总体目标已确定为："在向未曾到访和已经到访游客提供准确的综合性信息服务的同时，让来自整个目的地的所有服务供应商都能够直接介入到电子化市场中。"

该系统同时在奥地利得到广泛推广，并且成为奥地利各省份所使用的唯一的系统，其某些版本也在德国和瑞士被使用。其行业参与程度、系统的可进入性以及交易量正在上升。

目前，该系统内所列的住宿设施总数已超过 15 000 个，其中 4 500 个提供详细信息并可进行在线预订。对 TIScover 系统的使用不断增长，最新统计数据表明其网页浏览次数每月超过 500 万。TIScover 通过与奥地利饭店协会协作，包含了奥地利全国的饭店住宿信息。目前 TIScover 数据库约有 4 000 兆字节的数据，相当于超过 7 万张网页的容量。

在该系统的日常运营中,各地方旅游机构负责它们自己的数据的维护工作,并且还负责要求本地成员的数据符合该系统所规定的标准,以及对直接与系统连接的独立供应方也有同样的要求。TIS 公司,即运营该系统的服务商,则负责整个系统的维护和信息模块的管理。TIS 公司的资金一部分来自自身运营收入,一部分来自奥地利各省旅游局。公司收入主要来自旅游商列入该系统所支付的费用,以及使用该系统的地方旅游机构及其他单位所支付的费用。另外,TIS 公司还可从其他采用了该系统的目的地市场获得可观收入。

TIS 公司的 TIScover 99 系统在奥地利及其周边国家得到成功应用,其中一些重要因素发挥着效力。这些因素包括 Tirol 省旅游局的长期性支持和资金投入、形成独立运作的 TIS 公司、对信息科技的一贯重视、根据旅游业的用户要求提供信息服务以及广泛地与公有和私营的机构签署有效的合作伙伴协议。

(二)芬兰旅游局的系统

芬兰旅游局的系统也是一个高级目的地营销系统,通过其网站"在线旅行指南"(Online Travel Guide)为接入门户,主要由三个部分应用构成,包括:MIS,该局自己的"市场信息系统"(Marketing Information Service),使芬兰旅游局及其贸易伙伴能够在世界各地管理和组织销售及市场营销活动;PROMIS,即"专业市场营销信息服务系统"(Professional Marketing Information Service),这是一个覆盖全芬兰的旅游数据库;RELIS,即"研究,图书馆及信息服务系统"(Research, Library and Information Service)。

芬兰旅游局在许多方面率先使用信息技术,并将其作为国家旅游部门工作中一个不可分割的部分。该局相信,信息技术是促进芬兰跨行业合作,以及接触到世界各地受众的有效工具。通过该系统的应用,不仅改善了芬兰旅游局工作的成本效益比,而且帮助芬兰,一个相对较小并且"偏远"的目的地,在最大程度上进入和影响国际旅游市场。

(三)爱尔兰的 Gulliver 系统

Gulliver 系统是综合性目的地营销系统的最早范例之一,成为"爱尔兰各方面旅游产品的主要分销渠道"。并为爱尔兰各类住宿产品开发出一个综合的、可以提供网上预订服务的目的地信息系统,以减少高峰期的容量问题以及支持营销活动。

该系统还被用来支持电话问讯中心,通过免费电话,向顾客同时提供先期旅行信息和预订服务。其他几方面的应用,如公用信息亭(public access kiosk)的数据中心、商业服务系统,可以处理信息咨询和预订要求。

(四)新亚洲—新加坡

"新亚洲—新加坡"的目标是提供新加坡旅游局的有关活动信息,并突出新加坡旅游局作为战略目标明确、注重务实行动的机构的形象。

"新亚洲—新加坡"不单纯是一个网站,还是一个复杂的多媒体旅游向导,它不仅提供有关信息,还为新加坡进行旅游目的地的形象定位,协助旅游机构的促销活动。游客不仅能从该网站浏览各类旅游信息,同时,该网站还结合触屏式服务亭、当地广泛分布的"新加坡第一"网络系统以及新加坡旅游服务中心提供服务。

目前,记录到点击次数达到每个月200 000。另外,链接到"新亚洲—新加坡网站"的"饭店网络"(HotelNet)网站每天接到100~200个客房预订。

第二节 中国旅游目的地营销系统

一、中国旅游目的地营销系统的发展

DMS出现于20世纪90年代中后期,最早在国外得到开发和应用。相比而言,我国的DMS起步较晚。我国自2002年开始推广DMS,是国家"金旅工程"的主体内容之一,也是我国旅游信息化建设的重要组成部分。我国的DMS是旅游目的地通过互联网进行网络营销的完整解决方案,对应金旅工程"三网一库"中的公众信息网和信息库部分。其建设者和管理者定位于各省市旅游局和大型景区,服务对象是旅游消费者、旅游企业等。2002年10月南海DMS作为中国DMS的第一个国家试点系统通过专家鉴定,2003年1月,国家旅游局联合信息产业部下发了《关于在优秀旅游城市建立并推广使用"旅游目的地营销系统"的通知》,开始在全国138个城市推广DMS。目前,全国DMS的中心平台建设已初具规模,粤港澳、大连、三亚、珠海、深圳、厦门、苏州等10余个区域或城市的DMS已投入运营或正在建设之中,在旅游宣传促销中发挥了重要作用。

我国旅游目的地营销系统总平台是中国旅游网(www.china.travel),中国旅游网是中国国家金旅工程的公共商务网。

目前,正在建设的中国DMS将由中国各城市的DMS组成,同时采用统一的信息标准,先在广东省、福建省、黑龙江省和桂林、大连等省市试点。在此规划下,全国各城市的旅游网站将相互链接,实现旅游信息的共享和交换。

二、中国旅游目的地营销系统的运营模式

(一)旅游目的地营销系统的结构模式

系统组织结构方面,DMS有三种组织结构:一是以国家为中心的组织结构;二是以地区为中心的组织结构;三是地区性的网络结构。我国的DMS采用的是国家—省—市的多级系统组织结构,由国家旅游局统一指导,分地区建设,实现各级DMS的互连互通。系统的经济结构方面,由政府旅游主管部门,即各级旅游局提供系统的开发及运行基金;系统的管理体制方面,由各级旅游主管部门负责管理;系统的信息来源方面,信息由地方旅游局负责收集,进入系统后经分类、整理,有序地

表现于相应的目的地信息网上,并向上层汇集,有选择地表现于上层信息网站上,最上层的国家级网站表现着经筛选的、最重要的旅游信息,并通过导航和搜索功能,让浏览者方便地获得所需的各级系统中的信息。系统的整体结构模式如表5-1所示:

表5-1 我国DMS系统现行结构模式

组织结构	国家—省—市的多级系统组织结构
经济结构	政府旅游主管部门提供开发及运行基金
管理体制	各级旅游主管部门负责管理
信息来源	地方旅游局负责收集并层层向上汇报

(二)旅游目的地营销系统的服务模式

旅游目的地营销系统(DMS)是以计算机软、硬件为基础,实现目的地各种旅游资源、设施与服务的数据和辅助信息输入、存储、更新、查询、检索、分析、预订、应用和显示的空间信息系统。旅游目的地营销系统对外是目的地宣传服务系统,对内则是目的地管理系统。按照服务对象的不同,服务模式可分为两种:一种是面向游客的信息模式,主要是为游客展示各种旅游目的地信息,方便游客;另一种是面向旅游目的地各管理部门及旅游供应商的管理模式,实现各部门、各行业之间的信息更新、传递。

在信息模式上,可以建立旅游目的地触摸式多媒体旅游查询信息系统,装备于各大宾馆、旅行社、主要停车场、旅游景区(点)、长途汽车站和游客信息中心,为国内外游客提供丰富信息。借助该系统,游客可任意查询所需信息,同时为旅游管理部门开展对外宣传、交流等活动提供新型的旅游信息产品。

就管理模式而言,可以建立基于网络的旅游管理信息系统,装备于各旅游管理机构和经营单位。其主要任务是对旅游管理所需的信息进行收集、传递、存储、加工和使用,以便旅游决策管理层充分利用现有的信息数据,系统地管理和宏观调控;同时为各行业、部门提供清晰的行业信息和游客信息,以便于及时调整价格及市场战略,从而更高地提高出租率和使用率。

三、中国旅游目的地营销系统存在的问题与对策

DMS是信息社会旅游营销及旅游服务模式的新发展,是一个涉及技术、管理和社会三个层面的综合性管理系统。从我国DMS的发展来看,技术层面的问题已取得了很大进步,并有成功系统建设的案例,基本已不成为DMS推广的障碍因素;但就管理、社会角度来讲,仍然存在着一系列急需解决的问题,如怎样筹集系统开发及运行所需的资金,系统如何满足旅游业各利益相关者的需求,系统由政府部门进行管理还是采用其他管理形式等,这些问题已成为阻碍我国DMS推广和应用的主要因素。

（一）国内DMS存在的主要问题

我国DMS目前采用的是一种政府主导型的运作模式，这种模式在一定程度上适应了我国旅游业信息化水平不高的现状，使政府在DMS的作用得到了充分发挥。但是，这种模式也存在着许多的问题，主要表现在以下几个方面：

1.政府主导的模式存在着潜在障碍

政府主导既有其积极作用，也有其消极的一面。政府在影响旅游发展过程中存在的一些潜在障碍主要包括：缺乏从事可持续旅游的愿望，行政上的短期目标破坏了可持续旅游的长期目标；政府的规划和规章制度不如私营部门的那么受欢迎；缺乏资源、财力和人力；政府机构的办事效率常常较低。这些潜在障碍的存在要求引入政府以外的利益主体参与DMS的运营，以弥补政府主导的缺陷。

2.运营模式下的DMS在信息提供的速度和内容上存在着问题

DMS的一个主要目标是为旅游业各利益相关者提供信息和决策支持，因此，它所提供的信息必须及时，以最大化地发挥信息的效用；同时，所提供的信息必须兼顾旅游业各利益相关者，真实反映旅游业作为一个产业的整体信息需求。而目前我国DMS的信息采集主要是由地方旅游局负责收集、整理，然后一级一级报送上一级DMS，在信息的传递速度上比较慢，不及时；在信息内容上，由于信息完全由旅游局采集处理，不能真实反映旅游企业或其他利益相关者的信息需求。

3.现行模式下DMS在满足系统资金需求上存在问题

DMS的建设和运行需要大量的人、财、物投入，如果完全依靠政府投入，资金筹集渠道单一，难以满足系统运行对资金的大量需求，而且政府的大量投入会增加财政负担，引发其他问题。

（二）提高我国DMS运营能力的策略

1.加强政府与行业间的合作，让行业更多地参与DMS的运营

这主要是基于以下两点考虑：

（1）成功的目的地营销离不开政府与行业的良好合作。因为目的地营销涉及许多利益相关者，如政府、旅游企业、旅游经营商或中介等，它们之间的关系非常复杂，这使得目的地营销十分困难。只有在政府与行业之间建立良好的合作机制，形成联动，才能使目的地各利益相关者之间的矛盾和冲突得到协调，达到目的地营销的既定效果。

（2）加强政府管理部门与旅游企业的合作。DMS的主要目标之一是向目的地旅游管理部门和行业中的旅游企业提供信息和决策支持，但政府管理部门和旅游企业对信息的需求是不同的，要想真正发挥它的这一功能就必须加强这两者间的合作，让企业更多地参与到系统的运营中来。

2.大胆尝试新的系统运作形式

目前，国内DMS的运作形式单一，政府主导的运作模式在一定程度上还带有计

划经济体制的烙印,市场经济体制的作用未能充分发挥,应该大胆尝试新的系统运作形式,如由独立实体对 DMS 进行市场化运作等。国外在这方面已取得了不少成就,例如,奥地利提洛省的 DMS 就是由隶属于提洛省旅游委员会的 TIS GmbH 公司负责建设和运营的;苏格兰海兰的 DMS 则由政府、企业和私人共同投资的苏格兰旅游服务公司拥有并经营,当地旅游管理部门作为股东,其中,公司 30% 的股权为地区旅游局所拥有,30% 的股权为法人所拥有,余者为个人所拥有。

3. 系统开发投资主体的多元化

DMS 的开发需要大量的基金,目前国内已建成的 DMS 大都由政府部门提供开发基金,或是作为旅游局预算的一部分,或是作为一个独立项目申请经费,系统开发的投资主体非常单一。而国外 DMS 在开发基金来源方面则显示出多样性,投资主体的范围非常广泛,除政府部门外,还包括电子商务服务商、私营旅游企业、商业性旅游服务公司甚至是私人等。例如,瑞士阿彭策尔 DMS 的开发基金就是由当地的私营旅游企业提供的;英国苏格兰海兰 DMS 则由政府部门、旅游企业和私人共同投资开发。类似这样的投资形式都取得了成功,值得国内借鉴。

4. 开辟更多、更新的收入渠道

DMS 能否及怎样为投资者带来一定的经济收益是一个非常值得关注的问题,从目前国外在这方面的实践来看,DMS 的运行可以为投资者带来经济收益。在收入渠道方面,国外许多 DMS 都是向在旅游目的地营销网站上发布信息并接受预订的旅游企业收取佣金,如奥地利提洛省的 DMS、英属格伦比亚的 DMS 等,都将这种形式作为系统运行的收入来源之一。目前,随着各国实践的不断成熟,另外一些新的收入获得途径被开发出来,如与出版商合作出版旅游书籍,或者在提供信息增值服务方面,如提供移动电话短信息服务、传真知会服务时向旅游企业或旅游者收取费用。在这方面,国内应积极向国外学习,开辟更多、更新、更适合我国国情的系统运行收益渠道。

本章小结

> 旅游目的地营销系统 DMS 的目标是提高目的地知名度,带动旅游者访问;增加游客在目的地的旅游消费,增加旅游收入。作为一种综合性的解决方案,它还包括针对旅游局、旅游企业的各种服务,如信息技术培训、系统运行规范和运营维护、网络营销导入和网络营销执行等。DMS 是由政府规划建设的技术系统,因此,其目标、结构、功能以及发展阶段等都应该围绕如何整合区域旅游产业各要素来规划和构建。同时作为一个组织系统,在对 DMS 的维护、发展和完善过程中,还应该考虑各利益相关者在合作过程中的制度和政策。

思考与练习

1. 什么是旅游目的地营销系统？
2. 简述旅游目的地营销系统的作用。
3. 分析我国 DMS 的运营模式。
4. 针对我国旅游目的地营销系统发展现状，分析存在的问题并提出建议。

第6章

旅游电子商务市场渠道与电子分销系统

本章导读

旅游业是最早将信息技术应用于市场营销的行业之一。早在互联网诞生之前,旅游企业就已经开始应用计算机专用网络开展营销活动。航空公司的计算机机票预订系统、饭店集团的中央预订系统(CRS)及后来更为成熟的全球分销系统(GDS)在旅游业运行中发挥着重要的作用。随着互联网的快速发展和电子商务向旅游业的渗透,使旅游供应商能通过网络更便捷地与客源地的旅游者直接交流,随时展示旅游产品信息,进而直接达成交易。于是旅游供应商开始考虑更多地通过网络直销手段向旅游者直接销售产品,旅游中间商的生存受到直接经济的挑战。在这种情况下,对分销渠道进行电子化改造就成为必然的趋势。本章内容从电子商务对旅游分销渠道的影响出发,介绍旅游电子分销渠道的特点与应用,并进而介绍旅游电子分销系统的产生、发展和应用。

第一节 旅游电子商务市场渠道

一、旅游电子商务与分销渠道

(一)分销渠道与电子分销渠道

旅游产品分销渠道是旅游产品使用权转移过程中所经过的各个环节连接起来而形成的通道,其起点是旅游产品的生产者,终点是旅游产品的消费者。其间的中间环节包括各种代理商、批发商、零售商等各类中介组织和个人。旅游产品如饭店的客房、航班的座位等,具有不可储存性,对分销系统的依赖非常强烈,需要多种分销渠道来保证这些产品的提供商每天的最大收益。分销渠道起着沟通信息、促进销售、包装组合加工旅游产品、减少旅游供应商与旅游者之间的交易次数、提高旅游市场的运作效率等作用。因此,分销渠道的选择、提供分销渠道信息的完整性将影响旅游提供商未来的经营和竞争能力。

由生产商、批发商、代理商、零售商共同组成的传统分销渠道是实体的。这种单向、静止的流通渠道是以实物转移为纽带将分销渠道的各主体连接起来的。旅游产品与传统分销商品的运动方向不同,通常是将消费者向产品移动。随着电子商务的出现,这一切都将虚拟化,分销渠道也不例外,于是就出现了电子分销渠道(E – distribution)。

电子分销的概念来自20世纪50年代航空公司的计算机预订系统,这是一个专供航空公司和旅游企业使用的网络预订系统,旅行社可以直接进入此类系统实时查看空座和价格信息并进行预订。20世纪50年代以来,旅游产品分销方式经历了一个不断演进的过程,即从以电话、传真为通信手段的预订中心分销模式,到以大型计算机数据库为核心、数据专网为纽带的计算机预订系统(CRS)和全球分销系统(GDS)形成的专业封闭型分销模式,再到以互联网技术和GDS整合而成的公众开放型分销模式。

(二)电子商务对分销渠道的影响

1. 拓展分销渠道范围

电子商务拓展了传统的分销渠道。例如,旅游饭店的销售渠道除了旅行社、订房中心、人员销售和顾客直接预订之外,对于一些高星级饭店和饭店连锁集团的成员来说,饭店集团中央预订系统(CRS)和GDS也能为其带来相当多的国外客源。大部分CRS和GDS是相连的,通过GDS进行全球更大范围的市场营销。这些系统大多数是国外所开发,也有少数为本土开发——例如1997年加入GDS的中国天马系统是首家中国人自己经营管理的饭店预订和营销组织,主要为中国内地那些具备较高管理水平且没有加入国际饭店集团的饭店提供全球预订和市场营销服务。随着互联网的诞生,饭店分销渠道又翻开了崭新的一页。由于互联网打破了地域和国界的限制,使产品的全球市场的整合成为现实,产品的销售渠道通过互联网拓展到了更广阔的全球市场,而非局限于国内局部市场。分销渠道由窄变宽、由实变虚、由单向静止变为双向互动。在我国携程网的订房量和利润总和在三四年中就超过了国、中、青等传统旅行社大户。

2. 改善分销渠道状态

传统的分销渠道从生产商、分销商到零售商,中间环节特别多,商品需要经过多个环节才能送到消费者手中,这些中间环节必然要耗费大量的物质资源和时间投入,这样既增加了商品的成本又拉长了资金的周转周期,且各环节都各自为政,都想把自己的利润最大化,使利润以有利于自己的方式进行再分配。这样渠道的各环节的主体就会互设关卡,从而导致分销渠道不能畅通运行。上下游之间信息沟通很不畅通,从而导致信息严重不对称。

电子分销缩短了供应链的长度,减少了中间环节,使分销渠道由繁到简,由细长到扁平。在电子商务环境下，由于信息沟通成本低、效率高，分销渠道各环节的信息能充分沟通。生产商可以通过互联网与最终消费者进行直接的沟通，节省物质资源和时间的耗费，从而给企业带来极大的经济效益和社会效益。电子商务对分销渠道的细化作用表现在它使分销渠道从间接转向直接。通过互联网，生产商可以直接了解消费者的真实消费需求，可以直接向消费者提供产品，可以低成本地向消费者提供定制化服务，与消费者实现互动，即一对一营销。一对一营销的兴起和实现，使分销渠道由粗放型变成集约型。

电子分销渠道在给传统分销渠道带来冲击的同时，也给它们带来了对自身进行改造的机会和技术。网络技术的发展为传统分销渠道提供了丰富、先进和全面的改造技术，传统渠道商通过应用电子商务对传统的流程和管理加以改造，消除了商务伙伴之间的时空距离，使分销渠道的上下游之间更加畅通、更加高效。

3. 形成分销渠道多元化

随着电子商务的发展，旅游供应商直接向旅游者销售产品的同时，传统的旅游中间商开始利用电子商务手段，在信息技术的支持下提高效率，拓展业务范围，降低成本，改善服务，增强其竞争能力，获得了新的生命力，转变为信息化的旅游中间商。而与此同时，信息技术的发展和应用还使一些新型的旅游中间商应运而生，它们是一些基于互联网、提供中介信息服务的电子旅游中间商，它们为旅游供应商与旅游者之间电子商务活动的中间媒介，减少了旅游供应商自行建设电子商务网站的投入并通过虚拟交易市场增加交易机会，提高了交易效率。在国内，携程、艺龙等大型旅游预订网站是这方面的领军者，与携程、艺龙同属一种业态的，还有数量上占到99%的中小型旅游预订网站，它们具备地方性优势和其他特殊资源，抓住了携程、艺龙等全国性旅游预订网站暂时无法涉足和蚕食的市场空白。此外，饭店联盟预订网站、门户网站或地方网站、旅游目的地营销系统（DMS）、旅行社网站、饭店集团或饭店自有网站等都促使互联网旅游分销渠道日益多元化。

由于旅游业的复杂多样性，以上的几种趋势在旅游业中是并存的。互联网将使得旅游市场的结构不是静态的，它将在交易成本的变化、不同渠道交易成本的对比和各种力量的此消彼长中演化和发展。旅游供应商直销的发展、传统旅游中间商的业务转型和信息化变革、新型电子旅游中间商共同组成了电子商务时代旅游市场结构的发展趋势。

不同的旅游市场渠道之间存在着竞争。直销交易渠道与中间商交易渠道之间的竞争，决定着旅游中间商继续存在和发展的空间；不同类型旅游间接分销渠道之间的竞争也决定着不同类型中间商之间的消长关系，进而决定着旅游市场结构的变化。不同市场交易渠道产生的交易成本之间的对比关系，是决定市场交易渠道之间竞争的结果，也是决定旅游市场结构的根本原因。

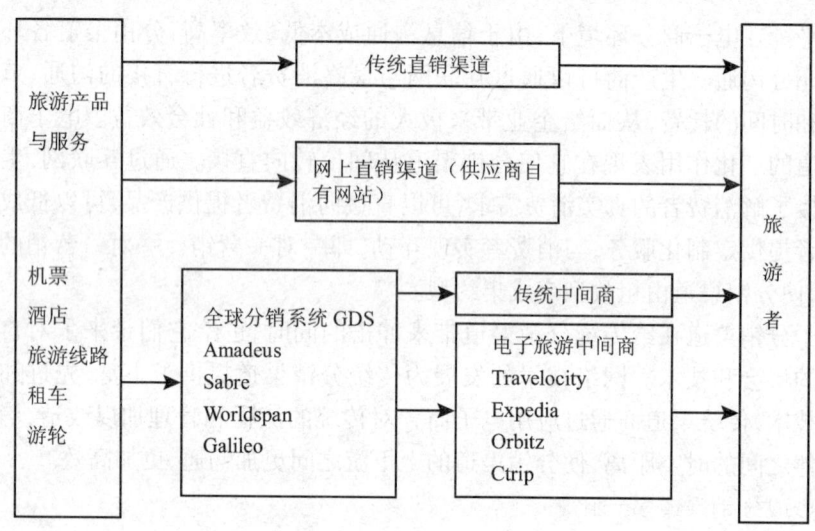

图6-1 电子商务背景下的旅游业分销渠道

二、旅游产品提供商的电子分销渠道应用

(一)饭店与电子分销渠道

在互联网的推动下,饭店的电子分销基本上得到普遍开展,大饭店不但利用各种分销渠道,而且还建立了自己的系统;小饭店基本上利用中间分销渠道,或是自己建立一个具有营销功能的网站,但不构成分销系统。

1. 电子网络直接分销

电子网络直接分销即网上直销,即不通过网络中介商分销自身产品,而是通过自身建立的网络分销平台来分销产品。在国际上,最有潜力发展网络直销的是饭店集团或联合体,这是因为饭店集团的销售规模比较大,网上直销可以减少中介分销的佣金支出,在当前高额佣金的情况下,可以为饭店节省较大的费用开支。网上直销渠道的建立,使得饭店和最终消费者直接的"一对一"销售成为可能。而从消费者的角度来看,国际著名调查公司 Forrester Research 调查发现:仅有27%的旅客愿意从中间商那里订房,而69%的休闲旅客喜欢直接订房,因为他们认为高质量的服务只能来自于饭店本身。据统计,万豪、希尔顿通过自有网站的直接销售收入与通过网上中介的间接销售收入之比已经高达3:1。为了应对中介机构控制分销渠道的图谋,饭店连锁企业正在改善自身网站,争取把交易转移到自己的分销渠道上。例如,五大饭店集团 Hilton、Hyatt、Marriott、SixContinents 和 Starwood 都已经联合起来成立了 TravelWeb,该在线预订引擎将会提供最低在线房价,并且可以作为酒店产品批发的交换站。TravelWeb 可以给 Expedia 和 Hotels 这些网站增加压力,并且,TravelWeb 作为接口可以更有效地进行产品库存管理。在中国虽未有国外那样众多实力雄厚的酒店集团,但我国的金陵集团、锦江集团等饭店集团也通过网站构建了网络直接分销渠道,据金陵饭店 2008 年财报显示,该饭店 78% 的预订来自自己的网络平台。另外,近年来随着经济型酒店的崛起,连锁业态的经济型酒店如家快捷、7 天、速 8 等也有自己的会员系统,渐渐地,非单体酒店群对分销商的依赖程度相对减弱。据 7 天提供的数据,7 天总订房量中超过 60% 是来源于自身的网络平台,而呼叫中心也占到 20% 左右,也就是说八成以上的预订是直销的。7 天连锁酒店集团宣布成立包括广州佳园连锁酒店、北京橘子酒店等酒店同行的"星月联盟"。业界已经看到了另一种在线平台的运营方式,也显示了酒店行业建立自身整合电子商务平台的意图。

直销能增强饭店对产品和结构的控制权,企业信息可以在最短的时间内发布到网站上,容易更新。直销能真正了解消费者的需求,能为顾客提供实时的、个性化的定制服务。直销能挖掘饭店的特征、品牌价值等,从而树立饭店在众多竞争对手中的独特之处。直销的客户对饭店更忠诚,更利于维护,成为酒店的长久客源。直销的成本低廉,收入更多。相比之下,间接分销渠道在很多情况下,不一定会给酒店带来可观的收入,还需要经常变价、对账等,维护成本高。某些分销渠道的议价能力太强,严重影响饭店的自主性。但是也要看到,酒店市场的产品供应商数量众多,地理位置分散,在拥有总体市场需求将近 70% 份额的三、四星级中高端市场,以众多的松散型单体酒店为主体的行业构成不可避免地导致了企业经营资源的局限,在品牌策略和营销投放、直销平台的建设和运营等方面也存在严重的资金瓶颈。因此,直销领域的拓展较为缓慢。而且自建系统成本、人力投入较大,需专门的人员维护,日常维护费用较高。对于中小饭店来说,如果大力宣传,需要投入大量费用,否则访问量就无法提高,达不到直销的预期效果。

2. 电子网络间接分销

电子网络间接分销是指借助电子网络中介分销机构,或通过融入互联网技术后的中间商机构提供的网络间接销售渠道,交纳一定的加入费或根据成交量来给中间服务商一定的佣金,来分销自身产品,这些渠道包括大型集团的 CRS、GDS、互联网旅游电子商务平台、旅游目的地信息系统等。

在《全国酒店大全名录》收录的中国内地及港、澳、台星级饭店共 10 865 家中,自建网站且能自营网上预订的比例为 10.32%。而且即使自建了网站,受"孤岛效应"的限制,真正能引来的预订和支付也将非常少。而电子网络中介分销商具备专业营销的背景基础和规模经济效益及较高的交易效率。通过间接分销能更广泛地推广某饭店品牌,让更多的消费者知道该品牌,从而带来更多的饭店散客。分销的客户范围广泛,可以协助饭店摆脱区域化的营销困境,给饭店带来非本土的客户资源。

间接分销不需要自备技术力量,饭店只需将自己的信息传递给中介商发布即可。不需要专门的人员维护,可减少日常的运行费用。又能保证有足够的访问量,使销售机会增大。还可以参加中介商推出的各种营销活动,如积分优惠、电子杂志等。电子网络中介分销渠道非常适合中小规模饭店使用和选择,由于我国单体饭店较多,它在我国将有广阔的发展前景。

分销渠道的缺点是饭店发布信息的格式标准化,难以体现饭店的个性信息。加入分销渠道的费用和年费逐年增加,使饭店销售利润减少。中介商同时发布的信息众多,饭店很难脱颖而出。

3. 饭店电子间接分销的渠道应用

(1) 大型饭店集团的中央预订系统(CRS)

主要是指集团饭店所采用的内部预订系统。它是一种封闭的、归属特定的企业集团的系统。中央预订系统是由集团成员共享的预订网络,它具有排他性,较少对外开放,既是企业集团综合实力的体现,同时又是其垄断客源的一种途径。目前,在国际旅游饭店业中,80%的客源市场为各个企业集团分割,而集团饭店的客房数量却不及30%。CRS具有集团内饭店信息共享、客户资源共享的联网销售优势。例如,香格里拉集团推出的金环计划(Golden Circle),可以储存所有集团房客的个人资源、偏好等信息,供所有成员饭店共享。某位客人在一家香格里拉饭店下榻的信息,当他预订另一家香格里拉饭店时,该信息便可自动显示,从而使这家饭店能够提高预订效率并进一步提供有针对性和个性化的服务。

(2) 全球分销系统(GDS)

大多数GDS是以航空公司业务为背景的电脑预订系统,比较专业,且具有一定的规模。这些GDS目前都承担着饭店客房的分销功能,国内大多数饭店集团或高星级饭店都会选择国际GDS作为分销渠道。

能够加入GDS系统是连锁饭店与单体饭店相比的主要优势,它们可以通过集团的CRS接入GDS系统以实现其产品的全球网络分销,单体饭店一般不具备CRS系统,即使进入GDS系统也无法体现其优势。饭店代表公司是帮助中小型饭店接入GDS系统的组织,它们是中小型饭店在GDS系统上的代言人,如Expedia和Hotels等。通过饭店代表公司加入GDS系统可以节省一些费用,但我国目前类似于此的机构并不多,原因是我国饭店的规模都很小,没有加入GDS的积极愿望,这是规模和经营理念所造成的一种状态。

(3) 互联网旅游电子商务平台

通过与专业的网络中介进行合作,借助互联网旅游电子商务平台构建B2B的电子商务模式来拓展市场,已经在饭店的整体营销中占据了越来越高的比例。一些专门的旅游电子商务分销平台也越来越具备相当的实力,拥有了庞大的客户群体,因此,各个饭店甚至是一些饭店集团都开始了与这些平台进行合作,以扩大在电子商务营销方面的市场份额,在这方面在国内比较有代表性的是携程网、艺龙网、同程网等网络平台。另外,随着旅游电子商务的发展,也出现了"旅游搜索引擎"等分销模式。

(二)航空公司与电子分销渠道

机票的销售渠道通常有五种:传统代理人、在线代理人(如携程、艺龙)、航空公司的直属营业部、航空公司网站、航空公司呼叫中心。

1.机票代理人与电子机票

(1)机票代理人

传统机票代理人在机票分销中曾扮演了非常重要的角色,但传统机票代理人使航空公司产生两大费用:GDS费用(国内机票每张约1美元,国际机票每张约2~3美元)和传统代理渠道代理费(为销售收入的3%~9%)。在线代理人是具有"旅游产品超市"之称的大型旅游电子商务网站,比如国内的携程旅行网。这些第三方网站通过整合各类旅游产品,形成了供旅客进行旅游产品选购的"超市",随着"超市"功能的逐步发展壮大,对上游供应商的议价优势已经形成。携程网这样的新兴在线代理人出售电子机票效率高、成本低,代理费可以降低不少。在线代理人的竞争将传统代理人的佣金一再压低,同时夺走它们的客户。传统代理人只能向提供增值服务转型,或者被淘汰出局。

机票代理人在自身的业务发展过程中,逐渐向集团化、多元化转化。现在规模较大的代理人非常强势地掌握了航空公司产品的分销渠道,从而具备了很强的和航空公司进行议价的能力,甚至出现代理人制约航空公司销售行为的情况。对掌握了巨大销售份额的第三方销售网站渠道如何进行管理,是航空公司销售渠道管理人员面临的新挑战,而如何保证航空公司产品在这些"超市"的上架率以及价格优势,是航空公司管理该渠道的核心。但从长期来看,随着航空公司直销渠道的增长,代理人的佣金势必被逐渐减少,无论对于传统代理还是线上代理,单纯代理机票的道路肯定会越走越窄。

(2)电子机票

电子机票(Electronic Ticket,ET)是普通纸质机票一种存在于计算机系统内的电子映象,是普通纸质机票的电子形式,是一种电子号码记录。电子机票将票面信息存储在订座系统中,可以像纸票一样执行出票、作废、退票、换、改转签等操作。目前,它作为世界上最先进的客票形式,依托现代信息技术,实现无纸化、电子化的订票、结账和办理乘机手续等全过程,给旅客带来诸多便利以及为航空公司降低成本。

电子机票与传统纸质机票相比具有明显的优势。从航空公司的角度来看,使用电子机票就可以免了纸票的印刷、配送、结算处理等费用,可以很大程度地节省航空公司的成本,提高企业的经济效益。而且使用电子机票可以加快航空公司资金的结算速度,降低航空公司的票款回收风险。因为大多数游客购买电子机票都是通过网上银行支付,这样票款在游客购买的时候就已经通过银行支付到航空公司的账户中去了。

从旅客的角度来看,电子机票不受机票代售点工作时间限制,可随时随地预订,还可以免去送票、取票的麻烦。即使身处异地,只需通过网络,亦可轻松购买电子机票,方便亲友帮异国他乡的朋友订购机票以及办理机票改期等手续。一张电子机票可订购多个航空公司的航段,不怕遗失,全程自助登机。所以电子机票在很短的时间内,就被世界主要航空公司普遍应用。

对于网络票务代理而言,电子机票则是一把双刃剑,一方面由于航空公司直销让利,分流了客源;另一方面,电子机票也使得旅游业电子商务更加普及,在线旅游服务也将越来越受到关注。

2. 电子机票推行对渠道的影响

(1)电子机票使机票代理服务受到很大的冲击

电子机票全面取代纸质机票,传统机票代理业务受到冲击。机票的无纸化,导致航空公司、票务公司以及线上、线下的旅行社都发生销售模式、赢利模式的变革。机票代理的赢利主要是通过收取航空公司的佣金来实现的,但电子机票的使用,使用户可以通过网络直接方便地购票,再加上航空公司直销的让利额度较大,所以直销的电子机票在票价上将比通过代理人的更具吸引力,航空公司机票销售的弱势地位大大扭转。很显然,机票代理的业务面临着巨大的竞争,传统机票代理公司的地盘日渐萎缩,甚至面临被淘汰出局的状况。

电子机票的推广是机票销售市场利益再分配的过程。电子机票的普及,将逐步淘汰小的票务代理,市场的博弈主要集中在航空公司与大票务代理之间。在中国的电子机票时代,用户首选的预订渠道是携程这样的大型机票代理公司,其次是航空公司直销,越来越少的人会选择中小型代理商,中小代理的生存空间被极大地压缩。因为电子机票服务平台的推出,使得更多客户使用信用卡进行支付,在此方面,用户不太愿意将其信息提供给小的代理人,而这种因素也将促使越来越多的客户来使用大代理的电子机票业务平台,也正是电子机票的全面推广,加速了携程机票预订业务的高速发展。

(2)航空公司扩大机票直销份额并开拓新的销售渠道

推行电子机票也给了航空公司不断扩大机票直销份额的机会。利用机票电子化的进程,航空公司加大了直销的力度,航空公司的直销渠道开始大面积向电子商务模式转化,利用自己的网站、呼叫中心进行在线直销。海外一些航空公司如法国航空、英国航空和新加坡航空等,直销机票的比例已经超过50%,在美国市场,航空公司机票直销的比例达61%。就国内而言,目前机票直销的比例仅为10%左右,但是重心向直销业务转移,这一趋势已经非常明显。主流航空公司都已经建立了自己的直销网站,旅客可以自行在航空公司直销网站上查看航班座位状况,并进行预订及在线支付，完成自助购票的一系列流程。海航、深航等航空公司也正在和支付宝等网络支付平台合作推行网络直销业务。有数据显示，如果航空公司网站通过网络支付的方式进行机票直销，其成本不到原成本的 1/10。

另外，航空公司的新营销渠道还在不断扩张。如即时通信服务提供商腾讯与南航开展合作，可让用户只需登录 QQ，即能通过腾讯财付通，直接查询南航航班，在线购买南航电子机票，在网上自由选择座位、打印登机牌或在机场自助办理登机牌。对于习惯网上冲浪的 QQ 用户来说，购买南航电子机票、乘坐南航航班就像网上聊天一样方便快捷。另外，一些航空公司与手机 WAP（无线应用协议）网站联合推出手机 WAP 电子机票销售平台，在手机上通过移动互联网实现了电子机票从查询预订到票款支付及在线选座位的全流程服务。

(3) 机票代理的转型与出路

这两年电子机票推行之后，航空公司逐年降低代理费，现在国航、海航也开始学习外航，把最低价都放到自己的网站上，这对代理人的机票销售是一重大的打击。所以，传统票务代理不尽快进行转型，其经营将会越来越难，大量的中小型传统票务代理将濒临倒闭。

传统票务代理可在完善自己的服务和渠道优势的同时，扩大业务范围，拓展自己的业务模式，为客户提供的不仅仅是机票服务，还有酒店预订服务、旅游线路预订服务等，做一个综合性的旅游中介咨询服务机构。实际上，国外的机票代理人都是靠向乘客提供附加产品、服务来赢利的。如针对航空公司的产品比较单一、价格和航线没有比较、不可能提供人性化服务等情况，代理人可以有选择性地推荐航空公司的产品和线路。机票代理人也需要不断地开拓自己的网络营销渠道，如果代理人拥有网络营销渠道，再加上本身的实体和面对面服务的优势，这是任何一个航空公司直销都无法达到的。

三、电子旅游中间商与新兴电子分销渠道

（一）电子旅游中间商

信息技术的发展和应用还使一些新型的旅游中间商应运而生，它们是一些基于互联网、提供信息中介服务的在线旅游服务商。与传统的旅游中间商一样，电子旅游中间商也是连接旅游产品提供商和旅游者的桥梁与纽带，是中间商职能和功效在新领域的发展和延伸。电子旅游中间商作为旅游产品提供商与旅游者之间电子商务活动的中间媒介，可减少旅游产品提供商自行建设电子商务网站的投入，并通过虚拟交易市场增加交易机会，提高交易效率。

1. 电子旅游中间商和传统旅游中间商的区别

(1) 存在前提不同

传统旅游中间商的存在是由于旅游产品提供商和旅游者直接达成交易的成本

较高，中间商的存在可以减少两者为达成交易而花费的成本。而电子旅游中间商出现的原因是在网络信息技术发展的条件下，旅游产品提供商自己开展电子商务直销的成本比通过电子旅游中间商达成交易的成本高。旅游产品提供商通过电子旅游中间商销售产品可省去自建网站、网站推广和电子商务系统建设的费用，减少电子商务管理费用。

(2) 扮演角色不同

传统的旅游中间商，直接参加旅游产品提供商与旅游者的交易活动，旅游中间商先与旅游产品提供商或旅游者进行交易，然后再与另一方进行交易完成其作为桥梁和纽带的职能。而电子旅游中间商作为一个独立的主体存在，它不直接参与供需双方的交易活动，但它提供一个媒体和场所，同时为供需双方提供大量的产品和服务信息，传递旅游产品提供商的供给信息和旅游者的需求信息，高效地促成具体旅游交易的实现。

(3) 承担任务不同

由于传统的旅游中间商直接参与交易活动，因此，需要承担资金、信息等的交换活动及一些旅游组织活动。而电子旅游中间商作为一种交易媒体，它主要提供的是信息交换的场所，而具体的资金交换和旅游组织等任务则由旅游产品的提供方与旅游者直接完成。

2. 电子旅游中间商构建的电子分销平台

同程网中房信旅游分销平台已经形成了旅游线路、酒店、机票和门票的四大产品的分销体系。同程网作为国内最大的旅游 B2B 网站，汇集了中国30 000名旅行社经理人，已经形成了事实上的中国最大的旅游分销群体。中房信旅游分销平台建立在开放的.net 平台之上，依托千千万万的中国中小旅行社群体，将零散的酒店、机票、景点预订需求汇总起来，获得较强的采购能力，并通过利益分配机制，保证中小旅行社的最大收益。

淘票网也是一个分销平台，意在让航空公司发布真实可靠的机票信息，吸引代理商前来淘票，从而建立一条独特的销售渠道，让消费者尽可能免去一切中间环节，获得最全面的机票信息，大大增加购买最便宜机票的概率。传统机票代理可以在淘票网建立自己的账户，通过这个账户在网上发布自己的票价信息，也可以搜索到全国价格最低的机票。

淘宝网本来看似局外者，但根据淘宝网方面公布的数据，淘宝网在2008 年最后一周，共卖出5 万多张机票，其中仅12 月25 日一天就卖出9 000 多张机票，创下了历史新高。全国目前已经有超过55 个城市100 多家机票代理商开通了淘宝店，海航等航空公司也在与淘宝合作直营店。其原因在于借助淘宝商城及支付宝搭建的信用平台，能够从一定程度上解决消费者对中小代理商信任不够的问题。另一方面借助淘宝网极高的人气，代理商也能够以最小的成本获得极佳的宣传效果，尤其在机票代理制度改革、中小代理商生存空间受到挤压的情况下,淘宝网给予了它们更多的发展机会。

3. 电子旅游中间商应对旅游产品提供商直销

2009年5月在线旅游公司Expedia.com宣布,当用户在其网站上预订机票时,Expedia将不再收取任何预订费用,并将取消酒店、租车、邮轮预订以及多数航班预订的变更和取消费用。与此相应的是Orbitz Worldwide公司旗下的Orbitz.com以及Sabre控股集团旗下的Travelocity.com等在线旅行社,也都以促销为契机取消了预订费用。Priceline.com则宣布将针对公布价格的机票和邮轮不再收取预订变更和取消费用,该公司2008年已停止收取公布价格的酒店客房的预订费。

预订费用通常在每张机票7美元至12美元之间,取消了这笔收费后,在线旅行社的报价将与航空公司在自己网站上的报价完全相同。这些在线旅游公司希望,此举将鼓励更多人直接通过它们预订,而不是使用其网站进行价格比较后到航空公司的网站中预订。停止收取预订费,会令在线旅行社减少一笔可观的收入来源。这些企业希望此举能令预订量增加,从而使航空公司支付更高的佣金额以部分抵消预订费的损失。

(二)新兴的电子分销渠道——旅游搜索引擎

旅游搜索引擎是在线旅游市场中新兴的分销渠道,旅游搜索引擎正在旅游价值链中扮演越来越重要的角色。对于各种类型的旅游产品生产商和分销商来说,旅游搜索引擎既带来了竞争,也提供了一种新的营销手段。

1. 旅游搜索引擎迎合了旅游业上下游的需求

随着电子机票的推广普及,作为一个伴随电子机票的网上直销诞生出来的产物,旅游搜索引擎采用各种直接或者间接的手段,尽可能多地抓取航线价格,并直观地展示出来,这样不仅各个航空公司的价格一目了然,各地机票代理网站的价格也是一清二楚。目前旅游搜索引擎已经逐渐为在线旅客所认可和接受,俨然成为机票搜索的门户,目前国内旅游搜索引擎以"去哪儿"的市场影响力最大。

纵观"去哪儿"等旅游搜索引擎,发现其成长史也很简单。航空市场竞争的加剧促使了特价机票的诞生,经营同质化使航空公司大打价格战,有竞争就有参照比较,旅客们便在不同的航空公司中比较挑选出最实惠的特价机票。传统的纸机票代理时代便有这种行为。到了互联网电子机票时代,这种比较便急剧放大,电子机票适合网络销售的特性,促使航空公司大力发展网络直销,航空公司直销网站的发展壮大让旅客可以自行在各个航空公司的网站比较机票价格挑选机票。但是众多的航空公司网站,每个网站只销售自家的机票,旅客要花很大精力才能确定出哪家最低,而且航空公司的收益管理导致的机票价格变动,更加大了这种搜索的难度。于是旅游搜索引擎看到并抓住了这个机会,跃然而起。旅游搜索引擎通过机器人爬虫技术,把互联网上的机票信息会聚在一起,从而给旅客搭建了一个快速寻找自己所需旅游产品的平台,如对最低票价的搜索成为了吸引广大在线旅游消费者的一大亮点。另外,通过和旅游产品提供商和在线分销商建立合作,保证了这些信息的真实性和可靠性。旅游搜索引擎的基本商业模式是按流量收费,即搜索者一旦通过搜索结果的链接到达了航空公司的B2C直销网站,那么航空公司将需要为每个这样的访问付费。"去哪儿"之所以有如此快的发展速度,原因在于充分了解并迎合了旅游业上下游的需求,消费者需要便宜的机票、酒店和更高的价格透明度,而旅游产品提供商需要找到更有效的分销渠道。

2. 旅游搜索引擎对旅游分销渠道的影响

旅游搜索引擎的出现虽然只有短短的几年,但机票销售的天下却已经全然改观。前几年大的机票网站为了在市场上提高知名度和占有率,不惜花费巨资,广为宣传,就为了让消费者记住自己的网站和域名。完全没有想到旅游搜索引擎比价网站出现以后,消费者根本不用去关心提供机票的网站和域名了,有的消费者通过旅游搜索引擎链接到相关的网站购完票后,甚至都没有注意到是从哪个网站出的票。由于旅游搜索引擎的比价,目前一些代理销售的垄断局面将被旅游搜索引擎彻底打破,原因是每一条航线的报价都一目了然,使得更多的分销网站或者直销网站提供的低价机票被旅客找到并购买成为可能。通过互联网购买机票的客户无疑会选择价格最便宜的航班。

旅游搜索引擎虽然打造了一个价格竞争的平台,但同时它也为航空公司直销渠道提供了一个与消费者"面对面"的机会。航空公司的在线销售网站要吸引潜在的在线旅游者到本公司网站购买机票,首先必须保证一定的访问量,如果没有一定的访问量,那么销售量自然也就无从谈起。旅游搜索引擎恰恰就能为航空公司的在线销售网站提供访问量,而且是极具价值的访问量。所以自从比价网站出现以后,各大航空公司纷纷推出提前销售的超低价远期产品,该类产品只放在航空公司自己的网站来销售,而把代理人排除在外。在近期产品中,航空公司采用网上购买直接降价或者送里程等有吸引力的促销策略,网站直销业务也逐渐峰回路转。这些举措不仅使航空公司网站一跃成为最受欢迎的机票网站,更让航空公司多年来一直头痛的直销业务大为改善。而现存的旅游预订网站则更谨慎地看待与搜索引擎之间的关系,只允许特定的搜索引擎获取它们的数据。例如,旅游搜索引擎Mobissimo在旅游预订网站中只选择Travelocity做合作伙伴,而Sidestep只从Orbitz上获取价格数据。

旅游搜索引擎正在发挥信息整合平台的作用,成为有旅游需求的用户获取信息和预订产品越来越重要的渠道和平台。统计显示,截止到2008年年底中国旅游信息搜索用户规模达到了1 280万,旅游搜索的用户规模超越旅行预订的用户规模,旅游搜索引擎正在成为在线旅游产业链中极其重要的一环。

第二节 旅游电子分销系统

一、旅游电子分销系统的产生与发展

(一) 从 CRS 到 GDS

1. 航空公司计算机预订系统 CRS

航空公司很早就认识到高效、快捷、经济和准确地管理其接待容量和与旅游代理商及其他分销商沟通的必要性,于是开发应用了相应的信息系统。

(1) 航班控制系统 ICS(Inventory Control System)

航空公司发展初期,销售部门需要花费大量的时间手工处理和保存预订信息。20 世纪 50 年代后期,随着旅客预订量的增大,提高预订效率迫在眉睫,由此在 1962 年,美利坚航空公司(AA)和 IBM 共同创建了实时编目控制的计算机系统,供美利坚航空公司内部使用,这就是世界上第一家航空公司航班控制系统 Sabre。Sabre 于 1964 年正式启用,实现了预订流程的自动化,起到了增收节支的作用。随后,美国大陆航空、美联航空、达美航空和环球航空也相继建立了各自的 ICS,即 Systemone、Apollo、DatasII 和 Pars。

在这一阶段,每个代理人为了能够代理各个航空公司的机票,必须装上不同的终端为各个航空公司代理,航空公司也要在各地建立自己的销售代理,产生大量重复建设和系统冗余。对于代理人来说,订座系统范围越广,收益越大,但投资也就越大,所以都希望能找到既降低投资而又保证收益的新的解决方案,计算机订座系统因此应运而生。

(2) 计算机订座系统 CRS(Computerized Reservation System)

20 世纪 70 年代航空工业的高速发展和美国航空业的开放使航空公司可以任意改变自己的线路安排和价格,这要求航空公司的内外部沟通要更能灵活应变,这种背景促成了 ICS 转变为 CRS,并很快发展成为一个庞大的电脑网络。

CRS 一方面为航空公司的内部管理服务,是航空公司接待容量管理的一个重要工具,CRS 让航空公司能不断根据需求调整自己的航班安排和价格以适应激烈的竞争要求。同时 CRS 也成为提高企业内部运行效率的内部网,成为数字航空公司的中枢,CRS 变得越来越复杂以便能面向全世界的潜在顾客提供实时信息并支持航空公司的经营管理。

另一方面由于意识到代理人能够通过自动化预订提高效率,进而拓展航空公司的销售范围,增强航空公司的营销能力,Sabre 和 Apollo 首先将其内部订座系统用于外部的代理人,为分销商和合作伙伴服务,使它们能了解到价格和机位情况的信息。各航空公司内部订座系统互相结盟,将资源集聚于 CRS 共同利用,建立多用

户系统,与具有订座系统的航空公司链接,并为没有订座系统的航空公司提供计算机系统服务,从而避免了 ICS 给代理人销售多家航空公司机票带来的不便和浪费,预订效率和销售能力再度提高,旅客也因此得到更加便捷的服务。

CRS 使得航空公司分布在世界各地的销售点、销售代理都可以改善机票销售,加强分销渠道的建设,加强和销售代理的合作,便于实现多家航空公司的销售联盟,因此,大型航空公司不仅使用 CRS,而且它们都非常重视参与 CRS 投资。如果是 CRS 的拥有者,则在机票销售中会拥有很大优势,通过控制航班的显示优先权,可以提高所经营航班的出现频率,增加成交机会。在 CRS 销售中,销售联盟可以形成统一品牌,从而增加了市场影响力,在销售系统的屏幕上可以增加显示频率和点击率,最终可以增加联盟成员的产品销售机会。同时,为了弥补投资费用,航空预订系统开始销售互补性的旅游产品,如住宿或汽车租赁服务项目。

2. 饭店集团中央预订系统 CRS

随着航空业 CRS 的应用发展,国际饭店连锁和旅行社也认识到这种系统的潜力,于是大的饭店集团自己开发了一个中心预订系统,即饭店集团中央预订系统 CRS(Center Reservation System),并可链接到航空公司的预订系统中,便于旅行社的预订。1965 年 7 月假日集团建立的假日电信网 Holidex—I,首家推出了 Holidex 计算机预订系统。随后,其他饭店集团也纷纷建立了自己的计算机预订系统。目前,假日电信网已升级为 Holidex2000,并拥有自己的专用卫星,每天可以处理 7 万多间客房的预订服务。通过 Holidex2000,客人可以预订假日饭店集团在全球各地的 2 000 多家酒店和度假村中不同等级的客房,并在几秒钟内得到确认。由于 Holidex 系统把遍布于全球的假日饭店联系在一起,客人往往在前一个旅行目的地的假日饭店中预订下一个旅行目的地的假日饭店,饭店集团得以有效地把客源控制在集团内部。同时中央预订系统的应用也极大地方便了旅行代理商,并有效地压缩了预订成本。可以说,连锁饭店集团 CRS 的开发标志着饭店电子分销时代的开始。

CRS 是旅游企业第一代网上销售系统,它大大提高了旅游销售的效率,它一端联系航空公司、饭店等旅游服务供应单位,另一端联系分布在各地的旅行社等销售单位,为旅客预订机票、客房等服务。

3. 全球分销系统 GDS

(1) GDS 的产生

20 世纪 80 年代中期,随着经济全球一体化进程,CRS 经过发展壮大、合并、重组,功能不断增强,最终演变发展成为一个更加复杂的全球分销系统 GDS(Global Distribution System)。GDS 是为代理人提供航空和旅游产品分销服务的计算机技术及网络服务系统的总称,即以国际性航空公司为龙头,与连锁饭店、度假村、汽车租赁公司、铁路公司、旅游公司等旅游相关企业形成联盟共同建设的全球分销系统,是国际旅游业最重要的业内分销系统。它通过庞大的计算机系统将航空、旅游产品与代理商链接起来,使代理商可以实时销售各类组合产品,从而使最终消费者拥有最透明的信息、最广泛的选择范围、最强的议价能力和最低的购买成本。为了避免信息系统的重复开发,航空公司、饭店等旅游供应商通过开发界面将其 CRS 接入了 GDS。而 GDS 之间进行的一体化进程,导致了几家独立的 GDS 企业的出现。此时,GDS 的性质已经从工具转变成了经济实体,以电子旅游超市或其法人团体的战略业务单元的面目出现。GDS 建立了全球的传播标准和新的旅游电子分销渠道。

GDS 是一个中央数据库+众多分销终端的通用接口模式。曾有统计,美国的 Sabre 数据库中存储了 4 500 万条机票价格,其中的 4 000 万条每个月都有变化。另外,数据库每天要记录 50 万个乘客的姓名,每秒处理约 2 000 条信息,每个座位在飞机起飞前三个月内会被卖掉 2.5 次,其中 1.5 次被取消。GDS 一般由大型计算机控制广布的终端网络,这些终端网络布设于旅游代理商及其他旅游企业,通过电脑系统或视频文传系统帮助它们在本地和全球分销产品。GDS 是欧美国家旅游业的主要预订工具,美国几乎所有的旅行社都在使用 GDS,在法国已有 85% 的旅行社拥有 GDS,在整个欧洲有 40% 左右的旅行社拥有 GDS。

(2) GDS 的特点

GDS 是全球旅游行业的主要预订工具,GDS 系统具有功能强大和旅游代理商终端普及率高的优势。以饭店方面的应用为例,GDS 是通过吸纳成规模的饭店集团的产品,把这些产品储存在数据库中,并通过网络与安装有 GDS 终端的旅行社,实现面向饭店顾客的销售。加入 GDS 等于直接与全球数以万计的旅行社签订了订房合作协议,提供了全球预订平台。我国大多数饭店在全球饭店市场的知名度较低,而境外旅行社通常是通过 GDS 平台获得饭店的地理位置、设施、服务、价格等信息,然后推荐给顾客。因此,加入 CDS 是我国饭店获得全球预订、让企业的触角向世界延伸的一条有效的途径。

GDS 也有其自身的不足,它的缺点是存在技术壁垒、使用成本高、界面不够友好。原因需要从 GDS 产生的技术背景看,20 世纪 60 年代,为了提高数据传输的准确性和工作效率,人们开始尝试在贸易伙伴之间的计算机上自动交换数据,EDI(Electronic Data Interchange)也称无纸贸易应运而生。20 世纪 90 年代之前的大多数 EDI 都不通过互联网,而是通过租用的专用网络实现,这类专用的网络被称为 VAN(Value Addle Network),即增值网,在这期间出现的 GDS 使用的专用增值网络为 Apollo、Galileo。显然 EDI 作为一种为满足企业需要而发展起来的技术手段,与普通公众是无缘的。GDS 的终端界面不太易懂,需要使用者对计算机语法相当熟悉。而产品的多元化趋势又使其终端界面更加复杂,这无形中造成了 GDS 业务扩大的技术壁垒,制约了 GDS 经营业务的多元化。到 20 世纪 90 年代早期,电子分销渠道形成了封闭的网络,各个渠道组成了线性的关系,渠道本身昂贵、缺乏灵活性,接入 GDS 的旅游代理商必须向 GDS 经营商申请,交纳较高的接入费用并根据业务量向

GDS经营商交纳佣金。20世纪90年代GDS的分销费用有了明显提高,使不少航空公司觉得难以承受。这种费用的提升和信息技术的进步共同促成了很多酒店开始寻找原有分销模式的替代方法。因此,在当今互联网为旅游企业提供更自由的电子商务方式的情况下,GDS在旅游企业中的推广受到了挑战。

(3) GDS的技术接入

运营GDS系统的是技术公司,仅负责数据收集和分发,而且一开始为分销机票服务时比较简单,因为航空公司有自己现成的终端。但以后酒店也希望使用GDS来为它们分销产品,这时大的饭店集团如Hilton等可通过自己的中心预订系统CRS,再接入GDS,这样集团内所有酒店都一次性接入了GDS。世界上还有大量的单体酒店,它们也想加入其中提高效率,但是开发和维护CRS系统的费用仍然很高,很多酒店选择了把分销外包给预订公司,而不是自己开发系统。与此同时也出现了一批专门负责帮助这些企业接入GDS的公司,业内称其为Switch公司,它可以作为连接任何饭店CRS和GDS平台的转换者,像Pegasus、Unirez、Utell、Travelclick等。它们提供的系统,可以让世界范围内几万家单体酒店都登录上来,把房态、价格、房量等传给指定的GDS系统,甚至传输到指定的某一家旅行社的某台分销终端,然后接受订单。

(二) GDS与互联网电子商务

第一代电子营销网络以CRS、GDS为载体,它们是旅游企业之间的预订、分销网络,实行的是B to B的电子商务模式。这时并没有网站的介入,CRS、GDS自成营销系统,同时又是相连的,CRS有时作为GDS的子系统。CRS和GDS的出现和广泛应用都是在Internet出现之前,它们是促使旅游业发生转变的最重要的支持工具,建立起了一个分销系统。随着Internet的日益普及,GDS以互联网为平台,不仅能为旅游产品供应商以及旅游产品中间商提供服务,还能为旅游者提供包括旅游线路规划、机票预订、酒店预订、网上支付等服务,使旅游者和旅游产品供应商及旅游产品中间商之间能进行便捷、高速的沟通。

1. GDS与互联网电子商务的比较

GDS与互联网旅游电子商务相比较,既有共同点,又有差异性。共同点:都属于可以提供数字化信息服务的计算机广域网系统,都可以实现远程的销售服务,都适应旅游服务业的市场需要,有其市场价值和生命力。

不同点:①GDS必须使用限定的软硬件,所以要成为GDS用户所需的投资较大,GDS在销售服务中能够提供的服务信息很有限。而互联网电子商务可以使用互联网的各种资源,可以提供丰富的信息。上网开展销售的投资不一定很大。根据相关调查,各种类型预订的成本为:呼叫中心12~15美元/预订,GDS3.5美元/预订,而互联网只需0.25美分/预订。②GDS属于主机-终端体系,而互联网属于服务器-客户机体系。GDS是封闭的系统,掌握在它的开发经营商手中,所以利用它进行市场销售业务时必须依靠 GDS 的开发经营商,使用特定的客户端软件,而且通常是基于增值网的。要求接入 GDS 的旅游代理商必须向 GDS 经营商申请,交纳较高的接入费用并根据业务量向 GDS 的经营商交纳佣金。互联网是开放的系统,开展电子商务不一定需要依靠中间的经营商。③GDS 的操作比较复杂,需要经过特定的培训,而互联网的操作却相当简便。④GDS 满足顾客个性化需求的能力远不如互联网电子商务,GDS 的服务时间和地点远不如互联网服务的时间和地点那样广泛。⑤GDS 的用户身份明确,网络支付和税收都不存在管理上的难题,在 GDS 的交易活动中服务商承担完全的商务责任。而互联网电子商务在安全可靠性上有难题,服务商只承担有限的商务责任。⑥GDS 主要针对的是旅游企业客户,而互联网电子商务的客户范围更广,还包括广大的旅游消费者个人。

2. GDS 的发展及与互联网的融合

互联网的优势众所周知,它和消费者零距离的接触,形成了大量的消费群体。随着互联网的发展,在当今互联网为旅游企业提供更自由的电子商务方式的情况下,GDS 在旅游企业中的推广受到挑战。GDS 虽然接入成本高,但由于多年的积累,有着众多的应用者并分销着非常丰富的旅游产品,加上安全可靠的预订以及支付系统,还有已经成熟的佣金机制,在业内的地位依然是不可取代的,毕竟现在全世界 50%~60% 的机票、15%~20% 的酒店预订还是通过 GDS 来完成的。

现在,很多酒店已经建立了自己的网络订房系统,主要是因为成本较低。然而,那些更关注酒店长远发展的领导者、决策者以及国际连锁型的酒店管理集团还是愿意加入到 GDS 系统中来提高自己的订房效率,因为一般网络订房大多数局限于国内旅客,酒店与一般散客通过互联网的随机接触或通过订房中心打电话预订,旅客预订后不到的情况比较普遍,且这部分客人的消费能力相对较低。而 GDS 系统在一般网络订房的基础上,通过多年培育的全球 50 万家旅行社将酒店预订与机票、租车、游轮预订等业务连成一体。加入该系统的酒店将获得更大范围、更为紧密的客户群,特别是能够保证旅客的入住,因为旅客通过 GDS 向酒店订房,是通过提供入住旅客住宿信息及信用卡信息向酒店订房,因此,是有保证的订房。

为迎接互联网的挑战,全球分销系统着力在两方面进行改革:一是使代理的旅游产品类型更加丰富,使用界面更加亲切方便;二是寻求与互联网的融合。过去,GDS 仅在旅游同业内使用,连接旅游供应商和旅游代理商;而现在与互联网联合后,GDS 中的信息也能够通过互联网平台表现出来,并开始直接为个人旅游者提供包括旅游线路规划、机票预订、酒店预订、网上支付等全方位的服务。当然,全球分销系统与互联网的融合还存在一定困难。原有的 GDS 系统由于限于业内使用,其特征是适于快速处理较大的交易量,而不适宜处理来自终端旅游者的详细查询和零散预订。GDS 与互联网的融合需要重新设计相关预订引擎,来满足旅游者的预订习惯。

二、全球分销系统 GDS 的世界市场

（一）世界主要的全球分销系统

1. 四大 GDS 公司体系

在信息技术高速发展的推动下，经过半个世纪的竞争与联合，全球的航空及旅游服务分销市场逐渐向以 Sabre、Amadeus、Galileo 和 Worldspan 为代表的几家大的全球代理人分销系统集中，最终形成了四大 GDS 公司体系，即北美的 Sabre 和 Worldspan、欧洲的 Amadeus 和 Galileo，以及一些服务于特定国家或地区的中小 GDS。目前，世界四大 GDS 公司分别将各自的旅行产品数据库通过专门网络与各地旅行社的计算机预订终端相连，以实现全球分销的目的。

Sabre 率先建立航空公司计算机预订系统 CRS，为旅游代理商提供便捷的机票销售方式。此后，全球分销系统的发展带来了全球旅游分销的革命性的变化，并推动了全球旅游电子销售市场的形成。Sabre 全球分销系统是美国航空公司 1959 年与 IBM 公司合作成立的。20 世纪 60 年代初期，Sabre 被视为现代全球分销系统的先驱。它经营企业旅游系统和电话呼叫中心，经过技术升级后的 Sabre 全球分销系统扩大了经营领域，成为了唯一经营互联网旅行社 Travelocity 的全球分销系统。同时，它通过与 Abacus 公司的合作将业务扩大到亚太市场。日本的 Axess 和 Infini 航空客票全球分销系统也是通过 Sabre 直接或者间接连接起来的子系统。Sabre 还致力于美国航空公司技术服务输出的工作，由传统的国际航空客票分销商，扩展成为集航空、国际旅行社、GDS 电子商务技术供应商为一体的综合性全球分销系统。

Amadeus 是世界最大的全球分销系统，其前身是由欧洲四大航空公司——法航、西班牙航空公司、德国汉莎航空公司及北欧航空公司组建的"欧洲全球销售系统"。"欧洲全球销售系统"财团解体后，经改组而产生了 Amadeus。其间北欧航空公司离开了这个集团（仍用 Amadeus 品牌促销），又有大陆航空公司加盟进来。

Galileo 全球分销系统由英航、荷兰航空、加航、美航、美联航结盟组建成立。与 Amadeus 几乎同时成立，规模比 Amadeus 小。其核心 GDS 技术是美联航的 Apollo 系统。其他合作伙伴还有爱尔兰航空公司、意大利航空公司、奥林匹克航空公司及瑞航。适应互联网高速发展的趋势，Galileo 已经允许它们的商务用户通过互联网来预订，然后系统将预订要求传递给它们信赖的旅游代理商去受理和出票。这种方式既能维护旅游代理商的原有利益，又能提高系统本身的效率。

Worldspan 是 4 个全球销售公司中最小的一个，业务主要在美国，在伦敦设一分公司控制美国之外的所有业务。

2. GDS 体系进一步的兼并整合

2007 年 8 月 Travelport 宣布，已完成对 Worldspan 公司价值 14 亿美元的收购。这笔交易使 Travelport 成为全球最大的旅游品牌、内容和服务网络之一，并将 Galileo

与 Worldspan 的 GDS 业务实现合并。Worldspan 在在线旅行社市场的知名度和功能更胜一筹,而 Galileo 则在跨国差旅管理市场中拥有更好的业绩和知名度。Worldspan 的在线分销技术平台将对 Galileo 进行升级,同时 Worldspan 将受益于 Galileo 广大的供应商基础以及丰富内容。仅在 2006 年,两家公司的机票预订量就超过了 3.79 亿美元,业务遍及 145 个国家,每秒钟处理多达 15 000 笔交易。Travelport 拥有的分销系统伽利略(Galileo)是仅次于 Amadeus 的第二大系统,收购了 Worldspan 后意味着新合并的公司只有两个竞争对手,即市场排名第一的 Amadeus 和市场排名第三的 Sabre。目前,全世界有超过 750 家旅游供应商、63 000 家旅行社和数百万终端客户受益于 Galileo 和 Worldspan 提供的旅游分销服务。此外,Travelport 旗下拥有在线旅行社 Orbitz 与 CheapTickets.com。2008 年 7 月 Travelport 已经与中国民航信息网络股份有限公司(中国唯一一家特许预订中国指定航空公司机票的 GDS)签署了一项新的合作协议。根据新协议条款,中航信将启用 Travelport 的预订销售解决方案(RSS),因此,中航信的旅行代理商得以通过 Travelport 的 Galileo GDS,实时连贯地接入大范围的全球航空公司库存、进行预订并发行电子客票。

3. 亚太地区的发展情况

人们不断增加的收入以及亚洲独特的人口构成,是亚太航空业增长的推动力。占有全球运输量 1/4 强份额的亚洲航空公司虽然也预见到美国、欧洲的分销系统对它们的威胁,并试图建立以亚洲为基地的 GDS,但是由于地域分散、文化差异、发展水平悬殊及政治不睦等原因,始终没有形成合力。再加上亚洲旅游业由一个复杂的混合体构成——国家众多,货币各异,航空公司各型,在这种背景下,采取通用型方案或仅推行西方模式的 GDS 模式根本行不通。加之运输市场规模有限,亚太地区系统在规模上、市场上,尤其是技术上始终无法与 GDS 四巨头相匹敌,仅仅建立了国家或地区性的代理人分销系统,例如,东南亚的 Abacus(环亚国际公司 Abacus International)。Abacus 作为亚洲最大的 GDS 系统,已经有在亚洲市场上较多的经验和基本的网络,它的国际化背景和国际化的资源以及技术先进是它的优势所在。在与 Sabre 合作之前,Abacus 曾是 Worldspan 公司的合作者。此外还有日本的 Axess、Infini,韩国的 Topas,南太平洋的 Fantasia 以及 SITA 的 Sahara 等。另外,印度两家骨干航空公司较早便拥有功能先进的订座系统,但未适时建立国家级的 GDS,在政府于 1995 年开放订座市场后的一年时间内,国内代理人被 Sabre、Amadeus 瓜分殆尽,从而严重弱化了印度国内航空公司的竞争力,加大了分销成本,制约了民航业的发展。

(二) 中国的 GDS 建设

1. 中国 GDS 面临的形势

目前,只有少数发达国家拥有自己的 GDS 系统,世界上成熟的航空企业,都是依托于某一个或几个 GDS,把自己的营销渠道扩展到全球各个角落。中国航空企业要参与国际竞争,在分销领域里,也必须通过这一模式。然而,仅仅依靠国外 GDS 是不行的,这不仅因为国外 GDS 的高额收费会大大提高我国航空企业的运营成本,而且关键在于要避免国外 GDS 在占有充分航空数据的基础上,控制我国尚处于弱小时期的航空旅游市场的发展。根据中国加入 WTO 的承诺,中国要逐步开放计算机订座系统(CRS)等相关服务,因此,我国航空运输服务市场,特别是计算机分销系统将首先受到较大的冲击。而中国航空运输服务市场作为最具发展潜力的市场之一,已成为世界主要航空公司竞争的战场。国外的几大 GDS 如 Sabre、Amadeus 和 Worldspan 等已经开始向中国国内市场渗透。国外 GDS 用户广泛,不仅把航空公司、酒店、汽车租赁公司、旅游团、游船公司等包含在内,还提供如航班密度等信息内容。而中国航信系统与国外 GDS 在运价管理与组合等方面还存在着不小的差距,中国航空公司在运价体系、航线网络、中转联程航班编排等方面还需要很大的提高和优化。虽然有跨境交付市场准入限制的保护,国外 GDS 不会马上与中国航信 GDS 展开正面竞争,但随着管制的进一步放松,如果国外 GDS 正式进入中国国内的分销渠道,将出现和中国航信争夺代理人的局面。另外,美国旅游业分销系统应用信息技术是从 CRS 到 GDS 到 Internet 一步步发展而来的,开展旅游电子商务是在强有力的 GDS 系统支持之下的。而中国一方面由于信息技术发展的滞后;另一方面由于旅游业同民航业一直缺乏实质性的联盟,导致 GDS 一直处于缺位状态,制约了旅游电子商务的开展。

  中国民航面临着严峻的挑战,为了保住并开拓现有的市场份额,中国民航必须建立自己的销售体系和销售网络,利用最新的 IT 技术降低经营成本,提高工作效率,适应新的市场竞争环境,这样才能在国外实力雄厚的航空公司和集团的强烈冲击之下立于不败之地。加快中国 GDS 建设,增强代理人的分销能力,促进国内航空旅游市场的良性发展,增强中国民航在国际市场的竞争能力是大势所趋。

2. 中国 GDS 的建设发展

  中国民航订座系统始建于 1986 年,采用 UNISYS 的整体解决方案,其中包含主机、系统软件、通信网络系统、USAS 应用系统(含订座、离港、货运)。1999 年,国家批准建设全球分销系统 GDS,总投资 16.9 亿元,主要完成了 ICS 和 CRS 的系统功能完善、里程银行建设、网络开放化改造、电子客票出售等。系统的具体功能包括:第一,使任意一个经过授权的代理商均可通过系统实时预订、销售国内外超过 400 家航空公司的机票、航空意外保险、部分饭店产品等。第二,其自动清票功能增加了防火墙,使代理人不能随时更改时限,更有效地减小了代理人虚订座对航空公司造成的不利影响。第三,提供电子客票的结算等功能。2000 年,以原中国民航计算机信息中心为基础,国内全部 20 家航空公司共同发起设立了中国民航信息网络股份有限公司(中国航信)。中国航信先后与战略投资者 Sabre、Amadeus、SITA 以及知名 IT 厂商合作,吸收国际先进技术和经验。电子客票功能于 2000 年 4 月在订座系统上实现,新疆航空公司成为第一个用户。通用网络前端平台(Eterm)项目于2000年11月通过验收,该项目使一般PC机可实现传统终端功能,为代理人和航空公司提供了新的、成本低廉的销售手段,延伸了销售领域,深受用户的欢迎。信天游网站(www.travelsky.com)已具备代理人订票(B2B)、移动电话访问(WML-WAP)、与Eterm整合、净价查询、网上地图、酒店B2B等功能,并初步建立起支付、配送体系,通过招商银行、中国银行实现网上支付。中国航信与仕达屋酒店管理集团(Starwood)、中国国际旅行社等签订了客房销售协议。此外,中国航信还进行了航班控制系统(ICS)的功能完善、运价系统、开发系统平台(Open/ENV)、离港系统的功能完善,CRS的功能完善,前台产品、非航空产品、数据服务体系、主机处理能力和备份等级提升、网络管理系统等项目的研发推广。除了依托中国民航的自然优势分销航空票务外,中国航信从2002年12月起推出"全球酒店租车分销系统",从传统的航空到旅游、酒店、租车综合化发展。

目前,中国航信是唯一为国内全部航空公司、机场和国内外多个代理人提供服务的分销系统。中国航信的旅游分销网络由超过6 500家旅行社及旅游分销代理人拥有的约58 000台销售终端组成,2008年全年处理的交易量逾1.543亿宗。其最大特点是既提供CRS服务,又提供ICS服务,在国内有完善的技术支持体系和分销网络。借助国际先进技术,中国航信自主研发了部分中间件和基础视窗的前端产品,初步实现了现有和新系统功能的部分外移,为核心系统向开放平台的平滑转移奠定了基础,并且该系统将逐步向饭店、旅游、租车等非航空领域拓展。同时,积极推进电子客票在国内民航业的应用。中国航信能满足国内航段的分销需求,但其薄弱环节在于ICS功能不完善,以及在海外的市场份额较小。

3. 中国GDS的组成结构

(1) ICS系统

ICS是中国GDS的核心组成部分之一,它可以通过对航班座位及价格的控制使航空公司获得最大的收益。在国际上,已经在ICS核心系统的基础上派生出许多新的辅助系统,如收益管理系统、辅助决策系统、航班计划系统、常旅客系统、运价管理系统等,这些系统大多建立在开放平台上,为航空公司获得最大化收益起到重要作用。目前,原有的ICS系统只具备核心部分的功能,基本上能满足国内航空公司的需要。

(2) CRS系统

CRS是中国GDS的另一个核心组成部分,它是应用于民用航空运输及整个旅游业的大型计算机信息服务系统。通过CRS,旅游销售机构可以及时地从航空公司、酒店、租车公司等获得大量与旅游有关的信息。通过对现有CRS的完善和建设,该系统将发展成为服务于整个旅游业的系统,除了原有的航空运输业产品外,酒店、租车、旅游公司等的产品分销功能也将容纳到CRS系统中来,使之能够提供一套完整的旅游服务。

(3) 网络平台建设

在 GDS 建设中,网络平台建设的主要目标,是在现有网络基础上,逐步转变为支持 TCP/IP 协议标准的开放网络。在加强网络安全的基础上,建立高效可靠的民航数据传输平台,除链接旅客服务、货运、机场离港系统外,还能够开拓潜在的网络增值服务市场。

(4) 电子商务系统

电子商务是体现中国 GDS 建设技术创新和跳跃式发展的突破口,是 GDS 建设的一个关键。在技术上,电子商务的主要内容,是丰富系统信息、提供旅游产品分销功能、提高支付能力、提供个性化服务,以及支持各种销售方式。

(5) 数据服务体系

数据服务体系建设,是为客户进行延伸服务的最好体现。该服务体系中,包括了完善与 GDS 相关的离港系统、为航空公司收益与常旅客管理系统提供所需的技术信息平台、为航空公司提供更好的数据服务、完善自身的数据统计系统等工作内容。

4. 信天游网站——中国 GDS 的互联网门户

信天游(www.travelsky.com)是中国民航信息网络股份有限公司自主建设的旅游电子商务网站。它能够提供国内所有航空公司机票实时查询及预订服务,并能够提供境外航班信息的实时查询服务,是集航空订座、饭店订房、网上租车、网上旅游代办等旅游电子商务服务和丰富的旅游信息于一体的高度集成化网站。

信天游网站依托于中国民航信息网络股份有限公司运营的 GDS 系统,它的电子商务功能有强大的技术后盾和信息资源保证,是依托于中国民航计算机信息中心的订座系统、代理人分销系统、离港系统、货运系统、酒店预订系统等大型计算机主机系统之上的互联网展现平台,是国内最全面、最准确的实时航空信息及网上机票预订系统。

航空公司订座系统中存放着中国各家航空公司的机票销售数据,它所连接的代理人分销系统通过民航商务数据网络连接着覆盖全国乃至全世界的多家代理人终端。航空公司订座系统和代理人分销系统与国际上的 8 家主要的 GDS 连接着,国内旅客购买外国航空公司的机票以及国外旅客购买中国国内航空公司的机票都可通过该系统实现。代理人分销系统目前正向 GDS 的方向发展,为代理人提供航空和包括酒店、客房、出租车、旅游线路在内的旅游产品等的分销服务。中国民航酒店预订系统是代理人分销系统中的一个分系统,可以通过遍布全国的机票销售代理人,分销国内外的酒店客房。离港系统用于机场离港控制。

信天游网站与上述大型系统直接连接,其销售数据和大量信息直接来源于上述大型系统。每一个订票请求通过网站与主机系统间的连接实时地体现在主机数据库中。

信天游网站的客户定位是商务旅游客人、观光和度假游客等,充分发挥民航在旅游行业中的优势,着眼点和优势主要在于掌握丰富的旅游信息,可以方便地实现其他网站难以实现的实时预订和确认功能。信天游网站计划建设成为中国旅游服务行业的门户网站,与各类旅游服务企业结成紧密的合作伙伴,立足中国,面向世界,为航空公司、酒店、租车行、旅行社、航空机票代理人以及其他旅游服务企业提供全新的、高效廉价的服务产品宣传窗口和分销渠道,为广大旅游者提供由始发地到目的地的全程的、全方位的旅游电子商务服务。

案例学习

Amadeus——最大的全球分销系统

Amadeus 全球旅游分销公司是为旅游业务营销和分销需求服务的信息技术公司。Amadeus 公司将一套全球中立分销系统提供给航空公司、酒店、租车公司、旅游服务代理及其他旅游服务相关企业使用,使用户可以预订各种旅游服务,掌握全球旅游服务的全面信息,获得功能强大的旅游信息管理工具。Amadeus 总部设在西班牙马德里,数据中心设在德国埃尔丁,发展办公室设在法国的索菲亚安蒂波利斯。还有开展全球业务的国家市场营销网络(NMC)、全美最大的休闲旅游营销网络 Vacation.com,e-travel 是公司的电子商务单位,通过 Amadeus 系统所作的旅游服务预订量处于世界第一位。目前,Amadeus 系统已经为 200 个国家和地区提供服务,不仅在欧洲和南美占主导地位,而且也在北美、中美、亚太地区和非洲站稳了脚跟。其中,Amadeus 亚太公司在亚洲 39 个国家和地区设有办事处,市场份额占有率为 32.8%。

Amadeus 系统建立于 1987 年,其前身是由欧洲四大航空公司——法航、西班牙航空公司、德国汉莎航空公司及北欧航空公司组建的"欧洲全球销售系统",后改组而成 Amadeus。该系统能实现全球范围的航空客票预订功能,于 1992 年 1 月正式开始运作。Amadeus 及其竞争对手 Galileo 在欧洲的出现是为了应对美国 CRS 在 20 世纪 80 年代的发展和扩张。当时大部分欧洲国家的航空公司都开发了自己的预订系统,并分别服务于各自的国内市场,但随着欧洲空中交通的开放和与美国的航空公司之间的竞争日益激烈,迫切需要建立一个跨欧洲的机票分销系统直接与各旅行代理商连接。Amadeus 的宗旨是取代现有航空公司的预订系统,以先进的技术提供中立的分销系统。Amadeus 的经营目标还包括提高航空公司的预订效率,同时提供租车和预订饭店等综合性服务,建立一个全球系统,使各类旅游主体供应商和中介都在这个系统中互动。

Amadeus 将旅游服务供应商提供的信息归入一个统一的系统,从而为更多的用户提供有价值的服务。Amadeus 有时刻表、客票状况、票价信息、预订和其他旅游管理功能。Amadeus 的用户(旅游代理机构,航空公司票务中心,大、中、小型企业及个人)可以通过专线、拨号、互联网等方式实时获取旅游服务供应商提供的信息。Amadeus 在世界范围内存储了 74 000 家酒店的数据,提供 145 条航线的数据查询,有 83 700 家旅行代理人的 393 200 台终端连接其系统,每天交易查询达到 366 000 000 次,每年通过其系统交易 500 000 000 张订单。

  Amadeus 是全球唯一向航空公司提供其系统的 GDS。这不仅意味着航空公司通过使用 Amadeus 系统拥有了航班和机位的销售渠道,也使航空公司可以在其机场票务中心(ATO)和城市票务中心(CTO)使用 Amadeus 系统销售机票。这个解决方案使超过 70 000 台 Amadeus 终端运行于全球 100 余家航空公司的 ATO 和 CTO 中。

  虽然是旅游企业,但 Amadeus 的技术研究能力亦非常强大,其中央分销系统反应时间小于 0.3 秒,可用性达 99.95%,并运营着欧洲最大的数据库。但 Amadeus 不满足于扮演传统的销售和预订应用服务供应商的角色,而正在开发新的、更复杂的工具,如开发更多的航空公司其他战略系统的外包业务,特别是容量控制和离港管理业务。已经有超过 100 家航空公司在应用这套系统,Amadeus 的核心业务已经得到了拓展,它现在可以为各类旅游企业提供技术服务。虽然旅行代理商仍是 Amadeus 系统的主要用户,但 Amadeus 系统除了为旅行代理商服务外还为市场上的各供应商提供技术解决方案,帮助旅游业实现虚拟化。e - Travel 就是一个全球在线旅游技术供应商,它为航空公司、企业、旅行代理商及其他在线旅游企业提供电子商务解决方案,e - Travel 的客户遍布 90 余个国家。Amadeus 的商务旅行管理解决方案可以让商务旅行者能在自己的台式终端上直接进行旅行安排和预订。

  Amadeus 正在实施多样化的策略,向航空公司和其他旅游供应商提供一体化 IT 服务。2000 年春,英国航空公司(British Airways)和澳大利亚 Quantas 航空公司同 Amadeus 签署了协议,使用 Amadeus 系统来管理它们的航班信息、销售、预订和离港控制系统。通过与众多拥有先进技术的 IT 公司合作,Amadeus 的电子商务解决方案使人们购买、销售和管理旅游服务的方式发生了巨大的变化。Amadeus 与 ITA Software、Ericsson、BroadVision、SAP、Lotus and Fourth Dimension Software 等公司合作共同进行产品开发。同时,Amadeus 也和许多世界知名的旅游服务商结成战略合作伙伴,提供网上预订和旅游技术服务。这些合作伙伴包括 One Travel.com、Priceline、Terra Lycos 和 Gruppo L'Espresso。

  思考题:通过对 Amadeus 成长发展的分析,你对中国 GDS 建设有何设想?

本章小结

在传统的旅游产业价值链中,旅游者或旅游零售商难以直接面对旅游供应商,旅游供应商受到销售和管理成本等因素的限制,不可能直接面对更多终端需求者,因此,大型旅游批发商利用其发达的销售渠道和信息获取优势从而成为旅游产业价值链不可缺少的一环。在电子商务条件下,信息沟通的优势则使旅游供应商通过互联网络可以便捷地与客源地旅游者直接沟通,这时供应商可能考虑通过网络直接向旅游者销售产品,从而形成新的旅游产业价值链结构。面对"直接经济"的挑战,传统旅游中间商也在进行信息化改造。另外,电子商务还催生了各种电子旅游中间商。至此,旅游市场结构呈现出多种产业价值链并存的局面。

计算机预订系统 CRS 是专供旅游业内部使用的预订网络,与互联网相比,它只能完成订位任务而不能承担旅游营销的其他工作;另外,它只能使旅游服务供应者面对旅行社等销售中介组织,不能直接面向消费者。大型饭店集团中央预订系统 CRS 是大型饭店集团拥有的自己的中央预订系统,发挥其品牌优势,进行全球整体促销活动。在华的国际饭店集团酒店如 Holiday Inn 等都能利用集团中央预订系统有力地控制饭店客源市场。而我国饭店集团还缺乏自己的中央预订系统,这是由于建立中央预订系统需要耗费大量资金,并需要专业人员管理。随着时代的发展,CRS 已经逐渐转化为全球分销系统 GDS,CRS 和 GDS 是在互联网出现以前促使旅游行业发生转变的最重要支持工具。基于互联网应用的电子商务拥有明显的发展优势,它和消费者零距离地接触,形成了大量的消费群体,特别是旅游这样的消费品,更有其对电子商务的天然适应性。GDS 作为专用系统接入成本高,服务功能有限,但它已经具有了一定的市场和服务经验。GDS 安全可靠的预订以及支付系统,还有已经成熟的佣金机制,可能始终是 BtoB 的优势。所以在从事机票、客房的预订销售时,仍然会长期利用多种渠道、多种工具,包括 GDS、互联网等。GDS 自身也在不断地发展,包括服务功能的扩展和产品的多元化,培育新的业务增长点。目前,GDS 的收入中只有 10% 来自于非航空产品,因此增值业务发展的潜力较大。并且与互联网结合、相互兼容的变化,也在进行之中。

> 世界 GDS 的演变历程、发展格局和现状说明，一个具有相当规模的市场必须有一个本地 GDS，用以支持所在地区航空等旅游产品的销售。因此，必须清楚地认识到中国 GDS 发展的特殊性和本土化优势，也要认识到中国 GDS 与国外 GDS 所存在的差距。

思考与练习

1. 什么是电子分销，电子商务对旅游分销渠道的影响是什么？
2. 分析直销经济对旅游业中的旅游产品提供商和中间商的影响。
3. 简述世界上主要的 GDS 系统商及其市场构成。
4. 分析 GDS 和互联网电子商务在旅游电子分销中的区别与联系。

第 7 章

旅游电子商务中的网络营销技术应用

本章导读

网络营销作为新的营销方式和营销手段,它的内容非常丰富。一方面,网络营销要针对新兴的网上虚拟市场,及时了解和把握网上虚拟市场的消费者特征和消费者行为模式的变化,为企业在网上虚拟市场中进行营销活动提供可靠的数据分析和营销依据。另一方面,网络营销通过在网上开展营销活动来实现企业目标,而网络具有传统渠道和媒体所不具备的特点,即信息交流自由、开放和平等,而且信息交流费用非常低廉,信息交流渠道既直接又高效,因此在网上开展营销活动,必须改变传统的一些营销手段和方式。网络营销作为在 Internet 上进行的营销活动,在实施和操作过程中与传统方式有着很大区别。在本章中,将系统介绍网络营销在旅游业中的职能作用、网络营销的技术与理念的发展以及常用的网络营销方法。在介绍了旅游网络营销基本知识之后,专门从搜索引擎营销和网络广告投放这两个角度展开,介绍了网络营销技术的应用实际。

第一节 旅游电子商务网络营销基础

一、网络营销概述

互联网,正在深刻地改变着人类的生活、工作,并必将从根本上改变现有的经济格局。网络营销作为市场营销的一个重要分支,正以惊人的速度发展,并被越来越多的企业所接受和认同。从网络经济学的角度来看,网络实现了营销的高效互动,这是其最大的特点,即生产商在向消费者提供产品和服务的同时,消费者也能通过网络反映产品和服务的质量,提出自己对产品的意见,甚至参与产品的设计和生产活动。这种互动性加强了产、销之间的关系,提高了营销效率。同时,网络营销降低了流通成本,增加了产品价值。

(一)网络营销的概念

1. 什么是网络营销

网络营销,是随着互联网的产生和发展而出现的新的营销方式,是以互联网等电子手段为基本手段营造网上经营环境的各种活动。如通过建立一个以营销为主要目的的网站,并以此为基础,通过一些具体策略对网站进行推广,从而建立并扩大与其他网站之间以及与用户之间的关系,其主要目的是为旅游企业提升品牌形象、增进顾客关系、改善顾客服务、开拓网上销售渠道并最终扩大销售。无论是传统企业还是互联网企业都需要网络营销。网络营销,是企业整体营销战略的一个组成部分,是为实现企业总体经营目标所进行的营销。

网络营销,是为实现产品销售目的而进行的一项基本活动,但网络营销本身并不等于网上销售。网络营销的效果表现在多个方面,例如提升企业品牌价值、加强与客户之间的沟通、增加顾客的忠诚度、拓展对外信息发布的渠道、改善顾客服务等。网络营销是电子商务的基础,开展电子商务离不开网络营销,但网络营销并不等于电子商务。电子商务,主要是指交易方式的电子化,强调的是交易行为和方式。网络营销,是传统营销向互联网上的延伸。网络营销的手段,也不仅限于网上,而是注重网上网下相结合,网上营销与网下营销是一个相辅相成、互相促进的营销体系。

2009年,中国网民人数已增至3.3亿人,位于世界第一。中国网民人均上网时间3.28个小时,而电视平均的使用时间才只有1.21小时。庞大的用户数量和如此高的用户接触度已经使互联网彻底跃升成为与传统四大媒体并驾齐驱的,甚至是超过了传统媒体的重要媒体。而且在旅游消费群中互联网使用者多属年轻的中产阶级,受教育水准较高,购买力很强,市场前景广阔。因此,旅游业开展网络营销是大势所趋。

2. 网络营销的理论基础

20世纪60年代,美国营销学学者密西根大学教授杰罗姆·麦卡锡(Jerome McCarthy)提出了著名的4P营销组合策略,即产品(Product)、价格(Price)、渠道(Place)和促销(Promotion)。他认为一次成功和完整的市场营销活动,是以适当的价格、适当的渠道和适当的促销手段,将适当的产品和服务投放到特定市场的行为。

4P理论,重视产品导向而非消费者导向,以满足市场需求为目标。4P理论是营销学的基本理论,它最早将复杂的市场营销活动加以简单化、抽象化和体系化,构建了营销学的基本框架,促进了市场营销理论的发展与普及。4P理论在营销实践中得到了广泛的应用,至今仍然是人们思考营销问题的基本模式。然而随着环境的变化,这一理论没能把消费者的行为和态度变化作为思考市场营销战略的重点,使得这一理论不能完全适应市场的变化。4P营销理论,站在企业的角度来思考问题,是一种静态的营销理论。

1990年,美国学者劳特勃恩(Lauteborn)教授从消费者角度出发,提出了与传统营销的4P相对应的4C理论,即消费者的需求与欲望(Consumer needs and wants)、消费者愿意付出的成本(Cost)、购买商品的便利(Convenience)和沟通(Communication)。4C理论的提出,引起了营销传播界的极大反响,从而也成为后来整合营销传播的核心。在4C理念的指导下,越来越多的企业更加关注市场和消费者,与顾客建立一种更为密切和动态的关系。4C营销理论,是站在客户的角度来思考问题的,但是它们没有侧重从企业整体运作的角度看待问题,更没有侧重从营销的核心目的去分析问题。4C理论,是以追求顾客满意为目标的。但4C理论没有体现既赢得客户,又长期拥有客户关系的营销思想,这是4C需要解决的问题。

21世纪初,《4R营销》的作者艾略特·艾登伯格提出了4R营销理论。4R理论,以关系营销为核心,重在建立顾客忠诚。它阐述了四个全新的营销组合要素,即关系(Relationship)、节省(Retrenchment)、关联(Relevancy)和报酬(Reward)。4R理论强调,企业与顾客在市场变化的动态中应建立长久互动的关系,以防止顾客流失,赢得长期而稳定的市场;面对迅速变化的顾客需求,企业应学会倾听顾客的意见,及时寻找、发现和挖掘顾客的渴望与不满及其可能发生的演变,同时建立快速反应机制对市场变化快速作出反应;企业与顾客之间应建立长期而稳定的朋友关系,从实现销售转变为实现对顾客的责任与承诺,以维持顾客再次购买和顾客忠诚;企业应追求市场回报,并将市场回报作为企业进一步发展和与市场建立关系的动力与源泉。该理论根据市场不断成熟和竞争日趋激烈的形势,着眼于企业与顾客互动与双赢,不仅积极地适应顾客的需求,而且主动地创造需求,通过关联、关系、反应等形式与客户形成独特的关系,把企业与客户联系在一起,形成竞争优势,体现和落实了关系营销的思想。4R理论,是以建立顾客忠诚为目标的。鉴于4P营销和4C营销都是对营销过程中重点元素的静态描述,没有从营销核心目的的角度出发将其表述为一个动态的过程,4R则是二者综合提炼的结果,它满足营销的核心,而且是一个动态的过程。

(二)网络营销在旅游业中的职能

1. 信息搜索与市场调研

在网络营销中,可利用多种搜索方法,主动、积极地获取有用的信息和商机,了解竞争对手的态势,进行决策研究。这是营销主体能动性的一种表现。在激烈的市场竞争条件下,主动地了解商情,研究趋势,分析顾客心理,窥探竞争对手动态是确定竞争战略的基础和前提。

市场调研主要是利用互联网交互方式的信息沟通渠道来实施调查活动,包括直接在网上通过问卷进行调查,即通过在线调查表或者电子邮件等方式进行调查;还包括通过网络来收集市场调查中需要的一些二手资料,以科学系统地、有目的地收集、整理、分析和研究所有与市场有关的需求、购买动机的信息,以此作为营销决策的基础,生成网上市场调研的分析报告。相对传统市场调研,网上调研具有效率高、成本低、范围大的特点,是任何一种调查形式所做不到的。网上调研主要方式有：

(1)借助专业网络市场研究公司的网络进行调研

这对那些资金和技术薄弱的企业如中小旅行社,是一种有效的选择。旅行社制定调研内容及调研方式,将调研信息输入选定的网站,就可以在委托商的网站获取调研数据及进展信息。这些站点的访问者众多,扩大了调查面,提高了调研效果。

(2)旅游企业在自己的网站进行市场调研

就大型旅行社而言,其网站的常客多是一些对该企业有兴趣或与企业业务有一定关系的上网者,他们对企业有一定了解,这将有利于访问者提供更准确有效的信息,也为调研过程的及时双向交流提供了便利。如利用电子邮件调研,选择群发软件按已选定的E-mail地址寄发电子邮件,电子邮件中是旅行社的调研问卷,被访问者回答完毕后将问卷回复给旅行社。

(3)网上消费者行为分析

Internet用户作为一个特殊群体,它有着与传统市场群体截然不同的特性,因此要开展有效的网络营销活动必须深入了解网上用户群体的需求特征、购买动机和购买行为模式。Internet作为信息沟通工具,正成为许多兴趣、爱好趋同的群体聚集交流的地方,并且形成一个个特征鲜明的网上虚拟社区,因此了解这些虚拟社区的群体特征和偏好是网上消费者行为分析的关键。Internet作为信息交流渠道,由于它的信息发布来源广泛、传播迅速,使它成为信息的海洋,这时获取信息不再是难事,关键是如何在信息海洋中获取想要的资料信息和分析出有用的信息。因此在利用Internet进行市场调查时,利用网上调查工具,可以提高调查效率和加强调查效果。而且,重点是利用有效工具和手段收集整理资料,如可借助相关的专业软件系统如SPSS等进行数据处理。

2. 信息发布与销售促进

无论哪种网络营销方式,结果都是将一定的信息传递给目标人群,包括顾客、潜在顾客、媒体、合作伙伴等。网络营销所具有的强大的信息发布功能,是古往今来任何一种营销方式所无法比拟的。网络营销可以把信息发布到全球任何一个地点,信息的扩散范围、停留时间、表现形式、延伸效果、公关能力都是最佳的。通过互联网,不仅可以浏览到大量商业信息,同时还可以自己发布信息,比如新的旅游线路产品信息、酒店客房优惠促销信息等。更重要的是,网上信息发布后,可能动地进行跟踪,获得反馈,并据此再进行沟通,因此信息发布的效果明显。

营销的基本目的是为增加销售提供帮助,网络营销也不例外,大部分网络营销方法都与直接或间接促进销售有关。网络促销,是指利用现代化的网络技术向虚拟市场传递有关旅游产品的信息,引起消费者购买欲望和购买行为的各种活动。但促进销售并不限于促进网上销售,事实上,网络营销在很多情况下对于促进网下销售十分有价值。

网络营销能迅速扩大非主要旅游城市和中小旅游企业的影响,使各旅游目的地和旅游企业能获得相对平等的起跑机会,有利于开辟广阔的市场,扩大旅游产品在全球的销售量。如广东佛山市南海区作为一个非主要旅游地,2002年"十一"国庆期间,通过网络,营销范围从珠三角地区扩展到全国乃至全世界,据统计,南海营销网站点击量达115万,注册用户达3.7万,充分展示了网络营销的效果,极大地支持了黄金周的旅游促销。

3. 渠道开拓与品牌、网址推广

传统经济时代的经济壁垒、地区封锁、人为屏障、交通阻隔、信息封闭等,都阻挡不住网络营销信息的传播和扩散,其销售渠道覆盖能力也是任何传统方式无法比拟的。一个具备网上交易功能的企业网站,本身就是一个网上销售渠道。网上销售渠道建设,也不限于网站本身,还包括利用第三方分销系统,也可以是利用网上专业电子商务平台直接发布信息等。

网络营销的重要任务之一,就是在互联网上建立并推广企业的品牌。知名企业的网下品牌,可以在网上得以延伸。一般企业,则可以通过互联网进行搜索排名、信息发布,快速树立企业品牌形象。网络营销对于提升品牌的核心竞争力,打造品牌资产,具有其他媒体不可替代的效果和作用。网络品牌建设,是以企业网站建设为基础,通过一系列的推广措施,达到顾客和公众对企业的认知和认可。网站所有功能的发挥都要一定的访问量为基础,所以网址推广显得十分重要。冰冻三尺非一日之寒,企业品牌形象的树立就需要长期持续地进行影响力的传播,而互联网营销是其最优方式。

4. 特色服务与顾客关系管理

旅游消费,也是一种伴随型的心理消费。人的心理需求,因为个体的不同有着千变万化的内容;所以,对旅游行业产品的需求,也就有所不同。互联网使旅游者可以花费较少的时间和较低的成本获得尽可能多的旅游目的地和旅游企业的基本信息,以及"食、住、行、游、购、娱"等常规旅游信息。这对于由于旅游消费的异地性而需要事先了解大量信息的旅游者来说非常有利,他们有充分的知情权和更多的选择权。网络营销沟通,可使供需双方在互动沟通过程中,更趋向于信息对称,从而实现供方和需方"一对一"的深层次双向沟通。网络营销,向各细分顾客群提供定制信息,甚至可以根据客户的偏好传送个性化的信息或服务。网络营销,能满足越来越多的旅游消费者个性化的需求,通过网络,旅游者可以查询旅游方面的信息,根据自己的情况进行组合,设计适合于自己的旅游线路,定做自己特殊需要的旅游产品，真正做到"量身定做"。个性化服务，在改善顾客关系、培养顾客忠诚以及增加网上销售方面具有明显的效果。

良好的顾客关系，是网络营销取得成效的必要条件，通过网站的交互性、顾客参与等方式在开展顾客服务的同时，也增进了顾客关系。旅游者为了减少购买旅游产品的风险，十分钟情于熟悉的旅游企业。大多数旅游者喜欢住熟悉的酒店，找熟悉的旅行社。互联网提供了更加方便的在线顾客服务手段，从形式最简单的FAQ（常见问题解答），到邮件列表、BBS，以及聊天室等各种即时信息服务，使用户可以随时提出问题、发表意见，甚至参与设计，让顾客拥有了更多的主动权和选择权，同时极大地减少了顾客的接触成本。旅游企业通过专门的客户关系管理系统，可以将客户资源管理、销售管理、市场管理、服务管理、决策管理集于一体，可跟踪订单，帮助企业有序地监控订单的执行过程，规范销售行为，了解新、老客户的需求，提高客户资源的整体价值，帮助企业调整营销策略，收集、整理、分析客户反馈信息，推出更符合潮流的旅游产品，吸引更多的回头客，提高顾客的忠诚度，扩大旅游企业的影响，全面提升旅游企业的核心竞争力。

二、网络营销的常用方法

网络营销的职能，需要通过一种或多种网络营销的方法来实现。常用的网络营销方法，有搜索引擎营销、发布网络广告、建立相关链接、许可 E-mail 营销、会员制营销、新闻组论坛营销、博客营销、网上虚拟店、病毒营销等。

（一）搜索引擎营销（SEM）

1. 搜索引擎营销的内涵

企业建设网站的目的，就是在互联网上展示或推广企业的服务和产品。那么人们又是怎样访问到企业网站的呢？要记得住那么多的网址显然不太现实。据互联网媒体调查机构 Nielsen/Netratings 公司提供的一项全球搜索引擎使用调查结果显示，全球约有 76% 的访问者在互联网上通过搜索引擎或其门户网站来查询相关信息，同时一个网站约 80% 以上的日访问量来源于搜索引擎。所以，搜索引擎已经成为网站开展电子商务时主要的流量来源。基于大量的使用者和主动查找所带来的效果，搜索引擎也成为广告投放的主要平台。SEM 是网络营销的一种新形式，就是有效地利用搜索引擎来进行网络营销和推广，是根据用户使用搜索引擎的方式，利用用户检索信息的机会尽可能将营销信息传递给目标用户。这是目前最精准、最有效，也是最常用的网络营销方法之一。

既然网民大都是通过搜索引擎来查找网站并对其进行访问的，那么企业网站正式发布后尽快提交到主要的搜索引擎，是网络营销的基本任务。因此，当访问者使用关键字通过搜索引擎来查找相关网站时，哪个网站如果能在搜索结果中名列前茅，则无疑锁定潜在客户的机会要较其竞争对手大得多。在主要的搜索引擎上注册并获得最理想的排名,是网站在设计过程中就要考虑的问题之一。现在的搜索引擎优化(SEO),就是其最有效的方法之一。

2. 搜索引擎营销的方式

(1)竞价排名

搜索引擎排名,是整个网络营销中最为重要的组成部分,是针对搜索引擎的特性(地理、语言、用户群)等进行的一种广告投资行为。投放者可以选定和自己需要宣传的内容相关的关键词语,并采用竞价的方式来定制广告内容的位置。针对所排名次、关键词不一样,价格就不一样,效果也就不一样。这里需要注意的是,目前的"竞价排名"在页面位置上有两种略有区别的形式:一种是以百度为代表的,将"竞价排名"的位置设定在搜索结果页面的左侧,也就是"自然结果"的一侧;另一种是以 Google 为代表的,将位置设定在页面的右侧,称为"赞助商链接"。

百度的竞价排名,一直是其公司最重要的收入来源,但同时也因百度的关键词广告总是混杂在搜索结果当中,并且往往处于搜索结果靠前的位置而饱受争议。此后,百度开始改造自身的广告体系,并于 2009 年 4 月 20 日推出了新的"凤巢"系统。这一新系统的一大特点,就是将广告与搜索结果分离,解决竞价排名所存在的争议问题。

(2)搜索引擎优化(SEO)

是针对搜索引擎的排名规则和工作特点,使网站对用户及搜索引擎更加友好,从而提高网站的自然排名的一种方法。具体做法是在流量统计分析之后,针对最终的统计结果对网站进行全面优化。优化涉及网站的目标群体定位,网站的信息价值,网站的总体结构,网站的导航设计,网站的交互性设计,网站界面、排版美观设计,网站代码,标签优化,网站动画图片优化等各个方面,使搜索引擎更容易搜索到网站的内容,并且让网站的各个网页在搜索引擎中获得较高的评分,从而获得较好的排名。

3. 搜索引擎营销的特点

(1)搜索引擎强大的影响力,是企业获得良好推广效果的基础

首先,搜索引擎搜索人群巨大,目标受众用户群大。Google 每天在其引擎的搜索达 2 亿人次,百度网页日搜索请求数早已经超过 3 亿次,所以搜索引擎投放能形成一定的规模。而且,搜索引擎聚集的每天几亿次的长尾搜索请求量,正好满足了很多电子商务企业众多长尾品种的营销。

(2)搜索引擎独特的靶向性,是企业获得良好推广效果的最重要因素

搜索引擎区别于以往推广方式的最显著特点,就在于其独特的靶向性。所谓靶向性,就是由于搜索引擎与使用者独特的接触方式——搜索结果中的信息是受众通过输入关键字所寻找的,因此企业采取这种推广方式,可以直接靶向目标消费者,提升推广的命中率。首页前三名有着接近 100% 的点击率,利用搜索引擎,推广

经费基本上不会造成浪费。用户主动的需求匹配,可以做到一定程度的人群和地区的精确匹配,带来的用户都是目标性非常强的用户,所以带来的流量转化率高。而且从广告形式上来说,在搜索结果中出现和搜索请求相关的商业信息,比传统的网络广告内容更容易被网民所接受,因此以这种方式获得的推广效果是其他方式所不可比拟的。

(3) 投放上预算可充分控制,投资回报率高

竞价强度和长度可灵活控制、实施迅速,效果可持续优化。而且搜索引擎带来的流量的转化率较高,在一般电子商务网站,搜索引擎带来 100 个点击就可以转化成一个订单,而非搜索引擎也许要 300~500 个点击才能转化成一个订单。这些都可以充分保证获取更高的投资回报率。

(二)建立相关链接

互联网的一个特点,就是通过链接将所有的网页链接在一起,与不同站点建立链接,可以缩短网页间距离,提高站点的被访问概率。建立相关链接是一项常用的网站推广手段,被其他网站链接的机会越多,越有利于推广自己的网站。尤其对于大多数中小网站来说,这种推广手段是一种常用的、而且是有一定效果的方法。一般建立链接有下面几种方式:

1. 在行业站点上申请链接

如果站点属于某些不同的商务组织,而这些组织建有会员站点,应及时向这些站点申请一个链接。对于旅游电子商务来说,可在业内较有影响的电子商务平台上建立相关链接。

2. 申请交换链接

交换链接或称互惠链接,是具有一定互补优势的网站之间的简单合作形式,即分别在自己的网站上放置对方网站的 LOGO 或网站名称并设置对方网站的超级链接,使得用户可以从合作网站中发现自己的网站,达到互相推广的目的。交换链接的作用,主要表现在获得访问量、增加用户浏览时的印象、在搜索引擎排名中增加优势、通过合作网站的推荐增加访问者的可信度和在业内的认知度。

如饭店、航空公司网站建立链接关系,则可相互间从这些网站得到相当数量的客源。但要注意的是,旅游网站在本地区大都有业务竞争情况,所以友情链接不宜找本地的、有业务冲突的网站进行。

3. 参加链接交换组织

参加链接交换(Link Exchange)组织和广告条交换(Banner Exchange)组织。通过这种商业性的专门交换渠道,达到增加链接的目的。

(三)发布网络广告

在网络漫游时经常会发现,绝大多数的网页中都有各种各样的图片广告,有的是静态的,更多的是动态的,文字和图片像放电影似的出现。这些图片多为长方形

或正方形的，设计和制作都很精致，色彩鲜艳，富有强烈的视觉吸引力，点击后这些图片会引导你去浏览一个新的网页，这就是网络广告。网络广告是网络营销中应用最为广泛、最为简单的一种，几乎所有的网络营销活动都与品牌形象有关，在所有与品牌推广有关的网络营销手段中，网络广告的作用最为直接。

1. 网络广告的内涵

网络广告，是指利用互联网这种载体，通过图文、多媒体形式发送的旨在推广产品、服务或站点的信息传播活动。它是一种由广告主自行或者委托他人设计、制作，在网络上发布或向目标消费者传送的非人员推广形式的有偿信息传播。广义的网络广告是指，企业在互联网上发布的一切信息，包括公益性信息、企业的商品信息以及企业自身的互联网域名、网站、网页等。狭义的网络广告是指，可确认的广告，是主要通过付费在互联网上发布的，异步传播的具有声音、文字、图像和动画等多媒体元素，可供上网者观看，并能进行交互式操作的商业传播形式。

从技术层面看，网络广告是以数字代码为载体，采用先进的多媒体技术设计制作，以 GIF、JPG 等格式建立图像文件，用来表现广告内容，同时还可使用 Java 等语言使其产生交互性，用 Shockwave 等插件工具增强表现力，通过因特网广泛传播，具有良好的交互功能。

随着科学技术和网络营销的发展，网络广告的形式越来越广泛。从营销活动的信息传播角度看，WEB 主页、E-mail、BBS、新闻组、专业网站数据库、公共黄页、聊天室、网络传真等都可能因为承载了广告信息而被列入网络广告的范围。而且网络广告也从简单的文字链、软文、图片、栏目合作等形式，发展到与搜索关键词匹配的网络广告，进而发展成受众能够参与的形式，比如富媒体、植入式、互动参与等广告方式，还出现了视频、流媒体、桌面、无线等新的广告方式，使网络广告有着灵巧的广告创意、充满互动的用户体验、精确的受众匹配、配合传播策略的功能设计、超级浏览器的内容植入等特点。

2. 网络广告的特点

(1) 传播范围广，无时空限制

网络广告的传播不受时间和空间的限制，互联网将广告信息 24 小时不间断地传播到世界各地。只要具有上网条件，任何人在任何地点都可以随时浏览到网络的广告信息。

(2) 定向与分类明确

网络广告最大的特点就在于它的定向性，网络广告不仅可以面对所有互联网用户，而且可以根据受众用户确定广告目标市场。从营销的角度来看，这是一种一对一的理想的营销方式，它使可能成为买主的用户与有价值的信息之间实现了匹配。从受众方面看，互联网受众会选择他们真正感兴趣的信息来浏览，所以网络广告信息到达受众的准确性很高。

(3) 精确有效的统计

传统媒体广告的发布者无法得到诸如有多少人接触过该广告的准确信息,因此一般只能大致推算广告的效果。而网络广告的发布者则可通过公众权威的广告统计系统提供的庞大的用户跟踪信息库,从中找到各种有用的反馈信息。也可以利用服务器端的访问记录软件,如 cookie 程序等,追踪访问者在网站的行踪,调查其曾点击浏览过哪些广告或是曾经深入了解了哪类信息,访问者的这些行踪都被储存在 cookie 中。广告商通过这类软件可以随时获得访问者的详细记录,即点击的次数、浏览的次数以及访问者的身份、查阅的时间分布和地域分布等,从而有助于客商正确评估广告效果,审定广告投放策略。

(4) 互动性

互联网信息共享的特点,决定了网络广告的互动性。传统媒体中受众只是被动地接受广告信息,而在网络上,受众是广告的主人,受众只会点击感兴趣的信息,并通过相关链接进一步了解更多、更为详细和生动的信息,从而使消费者能亲身"体验"产品、服务与品牌,并可随时向广告发布者反馈相关信息。

(5) 内容丰富,形象生动

传统媒体往往只采用片面单一的表现形式,互联网广告以多媒体、超文本格式为载体,图、文、声、像全方位传送信息,使受众能身临其境般感受产品和服务。

(6) 实时灵活,价格低廉

在传统媒体上做广告发版后很难更改,即使改动往往也需要付出很大的经济代价。而在网上做广告能按照需要及时变更广告内容,经营决策的变化也能及时实施和推广。在网上发布广告的总价格较其他形式的广告价格便宜很多,与报纸和电视相比,在单位面积(时间)的广告价格上,网络广告极具竞争力。

3. 网络广告新形式——窄告

窄告就是"窄而告之"、"专而告之",指客户的窄告直接投放到与之内容相关的网络媒体上的文章周围;同时,窄告还会根据浏览者的偏好、习性、地理位置、访问历史等信息,有针对性地将窄告投放到真正感兴趣的浏览者面前,是一种网络定向广告。它使得网络广告能够直接"命中"目标客户群体,从而极大地提高网络广告的有效性,网络媒体的赢利能力也成倍地提高。由天下互联公司推出的窄告,是在新浪网、网易、TOM、中华网、人民网、新华网、中国新闻网等上千家权威网站上投放的与文章上下文内容智能匹配的网络分众广告。窄告的投放模式有:

(1) 按媒体投放

只要在窄告联盟任意推广伙伴网站开设账户,定制窄告,就可以将窄告投放到所有的或者任何一家窄告联盟合作媒体上,比如新浪、网易、TOM、中华网、新华网、人民网、中国新闻网等。

第7章 旅游电子商务中的网络营销技术应用

(2) 按地区投放

网络没有时间与空间的区分,但窄告可以通过对访问者所在地域的判断,自动将窄告投放给指定的目标人群。例如,某一新旅游产品的初步市场拓展计划是华中地区的河南、湖北两个省,那么,它的广告策略应当首先是针对性很强的区域性广告,即把河南、湖北两个省当作目标受众所在地,进行广告宣传。窄告发布系统可以通过访问者的 IP 地址判断其所在地域,然后自动将区域性的广告发布到指定区域。比如,它会自动将上文中的广告投放给那些 IP 地址在河南、湖北两省的访问者。这样的话,就很可能出现一种有趣的现象,就是在不同的地区,同一时间下同一网站上的同一篇文章周围所出现的窄告是不同的,但这恰恰体现了窄告投放的精准性。

(3) 按访问者投放

窄告发布系统可以根据访问者访问历史,确定访问者的职业、兴趣、偏好等,然后通过这些特性,有针对性地为其展示适合的窄告。比如说,某个网民是自驾游爱好者,他每次上网都会浏览相关的新闻,如果有相关产品的旅行社的窄告,就会在他经常浏览的网页旁边显示。这样,广告的卖点与网民的关注点便呈现出相当大的相关性,网民的消费欲望可能会被激起。

(4) 按语义投放

通过对窄告与网站正文内容的语义分析,窄告投放到与之语义相匹配的正文周围,使得窄告与正文的内容具备相关性、延续性。通俗地说,按语义投放的窄告是通过"兴趣点"将商业宣传与网页内容巧妙结合。比如,某旅游帐篷厂商,可以通过"窄告"将宣传发到所有与"户外"、"徒步"、"背包自助"等相关的网页上,使商业宣传的"兴趣点"和网页内容的"兴趣点"重合,高质量地吸引大量关注这些主题的目标客户,并通过"兴趣点"更好地激励目标客户的主动参与性。系统对各用户定制的窄告及各大媒体文章分别进行语义分析,形成相关主题特征词典,二者自动匹配,即生成窄告显示页,用户所投放的窄告即显示在相关正文周围。具体位置可以因媒体而异,可以在正文两侧、上下方,也可以在正文中间。

(四) 许可 E-mail 营销

许可 E-mail 营销的定义,是在用户事先许可的前提下,通过电子邮件的方式向目标用户传递有价值信息的一种网络营销手段。使用 E-mail 的用户经常看到的各个曾注册过的网站发来的新近动态的邮件就是许可 E-mail 营销,比如淘宝所有的交易都是以邮件的形式通知买卖双方。

基于用户许可的 E-mail 营销比传统的推广方式或未经许可的 E-mail 营销具有明显的优势,比如可以减少广告对用户的滋扰、增加潜在客户定位的准确度、增强与客户的关系、提高品牌忠诚度等。开展 E-mail 营销的前提是,拥有潜在用户的 E-mail 地址,这些地址可以是企业从用户、潜在用户资料中自行收集整理出来的,也可以是利用第三方的潜在用户资源获取的,比如国内的 51mymail、拓鹏数据库营销等都是属于此类资源的获取渠道。

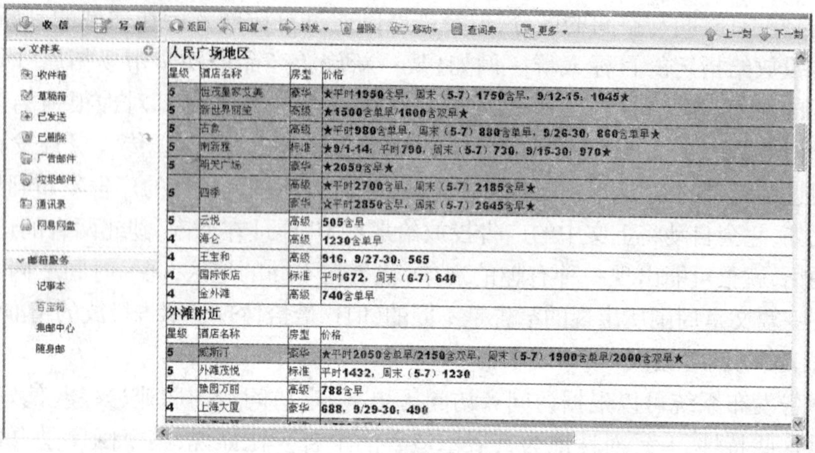

图7-1 E-mail营销

另外,邮件列表实际上也是一种E-mail营销形式,邮件列表也是基于用户许可的原则,用户自愿加入、自由退出。稍微不同的是,E-mail营销直接向用户发送促销信息,而邮件列表是通过为用户提供有价值的信息,在邮件内容中加入适量促销信息,从而实现营销的目的。邮件列表的主要价值表现在四个方面:作为企业产品或服务的促销工具、方便和用户交流、获得赞助或者出售广告空间、收费信息服务。邮件列表的表现形式很多,常见的有新闻邮件、各种电子刊物、新产品通知、优惠促销信息、重要事件提醒服务等。

(五)病毒式营销

病毒式营销并非真的以传播病毒的方式开展营销,而是借助网络通过用户的口碑宣传,信息像病毒一样传播和扩散,利用快速复制的方式传向广大的受众。

病毒性营销的经典范例是Hotmail.com。当时,Hotmail提出的病毒式营销方法是颇具争议性的,为了给自己的免费邮件做推广,Hotmail在每一封免费发出的邮件底部都附加一个简单标签:"Get your private, free Email at http://www.hotmail.com";接收邮件的人将看到邮件底部的信息;每一个用户都成了Hotmail的推广者,这种信息于是迅速在网络用户中自然扩散。现在所有的免费电子邮件提供商,都采取类似的推广方法。

美国的环球影城(Universal Studios)主题公园开创了一种新的病毒式营销模式,它设立了3个用户可以使用的网络摄像机,参观者可以从公园的各个最佳景点拍照,然后送给朋友。使用者一般会给亲朋好友送4张电子卡片,结果成百万的公园景点的图片发送给了潜在的游客。这种策略是一种不同寻常的病毒式营销模式,对公园、游客和他们的朋友都有帮助。参观者在游览环球影城的同时可以很轻易地把他们自己的照片发送出去,主题公园的形象也就附带着传递出去了。人们乐意收到朋友寄来的电子图片,公园里的各种景象就这样深深地印在了人们心中。

(六)论坛、博客营销

随着网络全球化和社会化的形成,口碑传播在旅游信息传播中的地位越来越明显。根据 IDG、CNNIC 和艾瑞等多家调查机构的报告,旅游者在做旅游计划和目的地决策的过程中,对朋友的介绍和互联网查找的依赖性分别排到了第一位和第三位(第二位是广告),这主要是因为口碑传播的公信力较高。而且互联网对旅游者的旅游经历可以有丰富的表现形式,除了文字外,还可以有图片和视频。这些都对旅游者在旅游目的地的选择过程中,起到重要的参考作用。

1. 论坛营销

就是企业利用论坛这种网络交流的平台,通过文字、图片、视频等方式发布企业的产品和服务的信息,从而让目标客户更加深刻地了解企业的产品和服务,最终宣传企业的品牌、加深市场认知度的网络营销活动。在一些人气比较大的论坛去发帖灌水,同时留下自己的网站链接、以个人或者组织的名义去写文章,利用"软文"接近客户,进而影响潜在的客户。因此,把论坛相关内容纳入到频道建设中,增加人气和网上网下交流,已经被大型门户网站广泛应用。可以看到,很多网站的文章也来自于论坛网友的帖子,对于频道内容的丰富和推广起到了不错的积极效应。论坛所营造的环境是与用户互动的场所,论坛的应用更有利于市场调查和细分工作,通过论坛进行市场调查是企业满足消费者个性化需求、增强竞争能力的有效途径。在论坛网站中可以设置网民评论和在线调查表,在交流中可以发现问题并分析出原因,及时做出消费者需求细分,而且在线发表评论可以直接就调查中的问题与网民进行沟通。

2. 博客营销

(1)博客与博客营销

博客,是指网络日志,是继 E-mail、BBS、ICQ 之后出现的第四种网络交流方式,是网民个人思想、观点、知识等在互联网上的共享,具有知识性、自主性、共享性等基本特征。博客,已经成为一种时尚和潮流,其所蕴藏的巨大信息爆发力及舆论影响力是可想而知的。这股类似于 14 世纪欧洲文艺复兴运动的博客流,正在不断推动着民间思想及文化进入百花齐放的时代。而对于整个商业社会及企业而言,博客的意义则远非只是个人话语权利的自由释放那样简单,它所带来的信息传播、话题引导以及可能潜在的舆论危机,正在深刻改变着商业运行规则。在博客网站上,有价值的博客内容一经发布,会吸引大量的潜在客户浏览,从而达到直接向潜在客户传递信息的目的。

博客营销,是一种基于个人知识资源(包括思想、体验等表现形式)的网络信息传递形式,就是利用分享创意、提供信息,并通过知识传播达到营销信息传递的目的。简单地说，就是企业利用博客平台从事营销活动，与 E-mail 营销、站点营销等方式相比，在降低企业营销成本和有效传播商业信息等方面有突出表现。博客营销从它的内容提供上来说，是一种专家式的营销，具有知识性、自主性和权威性，内容本身就使其被认可的可能性增大，再加上网络的传播速度，就使这种网络公信力得以迅速地传播。从博客营销这种基于个人知识资源的信息发布方式可以看出，博客营销的理念非常特别，传统的市场营销和广告直接影响的是销售，而在博客营销中，销售不是直接目标，但它可能是最终被影响的一个目标。

（2）博客营销开辟了一个全新的营销平台

这个营销平台强调的是互动、意图、身份识别和精准，而它的核心内容就是与传统意义上的"广泛传播"相对应的"小众传播"，即所谓的精准营销。通过博客，营销的本质回归到口口相传的口碑式营销上来，强调互动传播，强调小众传播影响大众传播，让传播的效应从数字上的成功（点击率、PV）转移到传播的质量上来。

传统的"强势公关"，已经让顾客望而却步，在博客中是一群具有相同爱好和知识背景的博友。如喜欢旅游的族群，在交流过程中就会涉及交通、饮食、住宿等方面的问题。而与之相关的企业就可以在这方面利用博客进行引导，开展公关活动。由于以中立的观点提供信息、探讨问题，使得这种公关具有隐蔽性，同时使自己在这些群体中的印象加深，从而在这个圈子里形成一个特有的公共关系网。这种靠口碑和信誉建立起来的关系网络，只要企业能维持好，就会一直存续下去。

旅游者通过博客的形式，将自己的旅游过程和旅途感受在网络上反复传递，旅游者的博客不但覆盖面广，内容迥异，更重要的是在信息的准确度和真实性的公信力方面具有无可比拟的优势。将旅游者的博客融入网站内容中，至少可以极大地提高浏览者的访问量，更好地黏住用户。把这些内容整合入网站的营销中，当然会比那些干巴巴的广告内容有更好的效果。而事实也证明游客的一句真实的旅游经历感悟，比旅游企业王婆卖瓜自卖自夸的效果要好得多，所以大量的旅游网站都开设了博客系统。

（3）博客与企业其他营销方式相比

博客是继论坛、社区后，另一个范围广、人气高，网友能更自由表达自我、网站能与网友互动的方式。互补于社区，博客则偏重于个人的整体、连续、顺畅的发言权，每个人都可以是作家，都可以成为焦点，它给了一个硕大的空间让网友更完整和个性地抒发自己的观点和想法，因此更多地呈献给其他读者的是一篇篇有头有尾完整的文章，而不是简单的只言片语。每一篇博客文章都是一个独立的网页，而且博客文章很容易被搜索引擎收录和检索，这样使得博客文章具有长期被用户发现和阅读的机会。博客文章的内容题材和发布方式更为灵活。与门户网站发布广告和新闻相比，博客传播具有更大的自主性，并且无须直接费用。与供求信息平台的信息发布方式相比，博客的信息量更大，表现形式灵活，而且完全可以用"中立"

的观点来对自己的企业和产品进行推广。与论坛营销的信息发布方式相比,博客文章显得更正式,可信度更高。在传统的企业竞争中,营销策略很容易被对手效仿,这使得企业的营销效果在后期大打折扣。而博客营销,首先是一种知识和思想上的营销,竞争方式易仿效,但思想和智慧是模仿不了的,一旦其被某一群体所认可,就会长期受到青睐,并形成一个坚实的信誉壁垒。

案例学习

青海藏羚羊博客成宣传闪亮"网点"

"太美了,真想马上去青海。""太漂亮了!我开始担心我的1G内存的相机够用吗?""身未动而心已远。""音乐、画面,有一种生态的美。""浏览你的博客,初识青海美,给我以震撼!"……打开青海旅游网,点击景点博客栏目中置顶的搜狐博客——"青海藏羚羊"(http://zanglingyang.blog.sohu.com),类似的博友留言和评论比比皆是。借助这一目前堪称最为专业、系统宣传介绍青海旅游的博客,很多网民认知并向往着青海。

青海藏羚羊博客,在搜狐网站安家已有两三年。打开博主日志,从一页页图文并茂、形象生动的作品中可以看到,自始至今,这一博客都在围绕宣传推介青海旅游做文章。仅今年以来,依次挂出的作品就有:《青海湖——美丽的天鹅湖》、《青海藏区的晒佛活动》、《黄南同仁县隆务寺》、《青海高原春光无限》、《青海的冬季——光与影,冰与雪》、《青海有大美,大美在民间》、《岁末游走祁连山》、《青海门源——难舍那青山绿水间的金黄》、《环湖赛——在美丽中绽放激情》,等等。针对青海不同季节、不同旅游内涵和主题的文化活动,"青海藏羚羊"blog适时适势"灌水"充填更新着内容,不断带给网民耳目一新的感觉和心灵震撼,成为不少网民走进青海旅游的网上"导游"。不少博友在跟进"灌水"中豪迈地表示:"看了楼主的博客,我要攒钱再上高原。""你的家乡青海太美了,今年夏天要去青海。""那片神秘而又美丽的土地就这么清晰地展现眼前,终有一日,会踏上探寻的旅程。"同时,相关咨询、沟通和交流也不时通过这一博客平台展开,如:"计划塔尔寺、青海湖两日游,或者博主建议其他更好的游览方式。""青海有什么公益活动,也请在网上说一下,看我们能否为青海人民做一点事。"

(资料来源:新华网,2008 – 07 – 30.)

(七)即时通信营销

即时通信(InstantMessaging,IM)主要提供基于互联网络的客户端进行实时语音、文字传输。大部分的即时通信服务提供了状态信息的特性——显示联络人名单、联络人是否在线及能否与联络人交谈。目前在互联网上受欢迎的即时通信软件包括 QQ、MSN Messenger、AOL Instant Messenger、Yahoo! Messenger、百度 hi、NET Messenger Service、Jabber、ICQ 等。即时通信工具以实时交互、资费低廉等优点,受到了广大个人用户的喜爱,已经成为网络生活中不可或缺的一部分。同时,越来越多的企业已开始认识到即时通信工具能够带来极高的生产力,借助它的应用,来提高业务协同性及反馈的快捷度。

1. 即时通信营销是一种具有优势资源的实时互动营销

截至 2008 年 6 月,腾讯 QQ 的活跃用户已超过 3.4 亿,覆盖了中国 90% 以上的网民。2008 年,7 天连锁酒店宣布与国内大型互联网综合服务提供商腾讯网达成战略合作,腾讯用户只需进入腾讯网或拍拍网中 7 天酒店的专属页面,即可凭借自己的 QQ 号直接进行酒店查询和预订,通过"财付通"支付平台完成付款,非常便捷。腾讯公司旗下知名品牌"财付通"与南航、深航等航空公司合作,旅客只需登录 QQ,就可查询航班信息,通过"财付通"在网上支付票款,还可享受网上自选座位、自助打印登机牌等一站式服务。此外,"财付通"还专门为航空公司建立了机票专区。南航财付通机票专区是腾讯"财付通"与南方航空集团联合推出的在线购票平台。用户登录机票专区,不但可以快捷地完成航班查询订购、在线支付等,还能享受最优惠的票价折扣。在与深圳航空的合作中,"财付通"在 QQ 会员中组织的"深航学子游活动",极大地提高了深航主站的访问量和会员注册量,有效拉动了深航的品牌曝光。

2. 泛口碑传播信息的可信度和影响力较大

QQ 群是 QQ 独有的一项功能,通过 QQ 群,用户与用户之间可以即时沟通,也可单独聊天,最重要的,QQ 群是按照某种人脉关系建立的,比如旅游群、户外群。"群"的空间私密而独立,如果把论坛比作公开的酒吧,那么称"群"为私人会所再恰当不过了。另外,QQ、MSN、泡泡等即时通信工具签名处,也是一个绝佳的广告位。IM 签名有着巨大的传播效力的秘密在于,参与其中的每个人不仅是信息的接收者,更是进一步传递信息的节点;还有一个重要的因素是,IM 上好友之间有较强的信任关系。这种泛口碑传播,在可信度和影响力上大大优于传统广告宣传方式。特别是素以含金量高著称的 MSN 用户,因其高收入白领居多而备受广告主青睐。

3. 业内专业群成为从业者强有力的业务合作平台

旅游从业者在业内已经自发形成了一些专业的 QQ 群,如一些旅行社从业者,同时借助业内多个专业群,获取即时的资源动态信息,如酒店客房、拼团合作、机票车票等。因会聚了业内众多同行,在群里相互合作,互通有无,资源共享,特别是对旅游这种具有不可储存性的产品,IM 即时动态的特性对营销工作是十分有用的。

图 7-2 专业 QQ 群内的业务交流

4.借助即时通信工具,与潜在顾客深入沟通

旅游网站上设立的客服,借助 QQ 与顾客进行及时、深入的沟通,当顾客通过网页了解了初步情况后,如果对某一产品感兴趣,往往需要同网上旅行社等企业进行深入的进一步沟通。这是网上旅行社将潜在客户转化成现实顾客的一个绝好契机,使网上旅行社也能同传统门点旅行社一样同顾客进行"面谈",使顾客感到亲切、安全,能打消顾客的顾虑,促成交易。

三、网络营销理念与技术的发展

(一)基于 Web 2.0 理念的网络营销

1. Web2.0 代表的是一个新的网络体系

Web2.0,是 2003 年之后互联网的热门概念之一。目前,对什么是 Web2.0 的定义,基本是以 BLOG(博客)、Tag(网摘)、SNS(社会化网络)、RSS(简易聚合内容)、Wiki(百科全书)、即时信息(IM)等应用为核心,依据六度空间理论、长尾理论、XML(可扩展标志语言)、Ajax(创建交互式网页应用的网页开发技术)等新理论和技术实现的互联网新模式。由于这些技术有不同程度的网络营销价值,因此Web2.0 在网络营销中的应用已经成为网络营销的崭新领域。随着 Web2.0 时代的到来,Web2.0 概念除了给网络服务带来创新性、个性化的发展外,也使网络营销催生了更多的创意营销形式和载体。

Web2.0 不只是一个技术术语,从更深的层面来说,它代表的是一个新的网络体系,在这个体系中人成了真正意义上的主体。Web2.0 时代话语权,在用户大众手中,实践着网络社会化和个性化的理想。它是互联网发展史上,从核心内容到外部运用的一次巨大变革。

2. Web2.0 突出的是参与、互动、体验和分享

Web2.0 是互联网的一次理念和思想体系的升级换代,由原来的自上而下的由

少数资源控制者集中控制主导的互联网体系,转变为自下而上的由广大用户集体智慧和力量主导的互联网体系。它改变着旅游业信息传播的格局,例如,在遥远的云南西北边境,有一个过去几乎与世隔绝的少数民族自治州,叫怒江傈僳族自治州。它位于青藏高原的南缘,有高山深谷,经济非常落后。而当人们从互联网上查询"怒江,旅游"这个关键词的时候,能找到的网页数量多达 58 万多篇,已经相当于"北京,旅游"网页数的近 1/3。从地方图志、摄影作品到自助旅游攻略,怒江信息的丰富翔实程度完全超出了人们的预想。像怒江这样缺少信息化手段的地方,也能借助探险者、摄影师、旅游撰稿人和游记作者这样多元的社会力量,生动地呈现在世界面前。现在已经可以看到,互联网上大部分旅游信息,并非政府主导营销的直接结果,而是由旅游相关群体或个人提供的。旅游者更愿意阅读的,是生动、翔实的旅游信息,是另一些人主动分享的旅游体验,于是那些富有独特价值的旅游地,会通过旅游者再传播凸显出来。

在 Web2.0 时代,突出的不是纯技术,而是参与、互动、体验和分享。Web2.0 作为正在崛起的营销力量,它利用博客、内容聚合、社会性网络等技术,形成了全球性的新一轮互联网创新热潮,也催生了网络营销大趋势。它与门户网站相比,面对的是相对少但却更加细分的人群。Web2.0 催生了更有效的营销沟通,并以此不断激发用户产生强烈的互联和消费意愿。Web2.0 利用互联网的力量吸引人们聚到一起来创造内容、分享专业知识,以及通过社会互动来寻求平衡,它的出现使得企业比以往任何时候都更在乎消费者的切身感受和切实利益。

3. Web2.0 营销的核心在于低成本发动大众,利用大众进行广泛传播

Web2.0 的来临,改变了网民作为旁观者的地位。Web2.0 最本质的变化就是传播方式从大中心式的广播变成对等的互动式交流。在新的传播环境下,所有人都参与到传播过程中,传统媒体和广告主已经不再掌握话语权,评价产品优劣和讲述品牌故事的权力已经落到了用户的手中。显然,Web2.0 强大的营销沟通力量掀开了一个真正以消费者为中心的时代。只要企业有一个好的活动创意和推广模式,内容的创造、传播和交叉复制的工作便可由消费者来完成。

Web2.0 赋予旅游电子商务交易模式新的内涵。它将 B2C 深化为以游客为中心的 C2B,即将传统的在线交易转化为更广阔的在线交流,个人用户通过组成群体贡献自己的数据与服务,同时允许他人聚合,以达到用户越多服务越好的目的。通过这种参与架构,创造出超越传统网络页面技术内涵、引发丰富用户体验的网络效应。例如,可以通过建立企业博客,来进行新线路产品的预测、旅游者满意度的调查等,最终通过培育潜在旅游者来达成最终的旅游交易。

(二)基于移动通信技术的网络营销

1. 网络营销与移动旅游电子商务

第一代旅游业网络营销以 CRS、GDS 为载体,第二代旅游业网络营销以 Internet

为载体,第三代旅游业网络营销将是以移动通信网(Mobile Telephone Networks,MTN)为载体的全新营销模式。旅游移动电子商务,是指旅游消费者利用移动终端设备,通过无线有线相结合的网络,采用某种支付手段来完成的,和移动旅游服务商的交易活动。

2009年3月,总部位于迪拜的国际航空公司阿联酋航空(简称"阿航")推出移动版阿航网站。全球阿航乘客可通过移动通信设备(包括移动电话和掌上电脑)浏览阿航网站(emirates.com)时,网页将被自动转换成移动版格式,使乘客在全球任意地点连线阿航成为现实,使乘客得以在股掌之间灵活管理他们的行程。移动版网站,整合了许多阿航网站上最受欢迎的特点和功能,并转成适用于移动通信设备的格式。用移动设备访问网站的游客,可以在起飞前24小时在线办理登机手续,根据喜好选择座位或预订特殊餐食,搜索阿航飞往全球逾100个目的地的最新特价机票,查看实时航班状态及全球时刻表。乘客们还可通过阿航移动版网站,了解阿航的历史和现在、机上特色、机场休息室及最新新闻,甚至还能通过航班查询工具查看特定航班上提供的创新产品和服务。阿航屡获殊荣的常旅客飞行计划Skywards的会员,可以登录他们的账户查询里程余额和行程。同时,乘客能轻松查询并联络阿航遍布全球的办事处。在不久的将来,移动版阿航网站将支持多国语言,并实现在线订票等更多功能。阿航移动版网站的问世,体现了阿航总是领先一步为客户提供创新和便利服务的宗旨。

在国内航空方面,南方航空公司2009年8月推出手机订票,只要手机开通GPRS功能,并且有一张银联卡,便可随时随地通过手机登录南航手机订票网站http://wap.csair.com,进行查询和预订机票。景区方面,在我国新疆天山天池景区,也根据发展趋势建立了手机网站,开展业务推广。

2. 移动电子商务在旅游营销服务中的作用

旅游产品生产与旅游消费需求之间,不可避免地存在时间和空间上的差异。在传统旅游电子商务方式下,一般来说只能为旅游者提供信息内容和交易等售前服务,无法解决游客在旅游区域、在旅行途中临时产生的一些需求:如订餐、购票、订房、更改旅游路线等。在旅游过程中,游客出现不满意的状况,而问题如得不到及时解决,势必影响旅游活动的质量,严重破坏旅游企业的社会声誉。传统的PC接入方式具有操作复杂、不便于随身携带等缺点,但移动电子商务借助无线接入技术则能随着移动的游客,提供无处不在的个性化、实时的贴心服务,解决以上诸多问题。

(1) 移动电子商务能在旅游全过程中提供服务

过去旅游者在旅途中,会发现传统旅游电子商务所提供的信息和便利全部消失了。同时,旅游过程的每一个环节都可能导致旅游行程被中断或改变,如由于天气原因飞机延误或取消、由于管理原因行李被误递、交通事故,以及旅游者主动改变行程等。旅游者在旅游活动中，还可能产生一些事先未设想到的消费欲望，如更改旅游线路、增加旅游景点、获得额外的信息和服务等。传统的旅游电子商务无法解决这些活动费用的支付问题。

旅游移动电子商务提供商，能够帮助用户既节约时间又节省费用地处理这些旅途中的突发事件。旅游者将可以使用移动技术，在旅行途中预订并修改航班、办理登机、预订酒店以及填写开支表单。移动电子商务还能随时随地完成支付过程，使得旅游活动更加完美。另外，旅游者在旅游活动中还需要各种与当前所处地理位置直接相关的服务内容，具体可概括为：安全救援服务、交通和导航服务、移动导游服务、移动广告服务、基于位置的信息查询服务等。这些都可以借助于移动电子商务技术来完成。

(2) 基于移动电子商务更容易实现个性化的营销

由于移动电子商务是依赖特定的个人随身携带的移动设备而开展的商务活动，因而更容易实现个性化的营销，满足不同的人的不同需要。基于移动电子商务的客户关系管理通过无线网络，更容易贴近客户，能主动地将关怀送给客户，并识别、记录、跟踪客户的个性化需求的变化，及时地帮助销售人员针对其提供个性化的旅游产品和服务，是速度最快的营销方式。

将促销内容直接发给用户随身携带的移动设备，可以做到100%的命中目标群体，使促销活动能更准确地定位到合适的人群中，节约了宣传费用。同时，有意向的客户可以立刻通过手机进行进一步了解和预订，减少了宣传活动和客户响应之间的时间差，避免了潜在客户的流失，提高了效率。随着团队旅游向自助旅游的发展，定制营销走向了大众，由旅游者按个人意愿选择出游的路线、费用支付的方式。在其希望的地点、时间，将其需要的内容、信息提供给他，充分满足个人的需求与期望，体现了移动电子商务无处不在、无时不在的巨大优势。

阅读材料

他们为何而成功？

桂林某国际旅行社英语部，主要从事入境游客的桂林旅游地接业务。2005年开始尝试旅游网络营销，他们采用"旅游服务商＋网络"，为欧美游客提供旅游在线交易服务"的旅游网络营销模式。2005年8月，网站发布后，业务见效很快。2006年，全年的业务额超过5 000万。对于中小企业来说，实际业绩表明他们取得了巨大的成功。他们为何而成功呢？

1. 迎合了国际旅游市场的需求

一是中国入境旅游人数逐年增加，仅2005年，中国入境旅游人数达12 029.23万人次，其中外国游客达2 025.51万人次。二是"散客化"趋势，为"散客"提供旅游个性化定制服务存在市场的空白点。三是欧美的电子商务环境较成熟,欧美人具有在网络上搜索旅游相关信息并购买旅游服务的习惯。

2. 项目负责人的综合素质高

项目负责人都具有"英语+网络+营销"三方面的综合素质,为项目的成功起了关键性的领导作用。他们常年研究搜索引擎、网络广告和全球网络分销特别是连属网络分销,并且具有对英语掌握熟练,对欧美游客的消费心理、对网络营销的理论与技术都很熟悉,综合素质较强的相对优势。

3. 目标营销战略的成功

他们对旅游市场进行细分,选择"个人与家庭",也就是我们通常所说的"散客"为主要营销目标,欧美"旅游团"为辅助营销目标。两个项目都定位为"为欧美的个人、家庭和团队提供中国'旅游定制'服务的服务商"。

4. 系统而独特的网络营销策略

在旅游产品的选择上,主推与旅游密切相关的线路、旅馆、票务三大产品线,持续主推"Yangtze cruises"长江三峡游产品项目。在价格方面,绝大部分旅游线路或旅游产品都清晰地注明了美元的报价。在网络营销中,"Visible Prices"(可见的价格)是在线交易中顾客关注的一大因素,"Honest Price"(诚实的价格)远远比"Lowest Price"(最低的价格)重要。

5. 两大关键性问题的解决

除了关注营销战略、策略因素外,实践中都侧重解决两大难题:一是如何让客户找到我们?即让更多的潜在客户找到我们的网站;二是如何让客户信任我们?客户找到我们网站,如果不能获取他的信任,他很可能会放弃浏览而我们则失去销售机会。一方面,两个项目主要通过搜索引擎营销、网络广告、连属网络营销、网站外部链接等综合手段让更多的潜在客户登录网站;另一方面,两个项目主要通过客户口碑(Testimonials)、国际旅游组织会员、明确的报价、安全支付、充实的网站内容和详细的常见问题解答(FAQ)等细节获取客户的信任。

(资料来源:http://club.china.alibaba.com/forum/thread/view/433_23919546_.html)

第二节 搜索引擎营销应用

现在通过互联网进行营销工作的旅游企业越来越多了,其中绝大部分旅游企业会选择搜索引擎,这是因为在互联网营销上,相对于其他形式,搜索引擎具有较高的性价比。

一、搜索引擎营销模式

搜索引擎营销目前主要有两大模式,一种是竞价排名广告模式,也叫点击付费广告 PPC(Pay Per Click),另一种是搜索引擎优化推广模式 SEO(Search Engine Optimization)。PPC 是按实际发生的广告点击数来向搜索引擎支付广告费用。客户的广告排名,主要由竞标价格决定。它们一般以"赞助链接"的形式出现在搜索结果的左侧或顶端,有时也会出现在自然搜索结果中。SEO 则指,针对特定搜索引擎对网站从结构合理性、内容相关性,以及外部链接数量和质量等因素着手进行优化,经过全面优化的网站可出现在搜索引擎的自然结果的显著位置上。PPC 广告,具有见效快、效果稳定的优势,但如果只用 PPC 广告进行推广,则会减少利润空间。SEO 虽不如 PPC 广告见效快,但从长远来看,它却具有投资回报高的优势。

(一)点击付费与竞价排名模式

1. PPC 广告

点击付费广告 PPC,是一种常用的网络广告形式。这种方法费用很高,但效果也很好。比如,搜狐和新浪首页上的 banner 广告。这种广告形式的收费方式一般是:起价+点击数×每次点击的价格。越是著名的搜索引擎,起价越高,最高可达数万元甚至数十万元。而每次点击的价格在 0.30 元左右。提供点击付费的网站非常多,主要有各大门户网站(如搜狐、新浪)、搜索引擎(如 Google 和百度),以及其他浏览量较大的网站。

PPC 广告投放的基本出发点,在于用较低的价格换取较高的点击转化率。一般来说,点击广告者的目的性很强。在 PPC 投放中,提高转化率的关键在于关键词的选择上。我们通常不期望通过 PPC 带来多大的流量,而是希望能带来高质量的潜在客户,那么在关键词的定位上需要的是精确、缩小概念的范围,是一个点的概念,而不是一个面。关键词概念越窄,最好不能再分,可能点击率不高,但是其转化率会越高,这对于按照点击付费的模式来说,无疑是很有利的。当希望取得较好的转化率而又有较大的流量时,可以适当放宽关键词的范围。

2. 竞价排名

竞价排名,是出现在搜索引擎搜索结果页面中的一种广告产品,其内容就是通过对某个关键词的竞价,提高网站在搜索结果页面的位置。竞价排名,顾名思义就是网站付费后才能被搜索引擎收录,付费越高者排名越靠前。客户可以通过调整每次点击付费价格,控制自己在特定关键词搜索结果中的排名,并可以通过设定不同的关键词捕捉到不同类型的目标访问者。一般来说,给关键词出价,就是为在搜索结果页面的位置出价,但是,各种 PPC 系统在算法上还是有些细微的差别,比如 Google 还要考虑点击率、相关性等。

3. PPC 的优势与不足

(1) PPC 广告的优势

搜索引擎对 PPC 广告的评审通过一般最多只需几天时间,因而能够起到立竿见影的效果。可挑选无限多组关键字,关键字可灵活替换。PPC 广告的访问量、广告排名和广告效果比搜索引擎优化更具稳定性和预知性。通过 PPC 广告可对广告的客户转化率进行跟踪,进而调整关键词,使其达到最大绩效。较之于其他营销模式,PPC 广告更易为客户接受。客户只需调整竞标价格就可以轻松控制广告排名,省去了搜索引擎优化寻找链接、交换链接等繁复的工作。只要肯投入相应的竞价资金,名列前茅轻而易举,也能清楚地控制每日成本。

(2) PPC 广告的不足

PPC 广告方式的盛行决定了它在竞争上的激烈性,供不应求的市场局面也使广告点击价格越来越高,排名越前越贵,特定关键词也会因为越多厂商使用而越贵。有些热门关键词的每次点击价格往往高达 5~6 美元,这是没有一定实力的公司所承受不起的。而且被取代性高,也存在被同业恶性点选的可能。从长期效果考虑,其投资收益回报不及搜索引擎优化。

(二)搜索引擎优化推广模式

搜索引擎优化(SEO),就是通过对网站优化设计,使得网站在搜索结果中靠前,获取自然排名和流量。搜索引擎优化又包括网站内容优化、关键词优化、外部链接优化、内部链接优化、代码优化、图片优化、搜索引擎登录等。SEO 属于 SEM 的一部分。

1. 搜索引擎结果页面的产生

搜索引擎通过派出网络蜘蛛或机器人,通过对在搜索引擎中注册的相关网站的爬行,来汇编一个网站上关键词的索引。搜索引擎算法根据不同的参数来权衡索引,然后将索引作为网络服务器数据库的一部分储存起来,该索引就是当潜在顾客输入关键词时被搜索到的内容。

检查网站上被成功地加入索引的页面数量的方法:以 Google 为例,在 Google 中搜索"inurl:www.elong.com",将会列出 Google 收录的所有艺龙的网站页面,并在搜索引擎结果的页面的右上角给出了总的结果数量。

2. 影响网站在搜索引擎排名的因素

影响网站在搜索引擎排名的因素很多,这里列举几个。

(1) 网页标记

即网页中的 HTML Meta 标记(Meta Tags)。这些标记出现在网页 HTML 编码的 HEAD 与 HEAD 之间,搜索引擎可以看得到,浏览者却看不到。这些标记包括 Title、Keywords 和 Description。

Title 标记位于 HTML 网页的 HEAD 部分。当上网者浏览一个网页的时候,它的内容会出现在浏览器最顶端。Title 标记以网站的正式名称开头,并包括网站简要描述。

Meta Keywords 和 Meta Description 标记是 HEAD 部分两个对网站宣传很重要的标记。某些搜索引擎使用这些标记的内容来决定网站的排列位次。用于 Meta Description 标记的规则与 Title 的基本上一样。而 Meta Keywords 标记,就是一个关键词列表,但在这里放入的关键词并不是越多越好,而是要挑选人们真正会用到的关键词,才是有价值的。这些关键词应该小写,并且用逗号或空格分开。

编写 HTML Meta 标记的主要标准是网站内容与常用搜索词的匹配性,如果网站的关键词在各大搜索引擎被搜索的次数越多,那么网络浏览者就越多,就可以大幅度地提高网站的推广效果。

(2)页面组织

搜索引擎并不是实时从网上检索的,而是定期从网上检索,然后存入自己的数据库。动态的网页,会造成先后存储的网页内容不一致。因此,可将一些重要、而且内容相对固定的网页制作为静态网页,如网站介绍、网站地图等。采用动静结合的方式,以适合搜索引擎的习惯。

另外,因为目前的搜索引擎技术通常是基于网页中的文本信息来进行检索的,这些文本包括用户通过浏览器可以看到的内容和源代码中只能为搜索引擎所发现的内容,为了获得被搜索引擎检索的机会,应尽量使用文字信息而不是图片或者是富媒体。

(3)外部链接

以 Google 为例,将外部链接数量和质量作为网站排名的重要指标之一,在其他方面差不多的情况下,链接数量多、质量高的网站必然排名靠前。这也就是许多网站都有"友情链接"栏目的原因之一。征求友情链接是相互的,对各自网站都有好处,对方网站的排名越高,对提高自己网站排名的效果也越好。Google 通过统计这些链接的质量和数量来给网站确定 PageRank 值,值越高排名也就越高。一般来说,如果一个网站的 PageRank 值是 4~6 的话,说明这个网站已经获得了不错的访问量。如果到了 7 以上,说明不管是网站的质量还是知名度都非常优秀了。因此网站建好后需要投入大量的时间和精力来获得大量的外部链接,特别是来自 PageRank 值比较高的网站的链接。

3. SEO 的优势与不足

(1)SEO 推广的优点

①SEO 方式所得到的为自然搜索结果,不易被其他网站取代名次,利于品牌形象的建立。自然搜索结果在受关注度上更占上风,这是由于和付费竞价买来的搜索结果相比,大多数用户更青睐于那些自然的搜索结果。②网站内容的良好优化可改善网站对产品的销售力或宣传力度,可让更多站点指向自己的网站,从而带来

更多访问量的同时,还可以显著提升网站的排名,并将这一优势保持相当长时间。③所获得的访问量是免费的,能够为客户带来更高的投资收益回报。

(2) SEO 的不足

①SEO 技术是一种被动的营销策略。一些旅游网站群普遍采用了 SEO 的技术进行流量提升,但这样的方式已经引起了一些搜索引擎的关注,并针对一些网站进行了干预。这说明,SEO 技术具有依赖性强和不稳定的特点。作为搜索引擎,只要改变计算规则或者采用一些简单的人工干预方式,就能控制 SEO 所有的工作努力的效果。搜索引擎对自然结果的排名算法并非一成不变,而一旦发生变化,往往会使一些网站不可避免受到影响。因而 SEO 效果上不够稳定,而且无法预知排名和访问量。②对于网站整体优化有较高要求。要对网站从结构乃至内容上精雕细琢(有时须作较大改动),来改善网站对关键词的相关性及设计结构的合理性。要求网站的架构包括 url 设计、页面布局、相关性内容组织等都要符合搜索引擎的习惯。旅游网站的页面要提供大量相关资讯,内容更新频率要高,并有很多原创内容充实网站。行业权威度要高,因为具有较强的行业权威度,在媒体引用和外部链接上具有很大的优势。③显示效果较慢,无法立见成效,要想享受到优化带来的收益,往往可能需要等上几个月的时间。而搜索引擎优化最初以低成本优势吸引人们眼球,但随着搜索引擎对其排名系统的不断改进,优化成本亦愈来愈高。

二、搜索引擎营销的实施策略

搜索引擎营销的两个关键环节,分别是搜索引擎营销平台的选取和关键词的选择。需要掌握的技能还包括对不同搜索引擎的规则了解、对用户的分析、对统计工具的使用等。

(一)投放目的策略

1. 以访问数量为主的投放

(1)选择大量的关键词

这里说的"大量"有两层含义:搜索量大的关键词和选择更多数量的关键词。这样虽然点击费用可能高了一些,但流量会明显增加。

(2)提高关键词竞价价格

提高排名是获得更多点击的好办法。

(3)取消限制

现在的搜索引擎投放是可以通过多种限制来压缩点击费用的,比如时间限制、区域限制、精确度限制、IP 限制、每日费用限制等。如果在点击费上的承受力可以或者确实有需要,可以取消部分或者所有的限制。

2. 以访问质量为主的投放

(1)选择精确度较高的关键词

精确度可以理解为生僻一些的词语、字节长一些的词语、竞争度不是很厉害的词语。这种方式要求较高,必须对用户心理和输入习惯有更多的了解,否则最大的可能就是造成点击率缺少的问题。当然,也可以通过安装访问统计工具来进行分析、选择。

(2)对区域、时段进行仔细挑选

对于旅游目的地来说,它的主要客源地通常会受到地理位置、交通、文化习惯、生活习惯等因素的影响,所以旅行社可以选择自己的主要客源地进行投放。对于组团社,如果是出游线路,只要限制在自己所处省份或者城市就可以了。而时段选择也比较重要,如果是针对上班族,一般不要选择早上或者下午这样工作繁忙的时间,可以放在中午或者晚上。

(3)精心制作网站介绍,选择好的排名

选择投放的网站,通常是可以自己定制网站介绍的,在这个时候,就可以做很精心的策划了。当然,这也需要对目标用户有足够的了解。这个工作做好后,那就选择一个好的排名,位置可以尽量提前,保持在首屏。

(4)选择准确的 URL

很多旅游网站都会把投放的网页 URL 设置为网站首页,其实也未必。如果旅行社重点在某些产品上,那就围绕产品的内容选择关键词,同时把访问的 URL 设置为产品页,这样精确度必然很高。

(二)目标人群消费特征及搜索习惯策略

相关调查显示,网络搜索旅游人群主要年龄集中在 18~35 岁之间,占整体网络搜索旅游人群的 80%。这部分人群的旅游消费特征为,消费需求追求个性化。要求消费能显示差别性、突出个性化特征,对能够表现个性心理的旅游产品十分喜爱。消费观念讲究时尚化。对各种新产品具有强烈兴趣和购买欲望,在旅游消费活动中,追求时尚新颖和美的享受,力图表现时代特征,领导消费新潮流。消费行为呈现情绪化。选购旅游产品时,容易受情绪左右,容易受环境和营销人员的影响,计划性购买较少,冲动性购买较多。消费层次体现高档化。这部分人群年富力强,文化知识水平高,收入也相对较高,对于特色旅游产品和服务有浓厚的兴趣,追求高档次。因此,投放相关旅游产品搜索推广时,要注意针对性。

根据调查,消费者从首次搜索到进行购买需要花费近一个月的时间。平均而言,消费者要进行 10 次以上的相关旅游搜索、访问 20 个左右网站,从首次搜索到最终购买需要 29 天。45% 的交易,是在首次搜索后 4 个星期或更长时间才进行。因此,要保持长期持续推广,从而保证与消费者搜索的充足接触时间,防止潜在客户的流失。

（三）搜索引擎的选择与登录策略

1. 搜索引擎营销平台的选择原则

针对企业经营的业务种类和目标市场定位的不同,选取的搜索引擎营销的平台也不尽相同。搜索引擎营销,实质上是借助于搜索引擎平台来传播企业的营销信息;因此,搜索引擎营销平台的知名度的大小,决定着搜索引擎营销效果的好坏。如果搜索引擎营销平台的知名度高,则访问量就大,受众群体就多,这样搜索引擎营销的效果就相对好一些。

目前,国内的搜索引擎工具前三甲是百度（Baidu）、雅虎中国和谷歌（Google）。百度,是全球最大的中文搜索引擎,覆盖95%的中国网民,每天有超过1亿次搜索。百度排名,按效果付费,即按照给企业带来的潜在客户访问数量计费,获得新客户平均成本低。谷歌,主要凭借的是其全球第一大搜索引擎的名气,其内容的关联程度也较高,一直被网民认为是"白领搜索"。投放者可以根据自己的客户情况选择一个合适的平台进行投放,当然,如果经济能力允许,也可以同时使用。

2. 搜索引擎登录策略

将优化好的网站提交到搜索引擎,这也是网站注册中非常重要的一环。登录搜索引擎并不是简单地把网址提交给它就万事大吉了,其中有许多值得我们注意的地方。

（1）提交网页的数量

注意提交单个的网页,并不意味着你可以把几百个页面全塞给同一家搜索引擎。比如有的引擎规定来自同一URL的网页总数不能超过30个,而且在一天中,向单个搜索引擎提交的网页数量最好也不要超过5个,所以尽量让最重要的网页先得到提交。目录索引一般只允许提交1个网页。

（2）重复提交网页

由于每天都有大量新的网页加入竞争,原本领先的地位很容易被后来者所取代。况且搜索引擎的排名规则经常改变,今天可能排名第一,难保明天就不会落到100名之后。所以要及时查看排名,当排名不理想时,向搜索引擎重复提交网页是很有必要的。

（四）关键词管理策略

1. 对于竞价排名的关键词

竞价排名的产品内容和效果,是以关键词为导向的。因此,关键词的选择是否合理,会影响着整个产品的使用和结果。在关键词选择的时候,有这么几点因素要注意:

一是要把握好关键词的"冷热度"。不要选择那些过于热门的词语,因为这会造成在个别词语上的激烈竞争,从而增大竞价成本。避开竞争激烈的行业内热门关键词,争取精确匹配的长尾关键词。例如,酒店预订这一行业的关键词竞争非常激烈，同时这行业也已经有像携程、艺龙、同程等行业巨头，在一般情况下，想跟这些网站竞争热门关键词几乎不大可能，因此可采用"精确匹配的长尾关键词"策略。长尾关键词投入少、见效快，数量足够多的话也能引来大量优质流量。精确匹配，是为了在跟大网站竞争时获得更高的排名而采取的一种策略。反之，也不要选择那些过于冷门的词语，因为营销的目的是让更多的人看到自己，而不是节约营销费用。多选择一些普通的关键词。除了上面所提到的具体产品、具体服务名称，网站还应该注册一个行业中最常用的名称，最简单的名称的被搜索频率是很高的。对于那些刚刚上线的旅游企业网站来说，搜索引擎的关注度很低，因而自然排名的结果也不很理想，所以，企业可以通过对搜索引擎使用者可能输入词语的分析（最好有专业机构或者工具辅助），来提高在更多的普通词语搜索结果中的排名，这样既能使得自己的网站被搜索引擎尽快关注到，又不会有过多的费用支出。

　　二是要根据旅游地域的具体情况，动态地调整关键词的投放。一些旅游目的地的旅游是分季节性的，例如夏季是内蒙古旅游的旺季，这时候投放"内蒙古草原"、"内蒙古沙漠旅游"这样的关键词，虽然竞争激烈，但是这样的关键词带来的游客量是最大的。而到了冬季，由于天气寒冷，草原旅游的游客会减少，这时就应该更换相应的关键词，而使用诸如"内蒙古冰雪游"'这样的关键词。这不仅符合内蒙古旅游的规律，同时也利于节约在互联网营销方面投入的费用，营销的效果还会更好。

　　三要注意关键词的投放要进行真实引导。有些网站，为了提高自己的访问量，会选择一些与其网站内容无关的关键词，虽然获得了流量，但效果并不好，而且还增大了点击成本，甚至有可能被搜索引擎服务商认为是一种错误行为而惩罚。而且网民每次搜索之后都有一个判断性的过程，如果他觉得网站跟他的需求相关性不高，那他不会点击和访问你的网站，而是去找别的网站。

2. 对于 SEO 模式的关键词

　　一是要保证一定的关键词密度。关键词除了需要出现在标题里面，还需要在整个网页里面以一定的频率出现，即需要在标题、段落内容、（文字内容）页头和页尾、Alt 标签甚至不显示的 comment 标签里面安排关键词。这些关键词不一定是一个，可以是一组高度相关的词语。对于 google 有分析显示，主页里面需要 7% 到 10% 的关键词密度。另外，根据 Addweb 的研究，关键词在主页里面出现的频率为 8 次到 10 次为宜。

　　二是注册相关关键词和组合关键词。应该注册的是网站上所有的旅游产品名、服务名，这样才能给旅游企业带来更多的客户。还要注意注册潜在客户可能搜索的关键词，有些网民搜索的关键词并不一定直接跟你的旅游产品有关，但可能存在潜在的相关需求。如果在网站的网页描述或标题中含有相应关键词，会极大地增加网站对潜在客户的吸引力。另据调查数据显示，73% 的潜在用户习惯采用组合关键词进行查询。因此，在设计关键词时，更多地要考虑多个关键字组合。多个关键字组合的关键词能更准确地捕捉到合格的访问者，且容易获得好的搜索引擎中的排名。

三是为大量关键词注册不同的网页 URL。为大量关键词注册不同的网页 URL 比只注册首页 URL 效果更好，虽然可以为一个网页注册不限数量的不同关键词，但如果为大量的关键词注册不同的网页，让网页 URL 指向跟该关键词相关的产品或服务网页，那么效果比全部关键词都指向网站首页效果更好。还可在正文中提高关键词使用频率，通过使用相同的颜色和背景来隐藏关键词等技巧来提高关键词密度，从而最终提升在搜索引擎中的位置。

（五）成本控制策略

成本的控制并不是说少投入就等于控制成本。一般来说，如果企业的经济状况能够负担 PPC 的广告开销，那么 PPC 广告可以其见效快而被列为首选。对于广告预算比较受限的企业，则可把搜索引擎优化作为搜索引擎营销的首选。成本控制还要注意以下情况：

1. 位置的选择

很多企业在选择位置的时候，总会希望自己能排在前三位或者前五位。但也要注意，对于那些搜索引擎的使用者来说，往往不会只选择一个网站进行信息采集和浏览，他们首先会对搜索结果首页的网站内容进行一个简单的对比，其后会多打开几个网站进行对照，尤其是那些商业网站，搜索者对首页网站的点击几率相差并不是很大。所以，并没有必要一味地要求自己的位置过于靠前。特别是在一些很热门的关键词上，这只会提高竞价成本。

2. 价格的设定

目前，竞价排名的产品中，百度的最低点击只需要 0.3 元，谷歌在 0.5 元，雅虎也是 0.3 元。如果设定最低点击价格就可以出现在搜索结果首页的话，完全没有必要设定高价格了。很多企业为了省事，往往会对选择的关键词设定一个较高价格，或者是没有来得及即时调整价格，以至于出现了极大的浪费和损失。因为当产生竞价的时候，服务商是按照后一个竞价企业给关键词设定的价格为基数，再加上最低竞价金额来收费的，所以只要后一个企业恶意操作，就可以提高竞价价格，给前一个企业造成浪费。

3. 排名不仅仅靠的是竞价

一直以来，谷歌的竞价排名位置除了按照所出的价格作为参考依据之外，还要根据网站被搜索者关注的程度，也就是说，同样的竞价价格，可能有的网站就会排在前面，这是因为排在前面的网站更受搜索者喜爱。目前，百度的排名也引入了这个机制。有些排名，就不是靠竞价来获得的，而主要是依靠这个网站的被点击率和浏览量。所以，网站的内容也值得企业注意。

4. 要关注转化效果

要严格地进行转化效果的统计,比如访问的 PV 的情况、留言的情况、在线客服的情况、电话的情况是否有所变化等。在获得预期效果的情况下,计算投资回报率。在投资回报率为正数甚至达到一定的预期之后,就可以进行大量的投入了。

三、针对 Google 的 SEO 流程

Google,是全球最大的搜索引擎,也是全世界使用最多的搜索引擎。目前,全球有数百个搜索引擎,而日使用量高达 2 亿次的搜索引擎 Google 则当之无愧地成为众多搜索引擎中的佼佼者。针对 Google 的 SEO,旨在提高旅游企业网站在 Google 左侧的自然排名。做 Google 排名服务,要做的有以下几步工作:

(一)网站诊断

网站结构诊断:看其是否适合搜索引擎习惯。

网站页面诊断:看其是否布局合理,处理得当。

网站文件名诊断:看其是否用了不合理的文件名。

网站营销基础诊断:看其目前所用的网络推广方面是否合理。

(二)网站基础流量分析

流量统计系统安装

流量来路分析

地区分布分析

(三)网站优化处理

网站结构优化:让网站结构合理化,以适合搜索引擎习惯。

网站页面优化:关键词布局、图文处理等。

网站链接优化:让网站整体的链接系统化,一方面有助于搜索引擎搜索;另一方面结合用户习惯,引导用户来看网站的内容,以促成最后的生意成交。

网站标签优化:网站标签设计、优化。

(四)其他相关工作

制造流量:Google 排名关键还是流量。

制造外部链接:通过友情链接、文章宣传、帖子宣传等各种方式提高网站外部的链接。

其他付费广告。

第三节　网络广告应用

旅游产品的推广,越来越多地借助媒体广告来扩大影响力,吸引客源。由于网络广告的传播模式具有及时互动、"一对一"交流、用户驱动等性质和特点,使网络

广告在形式上和发布上都逐渐模糊了信息与广告的界线,更进一步地实现了广告主与广告受众的互动,向用户提供了丰富的、立体化的、直接的信息,有效地满足了不同受众的不同需要和习惯,实现了广告的个性化和碎片化。网络广告的这些优势和特点,完全符合旅游广告信息和旅游市场发展的诸多要求,成为旅游广告的极佳的发布形式。

一、旅游网络广告策划

（一）旅游广告目标与内容策划

1. 旅游广告目标

旅游广告目标,是指广告要对所针对的旅游消费者完成何种任务和获取何种广告效果,根据广告传达信息和受众接受信息的一般过程。广告目标可以分为：

(1) 提高旅游产品知名度

通过在网络上的反复曝光让旅游产品、旅游企业在消费者心中留下深刻的印象。

(2) 提供有关旅游产品或服务的知识、信息

不光要让消费者知道旅游产品、品牌的名称,更要让他们了解这是什么样的旅游产品,这是一个什么个性的品牌,让消费者彻底知晓旅游产品和有关的服务。

(3) 改变旅游消费者的态度与观念

消费者在了解知晓了旅游产品和服务之后,要让他们对产品产生好感并产生兴趣,增强他们的正面态度或者解除他们之前对产品、品牌的误解。并通过广告让消费者接受一种新的生活方式或者消费方式,改变他们的传统观念。

(4) 加强促销活动的效果,促进销售

广告的一个直接目标就是增加销量,通过广告来配合促销活动,增加消费者的实际购买量。

(5) 增加销售渠道,提高消费者的品牌忠诚度

由于旅游企业的同类或不同类产品的竞争,要通过广告来进行应对,因此一方面要通过广告的发布去吸引旅游经销商和零售商的兴趣,增加自己的终端销售渠道,提高旅游产品销量；另一方面要通过广告提醒消费者进行重复购买,提高他们的品牌忠诚度。

确定了广告目标,才能正确地选择网站、选择广告形式。比如,如果网络广告的目的是扩大品牌知名度,提升品牌形象,那么,应当关注广告到达的目标受众的范围有多大,频次有多少,暂时可以不去考虑广告有多少人点击。如果是对于特定的广告活动(特别是促销活动),网络广告被用来驱动目标受众到广告主的特定页面上去接受更多的品牌或产品信息时,点击率就变得十分重要。

2. 旅游广告内容

按照旅游广告的内容,大致可以将旅游广告分为旅游地形象的概念性宣传、旅

游企业的形象广告、旅游产品产销信息广告等。针对不同的广告内容,制定适当的广告策略,选择和运用相适应的有效的广告手段,才能达到最佳的宣传效果。

(1)旅游地形象概念广告

旅游地形象的概念性宣传,主要是针对某一旅游目的地而进行的,具有整体性、系统性、有组织的宣传,其宣传并不针对个别具体的旅游产品,而是从宏观的、规划的角度,体现旅游目的地的历史、文化、自然景观和旅游概念,塑造旅游地的品牌,渲染旅游目的地的美感与文化价值所在。旅游地形象的概念性宣传的发布单位,往往是由旅游地的行政管理单位牵头,大规模、有计划、有步骤地进行,向受众传达统一的品牌信息、内涵和口号。其广告投资额度大,发布时效较长,多以系列广告为主,配合当地旅游主题活动进行长效宣传和推广。

(2) 旅游企业的品牌广告

旅游企业的品牌广告,主要是展现企业的服务形象,通过不同形式的视觉表现向消费者展示旅游企业的服务定位和服务水平,塑造企业的品牌形象。旅游企业的品牌广告在宣传时,应选择信息容量大、双向沟通功能强、广告劝服性隐蔽、广告投资额度不大的媒体。

(3)旅游产品的营销广告

旅游产品的营销广告在性质上与普通商品的营销广告类似,作为旅游线路、旅游交通、旅游饭店、旅游纪念品等产品营销的推广手段。旅游企业对此类广告的投资额度相对较小,发布频率较高,更新快,个性化不强,但要着重考虑经济性。

(二)网络广告的形式

标准旗帜广告(Banner),曾经是网上广告的主流。自2001年之后,网络广告领域发起了一场轰轰烈烈的创新运动,新的广告形式不断出现。新型广告由于克服了标准条幅广告条承载信息量有限、交互性差等弱点,因此获得了相对比较高一些的点击率。

1. 旗帜、按钮式广告

这是网络广告最为常见的形式,一般有以 GIF、JPG 等格式建立的图像文件,这种广告比较简单传统,以单一的图像或文字为符号将广告信息表达出来。随着网络和多媒体技术的发展与不断完善,如今新技术格式的动态图文广告不断涌现,由 HTML、FLASH、DHTML、JAVA、hockwave 等插件工具来进行制作,让广告越来越具有表现力和吸引力,并增强了广告的互动性。

(1)旗帜广告(Banner)

通常是一些色彩艳丽的矩形图片,含有经过浓缩的广告词句和精美画面,置于页面的顶部、底部或醒目处,具有很强的视觉吸引力。因其像一面旗帜,故称为旗帜广告。它是在网站上为广告宣传而保留的一个广告单位,旗帜广告允许客户用极简练的语言、图片介绍企业的产品或宣传企业的形象。一般都具有超文本链接功能,一旦被点击,会把网民带到广告主的网站,或者显示某种促销信息或其他信息。是最早、最常见的网络广告形式,也被称为网幅、横幅广告、标志广告。

最常用的尺寸是486像素×60像素(或80像素),以GIF、JPG等格式建立图像文件,放置在网页中,大多用来表现广告内容,同时还可以使用Java等语言使其产生交互性,用Shockwave等插件工具增强表现力。它一般发布于网站主页的顶部和底部,是网站中最重要、最有效的宣传手段。旗帜广告,曾经和按钮广告一起被称为网络业界的标准广告格式。

旗帜广告的画面,可以是静态的,也可以是动态的。静态旗帜广告的效果,虽然比文字广告和图标广告的形式好,但还是不很理想。研究发现,在含有静态旗帜广告的页面上,只有不到13%的浏览者通过这种静态旗帜广告真正进入广告主的主页。为了吸引更多的浏览者注意并点选,旗帜广告在制作上经历了由静态向动态的演变。动态旗帜广告是将静态图片换成动画,使文字、图像像放电影似的交替显现,具有跳动效果或霓虹灯的闪烁效果,使广告具有强烈的动感,以引起浏览者的注意。此种广告重在树立企业的形象,扩大企业的知名度,当旅游企业的独立网站建成后,在大型门户网站上做旗帜广告是将访问流量引入网站的有效途径。

(2)按钮式广告(Button)

按钮广告也称图标广告,这种广告是出现在Web页面上任何地方的一个图标(Icon),这个图标可以是一个企业的标志,也可以是一个象形图标,有的就是一个按钮的形状,所以称按钮广告。这也是网络广告最早的和最常见的形式。它显示的只是公司、产品或品牌的标志,多用于做企业形象广告,可用于任何界面。图标在主页上是不动的,点击它可以链接到广告主的主页或站点的广告内容上去。通常比旗帜广告小些,按照IAB(Internet Adv. Bureau,网络广告署)的标准,图标广告的尺寸一般为120像素×90像素、120像素×60像素、125像素×125像素和88像素×31像素。按钮广告数量多,价格低。但按钮广告的不足,在于其被动性和有限性,它要求浏览者主动点选,方能了解到有关企业或产品的更为详尽的信息。尺寸偏小,表现手法较简单。

2. 对联、浮动式广告

对联广告(Bi-skyscraper),是在页面两侧可以上下移动显示的一种广告效果模式。与浏览页面完整呈现同时,在页面两侧空白位置呈现对联形式广告。对联广告的特色是,广告页面得以充分伸展,同时不干涉使用者浏览,注目焦点集中。尺寸100像素×300像素,格式有Swf、Gif、Jpg。

浮动广告(Floating Button),也是一种为改变旗帜广告比较呆板的情况而设计的新形式广告,该广告是一种可以在页面沿一定轨迹浮动的小型图片广告,用户用鼠标点击该小型图片时,该移动广告会自动扩大展示广告版面。其特殊的表现形式与传统的形式相比,更能引起用户的注意。这种广告有着多种表现方式,如"自由活动广告"是沿着某一固定的曲线飘动,通过其游动来引起用户注意。再如,"悬停广告"是随着用户拖动浏览器的滚动条而做直线上下浮动,以悬停于屏幕某一位置,能在不妨碍用户浏览的同时满足广告增加曝光率的需求。

3. 主题文字链接式广告

是以文字链(Text link)的形式显示广告内容,包括广告标题、广告描述和显示URL。

采用文字标志的方式,制作简单,可发布于任何界面。较多放置在热门站点网页上的分类栏目中,其标题显示相关的查询字,点击后链接到广告主的主页上。文字链接广告形式简单,需要带宽小,对浏览者干扰最少。文本链接广告位的安排非常灵活,可以出现在页面的任何位置,包含滚动文字,每一行就是一个广告,点击每一行都可以进入相应的广告页面。这种广告非常适合于中小旅游企业,因为它既能产生不错的宣传效果,又花费不多。

4. 富媒体广告

富媒体(Rich Media)并不是一种具体的媒体形式,而是指具有动画、声音、视频和交互性的信息传播方法,包含下列常见的形式之一或者几种的组合:流媒体、声音、Flash 以及 Java、javascript、DHTML 等程序设计语言。富媒体是交互性多媒体之义,多媒体与交互性两项缺一不可。例如,一则采用了 Java、Shockwave、VRML 或视频的广告,就是多媒体,增加了点击、填表等交互功能就成为 Rich Media。这是在网络上新出现的一种广告发布形式。

表 7–1 悠哉旅游网的广告招商形式

服务项目	所在位置	备注
网上广告 Banner	首页顶端	包月/季/半年方式
	栏目主页顶端	
	产品页面顶端	
	文章页面顶端	
网上广告 Button	首页左右浮动图片	左右侧 79×175 图片链接
	自由行频道首页	右侧 150×55 图片链接
	短线游频道首页	右侧 150×55 图片链接
	长线游频道首页	右侧 150×55 图片链接
	出境游频道首页	右侧 150×55 图片链接
	旅游目的地首页	右侧 150×55 图片链接

续表

服务项目	所在位置	备注
网上广告文字链接通栏	悠哉活动	文字链接——不超过15字
	其余栏目首页	其余页面的文字链接字数限制在20字以内
	其他栏目首页	400×100Pixels（限于目的地指南首页）

5. 插播式广告

插播式广告（Interstitial），也称弹出式广告（Pop-Up Windows）、过渡页广告，是在访问者请求登录网页时强制插入一个广告页面或弹出广告窗口，即在两个网页内容显示切换的中间间隙显示的广告。它有点类似电视广告，都是打断正常节目的播放，强迫观众观看。插播式广告有各种尺寸，有全屏的，也有小窗口的，而且互动的程度也不同，从静态的到全部动态的都有。浏览者可以通过关闭窗口不看广告。只要网络带宽足够，广告主完全可以使用全屏动画的插播式广告。

插播式广告的缺点，就是可能引起浏览者的反感。互联网是一个免费的信息交换媒介，所以在最初的时候网络上是没有广告的。网民有自己的浏览习惯，他们选择自己要看的网站，点击他们想点的东西。当网站或广告主强迫他们浏览广告时，往往会使他们反感。为避免这种情况发生，许多网站都使用了弹出窗口式广告，而且只有1/8屏幕的大小，或用隐藏式弹出广告，以及用当浏览者的屏幕处于空闲状态时播出的方式，这样可以不影响正常的浏览。

6. 其他广告形式

还有诸如屏保广告、鼠标指针广告、全屏广告、摩天大楼广告以及网摘图文模式等广告形式，用户可根据实际情况选用。

(三) 广告投入计价模式的确定

1. 网络广告的计价方式

如今，网络广告在各个网站上是屡见不鲜，一个网络媒体（如网站）会包含有数十个甚至成千上万个页面，网络广告所投放的位置和价格，就牵涉特定的页面以及浏览人数的多寡。这好比平面媒体（如报纸）的"版位"、"发行量"，或者电波媒体（如电视）的"时段"、"收视率"的概念。网络广告形式和类别也多种多样，不同类型的网络广告在进行投放时的计价方式也有多种。

(1) CPM（Cost Per Thousand Impressions）按千次印象计费

即广告条每显示1 000次（印象）的费用。CPM是最常用的网络广告定价模式之一。CPM取决于"印象"尺度，通常理解为一个人的眼睛在一段固定的时间内注视一个广告的次数。比如说，一个广告横幅的单价是1元/CPM的话，意味着每1 000人次看到这个Banner的话就收1元。至于每CPM的收费究竟是多少，要根据主页的热门程度(浏览人数)划分价格等级,采取固定费率。国际惯例是,每CPM收费从5美元至200美元不等。

(2) CPC(Cost Per Click)按点击计费

根据广告被点击的次数收费,如关键词广告一般采用这种定价模式,这样的方法加上点击率限制可以增加作弊的难度,目前Google Adsense就采用此方式。但是也有不少经营广告的网站觉得此类方法不公平,因为它们认为存在有这样的情况:虽然浏览者没有点击,但是他已经看到了广告。

(3) CPA(Cost Per Action)按广告引导的行为计费

即根据每个访问者对网络广告所采取的行动收费的定价模式。对于用户行动有特别的定义,包括形成一次交易、获得一个注册用户或者对网络广告的一次点击等。CPA计价方式是指按广告投放的实际效果,即按回应的有效问卷或订单来计费,而不限广告投放量。CPA的计价方式对于网站而言有一定的风险,但若广告投放成功,其收益也比CPM的计价方式要大得多。广告主为规避广告费用风险,只有当网络用户点击旗帜广告、链接广告主网页后,才按点击次数付给广告站点费用。CPA广告对广告设计的要求较高,如果广告主只是指望靠一些简单的图片和广告语就能吸引用户点击注册,恐怕无法达到目标。所以,很多CPA广告会和有奖注册、有奖评论、参与调查赠送礼品等活动结合起来。广告主在做广告预算的时候,除了CPA费用之外,还要考虑为这次广告配套哪些优惠措施和礼品。对于会员制的酒店和强调用户数量的旅游社区而言,CPA是非常好的广告形式。现在很多开展在线直销的航空公司也开始考虑CPA,甚至愿意给第一次注册订票的用户极大的优惠奖励,因为一个注册会员一旦熟悉了在线订票的流程,就可能在日后产生经常性的订票。

(4) CPS(Cost Per Sales)以实际销售产品数量来换算广告刊登金额

这让广告主可以在产生实际销售获得收入后,才需要支付广告佣金。理论上CPS对网站主比较不公平,因为他们不知道访问者点击广告后到底会有多少购买。一些机票预订网站开展了CPS广告,但是网站主普遍反映不是很好,因为这些机票预订网站并不强制用户在线预订,很多用户点击广告后都选择了其他方式联系订票,这对网站主来说显然是一种损失。但是网站主通过交流也会很快了解哪些CPS广告可以给他们带来实实在在的收益。

(5) 包月方式

虽然国际上一般通用的网络广告收费模式是CPM和CPC,但在我国,一个时期以来的网络广告收费模式始终含混不清,网络广告商们各自为政,尽管现在很多大的站点已采用CPM和CPC计费,但很多中小站点依然使用包月制。每月按照固定收费模式来收费,不管效果好坏,不管访问量有多少,一律一个价。这对客户和网站都不公平,也无法保障广告客户的利益。

2. 计价方式的选择

选择何种计价方式,要根据网络广告的目的来确定。每一次网络广告活动的目的不同,所采用的衡量效果的标准也就不同。无论是 CPA 还是 CPS,广告主都要求发生目标消费者的"点击",甚至进一步形成购买,才进行付费;CPM 则只要求发生"目击"或称"展露"、"印象",就产生广告付费。如果只需做简单的品牌曝露,那么就要求印象数要大,则可以采用 CPM 这种计价方式;如果需要与受众进行深层次沟通,那么就要求点击率高,则可考虑采用 CPC 这种计价方式。因为,产生印象数并不意味着得到访问和出现购买行为,所以,体现点击数和目击数之比的点击率相当重要。

虽然当前 CPC 和 CPM 的广告比较通行,但是对于多数中小旅游企业广告主来说,他们更愿意选择效果更加明确的 CPA 和 CPS 广告。但是,也要注意到 CPS 只是统计在线的销售订单,所以如果要实施 CPS 广告,广告主要确保有相当高比例的客户已经接受了在线预订的方式。如果网站实现了在线支付,那当然可以立即统计出销售的收入。如果用户选择线上预订线下支付,比如客人在网站上订了酒店却选择了前台现付,这就需要网站运营者能在收到酒店的入住确认后,第一时间把预订成功的确认返回到系统。

相比而言,CPM 和包月方式对提供发布服务的广告商网站有利,而 CPC、CPA、CPS 等则对广告主有利。

二、网络广告发布

(一)选择网络广告发布途径

1. 通过旅游企业自身或业内平台的网站

广告主将所要发布的信息内容分门别类地制作成网页,放置在网络服务商的站点或企业自己建立的站点上。这种广告可以详细地介绍广告主的各种信息,从而使用户全方位地了解旅游企业及企业的产品与服务。其实,最初的网络广告就是网页本身。

建立企业自己的主页,对于大型旅游企业来说,是一种必然的趋势。这不但有利于树立企业形象,也是宣传产品的好形式。其他的网络广告形式,无论是黄页、工商名录、免费的互联网服务广告,还是网上报纸、新闻组,除了能供浏览,也都提供了一种快速链接至企业主页的功能。

对于没有企业自身网站或是网站影响力有限的旅游企业,可借助旅游业内电子商务平台及相应的销售网络,这类平台提供了按照产品目录或企业名录等方法可以分类检索的深度广告信息。这种类型的广告对于那些想查找广告信息的访问者来说,无疑是一种快捷而有效的途径。而且,采用这种网络广告的发布途径对于企业来说,无须付出太大的代价就可以将企业的产品以及详细信息及时地呈现。

2. 使用电子邮件发布广告

电子邮件,是网民最经常使用的互联网工具。电子邮件广告,一般采用文本格式或 html 格式,把一段广告性的文字放置在新闻邮件或经许可的 E-mail 中间,也可以设置一个 URL,链接到广告主公司主页或提供产品或服务的特定页面。html 格式的电子邮件广告可以插入图片,和网页上的网幅广告没有什么区别,但是因为许多电子邮件的系统是不兼容的,html 格式的电子邮件广告并不是每个人都能完整地看到的,因此把电子邮件广告做得越简单越好,文本格式的电子邮件广告兼容性最好。

电子邮件广告具有针对性强、费用低廉的特点,且广告内容不受限制。特别是在针对性方面,它可以针对具体某一个人发送特定的广告,为其他网上广告方式所不及。如果运用得当,可以收到很好的效果。但不加区分地发送电子邮件广告,就可能损坏企业形象。邮件一定要有的放矢,针对不同的接受者寄送不同的电子邮件,还要提供可点击的 URL(在网址前面加上 http://),使网民直接点击邮件中的网址就可以很方便地进入相关链接。

3. 使用论坛、博客发布广告

对于一个旅游企业来说,选择在与本企业产品相关的论坛上发布自己的广告,是一种非常有效的广告信息的传播途径。实施时可自己定义一个具有吸引力的话题,参加讨论的受众越多,广告的效果就越好。也可以适当的方式介入到某一选定话题的讨论中。如发现某个话题正好与自己所要发布的广告信息有关,那么便可加以利用,以参与者的身份介入,巧妙地将自己要发布的广告信息不留痕迹地融入其中。要注意的是要找与产品或服务相关的论坛;贴的文章要言简意赅;不要直接露骨地给产品或服务做广告;要成为大家熟知的参与者,树立企业良好的形象。

利用博客进行广告发布,是利用博客这种网络交互平台,以旅游企业或个人的名义,发布并更新相关旅游信息,密切关注并及时回复平台上客户对于企业或个人的相关疑问以及咨询。利用博客进行广告发布,对象细分程度高,定向准确。互动传播性强,信任程度高,口碑效应好。能引导网络舆论潮流,与搜索引擎营销无缝对接,整合效果好,有利于长远利益和培育忠实用户。

4. 搜索引擎关键词竞价发布

搜索引擎广告的原理,是将广告信息发布在网站上,成为以网页形式存在的信息源。通过注册搜索引擎或者搜索引擎自动搜索,将网站/网页信息收录到搜索引擎索引数据库中。用户利用关键词进行检索(对于分类目录则是逐级目录查询),检索结果中罗列相关的索引信息及其链接 URL,根据用户对检索结果的判断选择信息,点击 URL 进入信息源所在网页。

由搜索引擎提供的基于关键词的广告,由于其较高的有效性而发展很快。在美国网络广告形式中,搜索引擎广告 2007 年所占市场份额为 40%。通过这种方式发布广告时，广告主对某些与其业务相关的关键词竞价，当访问者用这些关键词搜索时，搜索引擎会将所有对该关键词竞价的广告主的链接，按竞价的高低排列在搜索结果的页面上。

关键词广告跟一般网络广告不同的是，关键词广告出现的位置不是固定在某些页面，而是当有网络用户检索到广告客户所购买的关键词时，才会出现在搜索结果页面的显著位置。关键词广告，是网络广告的一种特殊形式，具有较高的定位程度，可以提供即时的点击率效果，可以随时修改关键词，针对性和目标性好。

5. 借助专业广告平台与广告联盟

(1) 专业广告平台与广告联盟的利用

2007年下半年，在中国网络广告行业同时出现了阿里妈妈(http://www.alimama.com)和亿告(http://www.yigao.com)两大广告交易平台。阿里妈妈，依托阿里集团强大的资本运作，纵横捭阖，强势笼络了大批长尾资源，走的是买进来再走出去的套路。目前，阿里妈妈上有超过33万的中小网站以及17万的博客站点，拥有超过90万的广告位和覆盖14亿的PV，号称囊括了近1/3的中国的中小站点。亿告平台，对各个行业作了细致分类，主打的售卖网络媒体按照用户群特征划分为商旅投资等多个媒体圈，每个媒体圈都有更细致的精准分类。

所谓广告联盟，通常是指网络联盟营销，是一种按营销效果付费的网络营销方式。广告主通过联盟平台，把广告发布到加入联盟的大量网站主的网站上，达到营销目的，并通过联盟平台向网站主支付相应的广告费用。广告主通过联盟营销渠道产生了一定的效果(如有效访问、用户注册量、实际销售等)后，才需要向联盟平台及加入联盟的网站主支付广告费用。一些旅游预订网站，通过一些大型广告联盟进行投放广告，比如携程、艺龙、快乐E行等都通过领克特、亿起发等广告联盟投放CPS广告。这类广告联盟会员网站多达数万家，总体流量非常巨大。但是其中旅游网站的数量较少。

(2) 利用垂直广告联盟进行精准营销

旅游行业的垂直广告联盟，更好地满足了广告主精准投放的要求。比如，新近上线的有客旅游广告联盟(http://union.eyouke.com)，只接受与旅游相关的网站申请成为网站主，而其所有广告主也是来自旅游相关行业。有客旅游广告联盟，基于一个简单的理念，即"旅游广告投放在旅游网站上更有效果"，同时严格审核广告发布网站，对广告发布网站全部通过人工审核，并不定期对发布网站进行回访，确保广告实实在在地投放在旅游相关网站上。广告主还可以再通过发布平台决定把广告发布在哪一类网站上，甚至还可以进行第二轮审核。也就是说，如果一个网站希望发布某个广告主的广告，还需要这个广告主审核同意才行。严格的审核虽然减少了联盟网站的数量，但是高度相关的网站却能保障广告主的投放产生良好的效果。

6. 其他发布方式

使用网上企业名录、黄页形式发布广告,在互联网上有一些专门的提供查询检索服务的网络服务商的站点,如同电话黄页一样,按类别划分,便于用户进行站点的查询。还有赞助式广告,如赞助网站某一频道,则该频道的名字也相应改成相关企业的冠名频道。赞助式广告可分为广告置放点的媒体企划创意及广告内容与频道信息的结合形式。

(二)网络广告发布策略

1. 广告形式策略

(1)硬性网络广告形式

目标明确,以直接的形式,向顾客推介旅游企业品牌、产品。但要注意要"许可式营销"不要"打扰式营销",越来越多的打扰式营销充斥在人们周围,比如垃圾电子邮件推销、电视插播广告等,这些都让人们感到很反感。而许可式营销不会让用户反感,更容易达成交易。

(2)软性网络广告形式

从表面上看起来它们更像网页上的内容而并非广告。这种广告以网页内容的形式出现,所以它们的点击率往往会比普通的广告高。浏览者对于每天浏览的网站往往比较信任,所以在这些网站的信息中夹杂广告主的信息比单纯的广告更有作用。然而,广告主在做这种广告的时候需要非常小心,如果让浏览者有受骗上当的感觉,就会对品牌造成负面的影响。

软性网络广告常见的形式有:

①专题报道。针对旅游企业进行文字、图片综合性的网络宣传报道,或以其组织的重大事件作为切入点进行报道。以单独成套的页面形式出现,表现形式多样,信息丰富,同时可不断更新信息。

②网络直播。在现场随着事件的发生、发展进程,同步制作和发布信息,是具有双向流通过程的信息网络发布方式。其形式也可分为现场直播、演播室访谈式直播、文字图片直播、视音频直播等。而且具备海量存储、查寻便捷的特点。

③"软文"广告。是旅游企业或产品的宣传文章,一般以新闻的形式出现,可信度最高,投入最小,但对文章的时效性、真实性等要求标准相对高,企业自由发挥的空间也相对小。值得注意的是,随着互联网经济的发达及广告商的渗入,有偿写软文的"枪手"也开始出现,而公然发布虚假软文更不是新鲜事情。因此,在一向注重广告业监管的美国,软文博客的网络营销方式将面临更严格的监管。从2009年12月起,美国网友在博客上评论产品时,必须表明是否收受了厂商的金钱或产品馈赠,否则将承担高额罚款。

④问卷广告。包括投票类、冠名调查、结果查看页面弹出客户广告信息或链接。

软性网络广告,这种与内容结合式的广告最引人争议之处,即在于商业利益与媒体内容混淆不清。国外常见的浏览整合的广告方式,将广告主的网站链接或者图像整合在网站首页的功能表中,虽然降低了受众对广告的抗拒,却可能引发他们对网站产生排斥与不信任。值得注意的是,广告主可能为了广告的诉求而提供偏颇的信息,受众通常也难以分辨其中的真假,这对网络媒体的资讯内容也可能造成冲突。

2. 发布平台选择策略

(1) 根据目标确定网站

在计划投放网络广告的过程中,最重要的是对各大网站的调查和了解。首先,站点的选择应当符合广告目标和策略,假若要在网上做告知性广告,应选择流量大的站点,并组合多个站点。其次,站点的选择应当同广告的目标受众有最大的重合。如果针对的是某个区域内的目标爱众,则那些流量主要来自该区域以外的站点就不合适选择。要了解网站用户构成,许多网站都有自己的注册用户,而注册用户往往来自不同的或相关的行业、人群。通过统计分析用户资料(包括用户地理分布、性别、年龄及职业等),了解网站注册用户的构成,把握网站所吸引的主要对象,这有利于广告信息传播的针对性。

还有同时在线人数,同时在线人数是指网站或者 BBS 上的在线人数及在线用户数。通过对其分析,可以了解受众网络访问时间和时段及高峰,这有利于更好地投放广告,增强广告的针对性。

(2) 考察网站流量

通常说的网站流量是指网站的访问量,是用来描述访问一个网站的用户数量以及用户所浏览的网页数量等的指标。常用的统计指标包括:

①网站流量统计指标。常用来对网站效果进行评价,主要包括:

独立访问者数量

重复访问者数量

页面浏览数(Page Views)

每个访问者的页面浏览数(Page Views Per User)

某些具体文件/页面的统计指标(Log File),如页面显示次数、文件下载次数等。

②用户行为指标。主要反映用户是如何来到网站的、在网站上停留了多长时间、访问了哪些页面等。主要的统计指标包括:

用户在网站的停留时间

用户来源网站(也叫"引导网站")

用户所使用的搜索引擎及其关键词

在不同时段的用户访问量情况等

③用户浏览网站的方式。相关统计指标主要包括：

用户上网设备类型

用户浏览器的名称和版本

访问者电脑分辨率显示模式

用户所使用的操作系统名称和版本

用户所在地理区域分布状况等

一般情况下，所选投放平台的访问群和访问流量要大，因为只有这个平台有足够大的访问人群和流量才会为企业的网络营销带来更广和更多的潜在客户群。考虑站点的流量是否可以满足设定的数量时，有第三方审核的站点，其流量数据会较为客观，在同样的条件下可以优先选择。站点评估时，可以从流量入手，但要特别注意流量的单位，尽量使用同一种单位，以便于网站间的比较。常用的单位有页面浏览量(Page View)、点击率(Hit)等。

(3) 了解网站的技术水平

从技术层面来说，选择网站应考虑以下几方面因素：

①页面下载的速度。这是衡量一个网站是否优秀的首要因素。如果过了20秒至30秒还不能打开一个网页，一般人就会没有耐心等待。若不能让每个页面都保持较快的下载速度，则至少应该确保主页速度尽可能快。在一般情况下，页面简单、图片少、没有大图片，其下载速度会较快。

②使用方便。包括方便的导航系统、必要的帮助信息、常见问题解答、尽量简单的用户注册程序等，是选择网站的重要条件。

③系统运行正常。一方面是网站服务器的正常工作；另一方面是网站内容及功能的正常运行。系统运行正常是保证用户能够正常访问、获得用户的信任的基础条件，也是选择网站时必须考虑的重要方面。

④链接正确无误。如果一个网站经常出现链接错误，如出现"该网页已被删除或不能显示"、"File not found"等无效链接，这个网站可以排除在选择范围之外。

⑤信息沟通方便。互联网时代为人们提供了更加多样的沟通手段，如电子邮件、留言板、即时信息、电话和传真等，使得受众和广告主沟通起来更加方便。一个网站能否提供这些方便，也是选择时需要考虑的。

⑥保护个人信息。为了提供个性化服务或者收集潜在的消费者信息，许多网站要求用户首先注册成为会员，成为会员的条件是注册时填写大量的个人信息。那么这些个人信息是否安全，是用户十分关心的问题。网站能否对此作出明确的说明和承诺，既是网站商业道德的体现，也是用户选择网站时的一个衡量要素。

⑦网站系统的稳定性，也是一个不容忽视的选择条件。如果系统不稳定，就会造成网络广告的时断时续，甚至有可能被查封。投放网络广告，应选择一个稳定可

靠的站点。

三、网络广告的效果评估

（一）网络广告效果评估指标

1. 广告曝光次数（Advertising Impression）

广告曝光次数是指网络广告所在的网页出现的次数，这一数字通常用计数器来进行统计。但是广告刚出现在受众面前并不意味着受众就会阅读它，这仅表示广告在受众面前曝光。企业可以建立自己的网站，来宣传企业及其产品，也可以选择曝光次数较高的专业门户网站或著名搜索引擎来宣传自己的网站，使消费者通过点击其网络广告，能够链接到自己的网站。如果含有网络广告的网页曝光次数越多，表示该广告被看到的次数就越多，获得的注意力就越多。

但是，在运用广告曝光次数这一指标时，应该注意以下问题：第一，广告曝光次数与浏览广告的人数并不一定相等。有可能网民打开某个刊登网络广告的网页后，没有看上面的内容就将网页关闭了，此时的广告曝光次数与实际浏览次数不相等。第二，广告刊登位置的不同，每个广告曝光次数的实际价值也不相同。比如，网站首页比内页得到的曝光次数多，但不一定是针对目标群体的曝光，相反，内页的曝光次数虽然较少，但目标受众的针对性更强，实际意义更大。第三，一个网页中一般会刊登很多广告，过多的广告会分散网民的注意力，则网络广告曝光的实际价值会大打折扣。在计算弹出式广告或窗口式广告的时候，有时曝光次数是以点击行为计算的，即不管用户是点击进入广告还是点击关闭广告，都被看做是广告在用户面前曝光。

与之相关的是千人次曝光成本（CPM），是指广告传递每1 000次"广告曝光"所需要的成本。网络广告可以借助这个指标与传统媒体的广告成本相比较。CPM=（总成本/广告曝光次数）×1 000。网站一般设有广告曝光和点击的统计工具，也可以通过专业统计公司获得相关数据。

2. 点击次数与点击率（Click & Click Through Rate）

点击次数。广告在网络上曝光之后，受众点击了该广告就计一次点击次数。点击次数可以较为客观准确地反映广告效果。点击数据一般比较容易统计，网站一般设有计数器和相关的统计工具。而点击次数除以广告曝光次数，就可得到点击率，这项指标也可以用来评估网络广告效果。点击率是指在广告暴露在网页或跳出在屏幕上时有多少人点击进入阅读广告的具体信息，这是衡量广告对受众吸引与否的有效指标。点击率是网络广告最基本的评价指标，也是最直接、最有说服力的量化指标，因为一旦网民点击了某个网络广告，说明他已经对广告中的产品产生了兴趣，与曝光次数相比这个指标对广告主的意义更大。这就要求广告主在进行网络广告设计时，要注意广告应当颜色鲜艳，图文并茂，以更好地吸引消费者的注意,从而增加网络广告的点击次数。

与之相关的是千人次点击成本(CPC),是每1 000人次点击广告所需要的成本。千人次点击成本=(总成本/广告点击总次数)×1 000。网站一般设有广告曝光和点击的统计工具,也可以通过专业统计公司获得相关数据。

3. 网页阅读次数(Page View)

点击了广告进入阅读后,如果对广告相关的产品服务和企业产生兴趣,并想要进一步的了解,就会点击产品或企业的网页以获取更多的信息。用户对该页面的一次浏览阅读称为一次网页阅读。进入一个网站后,可能要层层叠叠地浏览阅读好几层网页的内容,每看一张网页就算一次 Page View,如果看了10张网页,就算10张 Page View。这个指标也可以用来衡量网络广告效果,它从侧面反映了网络广告的吸引力。在这一阶段,仅有购买欲望并不一定产生购买行为,企业应充分利用网络的优势,让顾客参与设计符合自己需求的旅游产品,顾客往往会因为能为自己设计产品而感到一种自我成就感,同时也会对相关旅游企业产生亲切感,这大大促进了顾客的购买。

"网页阅读次数"是类似报纸发行量一样衡量网站流量的标准。在一些网站首页会有计数器显示网页的登录阅读情况,当然大多数网站是在后台设有计数器统计分析网页被阅读的情况。广告主网页阅读次数与网络广告的点击次数事实上是存在差异的,这种差异是由于浏览者点击了网络广告而没有去浏览阅读点击这则广告所打开的网页所造成的。目前由于技术的限制,很难精确地对网页阅读次数进行统计,在很多情况下,就假定浏览者打开广告主的网站后都进行了浏览阅读,这样的话,网页阅读次数就可以用点击次数来估算。

网页阅读率是指在点击广告之后,用户进入相关产品、企业网站的比例,是将网页阅读次数与点击次数对比得出的数据。网页阅读率=网页阅读次数/点击次数。网站可以自己设置计数器和统计工具进行数据统计,也可以委托专业的统计公司。与之相关的成本概念是每网页浏览数成本(CPV)。

4. 转化次数与转化率(Conversion & Conversion Rate)

网络广告的最终目的是促进产品的销售,而点击次数与点击率指标并不能真正反映网络广告对产品销售情况的影响。虽然有了购买欲望,但并不表示顾客就会立刻购买,有时顾客可能会修改、延迟甚至取消其购买计划,也有的顾客会去购买竞争者的产品。因此,在此阶段,企业的网站应该提供在线购买的功能,并在广告的旁边设置方便的购买按钮及用诱导性的话语以吸引顾客在线购买,这样当顾客产生了需求后立刻就可以发生购买行为,发生了实际的转化,促进了产品的销售。所以,转化次数就是由于受网络广告影响所产生的购买、注册或者信息需求行为的次数,而转化次数除以广告曝光次数,即得到转化率。

(二)网络广告效果数据获取途径

1. 通过服务器端的访问统计软件随时进行监测

可以使用一些专门的软件(如专门用于广告分析的软件 Open Adstream)对广告进行分析,生成详细的报表。通过这些报表,广告主可以随时了解在什么时间、有多少人访问过载有广告的页面,有多少人通过广告直接进入到广告主自己的网址等。不同的程序有大量不同的显示数据的选项,包括图表。如较常用的程序 Access Watch(下载地址 http://netpressence.com)下载安装后就能够立即浏览你的访问记录了。

2. 通过查看客户反馈量

一般来说,如果广告投放后受众的反应比较强烈,信息反馈量大量增加,则说明所投放的广告比较成功;反之,则说明所投放的广告不太成功。如我们可以通过具有用户针对性的 E-mail 在广告投放后是否大量增加,来判断广告投放的效果。由于电子邮件广告可以进行统计,因此可以将那些收到电子邮件的顾客的态度和没有收到电子邮件的顾客作对比,或者利用此方法将点击广告投放前后的品牌形象进行调查对比。通过调查,了解广告前后受众对广告的态度、好感度、影响度,以及通过对比测出广告主题、文案、图片、动画等的效果,并得出最佳组合。

3. 通过第三方广告测评机构

从原则上说,为保证公正,在线媒体的测量单位应该与被测量的媒体没有利害关系。第三方介入的好处很多,比如保证客观公正,具有标准的报告时间进度与格式,并能保证数据有可比性。这是广告主普遍支持的做法。广告效果评估特别强调公正性,所以评估最好由第三方机构独立进行,传统媒体广告在这方面已经形成一套行之有效的审计认证制度,并且有专门的机构来从事这一工作,如美国的盖洛普、中国的央视—索福瑞等。第三方独立于 ISP 或 ICP 之外,因此在客观程度上有所提高,减少了作弊的可能,使统计数据的可信度增强。国外像 Media Metrix 这样的网络调查公司,利用对网民的随机抽样来评估网上广告行为,获得效果评估数据。

(三)网络广告效果常用评估方法应用

在这里通过一个具体实例来说明常用的评估方法。如某旅行社在 A、B 两家网站上投放了某线路产品的广告,投放周期为 1 个月,广告投放结束后,A、B 两家网站向该旅行社提供了网络广告在其网站上的被点击次数,分别为5 000和3 000。同时,网站协助该旅行社对网民的行动进行了跟踪调查,得到由于受网络广告影响而产生的购买次数分别为 100 和 120 的结果。下面以两种常用的评估方法来进行评估。

1. 传播效能评估法

首先这里要引入加权计算法。加权计算法就是在投放网络广告后的一定时间内,对网络广告产生效果的不同层面赋予权重,以判别不同广告所产生效果之间的差异。这种方法实际上是对不同广告形式、不同投放媒体或者不同投放周期等情况下的广告效果进行比较,而不仅仅反映某次广告投放所产生的效果。显然,加权计算法要建立在对广告效果有基本监测统计手段的基础之上。

那么在实际评判时,我们可以为产品销售和获得的点击分别赋予权重,根据一般的统计数字,每100次点击可形成2次实际购买,那么可以将实际购买的权重设为1.00,每次点击的权重设为0.02,由此可以计算出:

在 A 网站上所产生的传播效能为:$100 \times 1.00 + 5000 \times 0.02 = 200$

在 B 网站上所产生的传播效能为:$120 \times 1.00 + 3000 \times 0.02 = 180$

从中可以看出,虽然该旅行社的广告在 A 网站投放获得的实际转化不及在 B 网站投放所取得的实际转化(在 B 网站上获得的直接销售比在 A 网站上要多),但是在 A 网站上的传播效能高于 B 网站,所以,从长远来看,在 A 网站上的投放更有价值,因为网络广告的效果除了反映在直接购买之外,对品牌形象或者用户的认知同样重要。

2. 耦合转化贡献率评估法

耦合转化贡献率评估法是广告主在以往网络广告的经验基础上,会产生一个购买次数与点击次数之间的经验比例数值,根据这个比例即可估算广告在网站投放时,一定的点击次数可产生的购买转化次数。而该网站上的广告的最终转化次数可能与这个估计值并不完全吻合,由此产生了实际转化次数相对于预期转化次数的变化率,我们称为该网络广告与该网站的耦合转化贡献率。

根据每100次点击可形成2次实际购买,那么按照这一经验预测,网络广告在 B 网站产生3 000次点击,应该有 60 次的购买,而实际的购买是 120 次,由此实际转化相对于预期转化发生了变化,其变化的幅度就是该网络广告与网站 B 的耦合转化贡献率。下面具体来计算该网络广告与 A、B 两个网站的耦合转化贡献率。

该网络广告与 A 网站的耦合转化贡献率为:

$(100 - 5000 \times 0.02)/(5000 \times 0.02) \times 100\% = 0$

该网络广告与 B 网站的耦合转化贡献率为:

$(120 - 3000 \times 0.02)/(3000 \times 0.02) \times 100\% = 100\%$

由此可见,网络广告在 B 网站投放,其耦合转化贡献率较高,在短期内取得了很好的销售效果。

从上面两个例子可以看出,旅游企业如果投放网络广告的目的是侧重于追求品牌形象的提升和长期的销售影响时,应该选择在 A 网站投放的策略;如果所追求的目的是促进产品的销售、提高实际收入时,更适宜采取在 B 网站投放广告的策略,但是对品牌形象的提升以及今后的销售影响力的影响不是很大。

案例学习

避暑山庄网络营销推广案例

避暑山庄又名承德离宫或热河行宫,是清代皇帝夏天避暑和处理政务的场所。避暑山庄位于承德市中心区以北、武烈河西岸一带狭长的谷地上,距离北京 230 公里。它始建于 1703 年,历经清朝三代皇帝:康熙、雍正、乾隆,耗时约 90 年建成。与北京紫禁城相比,避暑山庄以朴素淡雅的山村野趣为格调,取自然山水之本色,吸收江南塞北之风光,成为中国现存占地最大的古代帝王宫苑。

(一)原有的营销手段

(1)电视台、电台、报纸。

(2)季度在报纸上的广告投入曾超过百万。

(3)花费大量资金建设官方网站 www.bishushanzhuang.com。

(二)面临的现状

(1)专题网站在各大搜索引擎排名较低,易达性不佳,全球 ALEXA 排名:846 087 名,由于不在前 10 万名之内,所以相关的流量和链接数的信息都是空白。

(2)老景区面临新问题。2005 年避暑山庄相关统计数据显示游客人数出现下降,其中 70% 游客是散客,30% 通过团队;从网站了解避暑山庄的人数仅占游客总数的 5%。

(三)巅峰智业机构对避暑山庄景区实施的网络营销改造

(1)对网站内容和版式进行全面分析,制订优化方案。

(2)针对搜索引擎排名开展优化,提高网站的价值。

(3)利用一游网强大的营销平台,进行景区全方位展示和推广。

(4)每周制作宣传资料,在 20 个论坛、20 个博客、100 个留言板上发布,收集用户反馈,每 2 月提交一份分析报告。

(四)取得的效果

(1)组织策划自驾游、摄影比赛、节庆活动,内容丰富多样,配合网上推广,较传统广告相比,费用更低,效果更好。

(2)通过大力的网上宣传推广,网站点击率成倍增加,成为热门旅游网站。

(3)全球排名和价值大大提高。

(4)不断分析游客的消费习惯和喜好,不断调整栏目设置和内容,形式合理,内容丰富。

(5)通过搜索引擎优化,目前在 Google 和 baidu 的排名第一。

(6)针对客源地和目标客户群的精准营销效果显著,带来直接的业务流量。

(资料来源:http://www.davost.com/Case/Marketing/2008/05/21/17292242.html,2008-05-21。)

本章小结

在网络与电子商务迅速发展的今天，旅游企业也积极投身于网络营销的大潮之中了。旅游产品作为一种特殊的服务产品，具有生产消费同步、远距离异地消费、消费者无法对产品预先感知等特性，这些都使其成为最适于网上查询、浏览、购买的产品类型之一。但目前我国的旅游网络营销并没有发挥出优势，仍处于较低水平。网络营销还存在着诸如现场真实性、面对面沟通、覆盖面不完整等很多问题。从发展趋势来看，网络营销的实施是必然的，但网络营销和传统营销只有紧密结合，扬长避短，才能更好、更快、更有效率地满足顾客需要。

搜索引擎营销是全面而有效地利用搜索引擎来进行网络营销和推广，从而提高网站的流量与转化率，获得更多的潜在客户关注。值得一提的是即使是做了PPC付费广告和竞价排名，最好也应该对网站进行搜索引擎优化设计，并将网站登录到各大免费的搜索引擎中。搜索引擎营销技术的广泛应用使得很多旅游网站都能在短期内获得显著的效果。但在这样的情况下，如果没有自己成熟的商业模式，那些仅仅通过搜索引擎营销技术获得好排名和访问量的网站，在如何进一步发展上往往就显得有些束手无策。而按照规律，一个没有办法赢利的旅游网站，其最终必然会在竞争中没落。

互联网经过了单纯门户资讯模式的Web1.0大众营销时代，发展到Web2.0分众营销时代，并向精准营销方向（有人称其为Web3.0时代）迈进。不仅仅按照用户需求提供综合化服务（创建综合化服务平台），更关键的是，提供针对用户偏好的个性化聚合服务。与传统媒体相比，网络广告的最大好处是能够针对更小的细分市场做广告，并且能够几乎实时地追踪广告效果。网络广告也提供了更多的广告主与潜在客户之间的双向沟通、进行互动的机会。此时，广告将以人们的关注点来提供，低效的强制性硬广告淡出市场，以自然进入视野的广告抓住用户的注意力。另外，按照网络行为轨迹运行的置入性营销将占据主导地位。一些网络媒体可以准确了解每个用户的网络行为轨迹，归纳不同的细分群体，了解他们在网上的接触点，从而帮广告主做好置入式营销。对网络广告来说，主要的问题是其成本收益问题，以及如何来准确衡量广告的效果。

思考与练习

1. 网络营销的功能与特点是什么？
2. 在旅游业中网络营销的常用方法有哪些，各自有什么特点？
3. 针对中小旅游企业的网络营销，目前有哪些问题需要解决？
4. 上机熟悉中外搜索引擎产品的各种服务。
5. 分析网络广告的类型与发布策略。
6. 分析比较百度、google、雅虎等搜索引擎的搜索特点、用户群体，为你喜爱的某一旅游网站设计搜索引擎投放的"关键词列表"，并进行分析。

综合项目学习

项目三：在线旅游电子商务营销体验

一、项目背景

假日旅游公司为了拉近和消费者之间的距离，在公司网站上开展在线旅游电子商务营销体验活动。现在决定由你来先通过浏览其他旅游网站（如携程网、芒果网等）进行体验，总结出各个旅游网站营销体验的特点。最后根据假日旅游公司的实际情况起草该公司的在线旅游营销活动策划书。

二、项目任务

(1)借助网络和图书馆等资源，自主学习，进行相关知识的准备。
(2)通过对在线旅游网进行调查，取得第一手资料。
(3)选取有代表性的在线旅游网络，分组进行在线体验营销的调查、分析。
(4)在学习其他网站相关活动的基础上，自主对设定的旅游企业开展的在线营销体验活动进行相关设计。

三、项目分析

旅游产品售卖的是各旅游机构提供的"服务"，对于在线旅游而言，如何使产品更直接到达消费者手里成为考虑的首要问题，在设计和规划时要充分考虑到消费者的感官体验、交互体验、情感体验、内容体验、信任体验，使在线旅游营销体验能够落到实处。

四、项目实施

(一)知识准备
(1)体验营销的概念。

(2)网站体验营销的分类。

(二)探究内容——网站体验营销体验点

通过浏览和使用携程网、芒果网等旅游网站,我们可能感受到不同的体验,各个旅游网站都有自己的优势。从感官上,它们给浏览者不同的视觉和听觉体验;从操作上,它们给浏览者不同的可用性和易用性体验;从内容上,它们给浏览者不同的吸引性和实用性体验;从安全性上,它们给浏览者不同的信任体验。

(三)目标要求

(1)通过浏览和使用不同的旅游网站,对不同的网站给浏览者留下的不同体验进行总结,并形成总结报告。

(2)结合所设定企业自身的特点,对该企业网站体验营销进行规划。

五、评价与小结

通过浏览其他旅游网站,能够总结出不同的旅游网站体验营销的特点,并能结合本企业自身的特点进行网站体验营销的规划。

在线旅游营销体验以拉近旅游企业和消费者之间的距离为重要经营手段,成为旅游企业获得竞争优势的新武器。设计在线旅游营销体验活动时要认识到消费者的消费行为除了包含知识、智力、思考等理性因素以外,还包含感官、情感、情绪等感性因素。体验营销的运用和引入从某种程度上给旅游企业带来了新的发展空间。

项目四:旅游网络营销推广实施

一、项目背景

某旅游景区为了降低营销推广成本,提高营销效果,决定充分利用网络营销体系对景区形象、旅游产品、特色旅游线路进行营销推广。

二、项目任务

(1)进行景区整体形象的推介与品牌打造的设计。

(2)利用网络对特定的景区特色旅游线路进行营销推广设计。

三、项目分析

网络的优势和价值已经被市场所认同,网络已广泛应用到旅游企业的营销活动中。网络营销的方法很多,大致可以分为:搜索引擎营销、网络广告、邮件群发、会员制营销、信息发布、病毒式营销等,但并不是任何方法都适合所有旅游企业。网络营销方法选择是否恰当,是相关营销推广能否取得成功的关键所在。

四、项目实施

（一）知识准备

（1）旅游网络营销推广形式。

（2）网络促销的形式。

（3）网络广告的形式、测量与定价。

（4）网络品牌建设。

（5）网络营销效果评估方法。

（二）探究内容

利用网络进行旅游景区推介、旅游产品宣传，主要可以选择以下方式：

（1）搜索引擎竞价排名方式和PPC点击付费广告方式。

（2）构建网上社区，会聚人气，形成忠诚客户群，口口传播。

（3）策划一些特定的活动、事件，如组织景区博客大赛、摄影作品大赛等。

（三）目标要求

（1）通过调查竞价排名、PPC市场情况、计费方式、关键词策划，写出某景区的网络营销计划书，测算投资回报。

（2）设计博客大赛等活动的策划书、实施方案。

（3）创建社区论坛，通过社区论坛营造和引导话题，发现和创造消费需求，转化潜在客户。

（4）学习选择、安装、使用相关的流量统计软件，监测推介效果。

五、评价与小结

通过该项目的学习，能够了解旅游企业、景区整体形象推介与品牌打造的策略，学习利用网络对景区特定的旅游产品、特色旅游线路进行营销推广的方法。学习撰写旅游企业网络营销计划书，测算投资回报，并体验通过设计博客大赛、创建社区论坛进行营销推广的特点与效果，还通过实际使用流量统计软件学习掌握监测、分析推介效果。

利用网络进行旅游景区推介、旅游产品宣传，具有成本低、信息量大、传送速度快、传播范围广、不受时空限制等优点。网络营销方式很多，只要应用合理，利用网络进行产品推介效果明显。

第三篇
旅游企业信息化应用实务

第8章

酒店、旅行社、餐饮管理信息系统应用

本章导读

管理信息系统是一个由人和计算机等组成的,通过对信息进行收集、传输、加工、保存、维护和使用,来支持一个组织机构内部的作业、管理、分析和决策职能的系统。从企业角度来讲,其基本思想是以市场需求为导向,以客户需求为中心,对供应链上的信息流、物流、资金流、价值流和工作流进行有效规划和控制,从而将客户、分销商、供应商、制造商和服务商等合作伙伴连成一个完整的网络结构,形成一个极具竞争力的战略联盟。

在制造、零售、信息服务等行业中,管理信息系统的使用非常普遍,如SCM(供应链管理)、CRM(客户关系管理系统)、ERP(企业资源计划)等。优秀的管理信息系统可帮助企业快速掌握市场需求的变化,更有效率地调配好企业现在的各种资源,建立良好的客户培育体系,简化企业的管理体制并促进沟通,辅助管理人员进行科学决策。

近10年,我国旅游业管理信息系统软件得到了非常丰富的发展,软件的种类和质量都有了很大的提高,如酒店业除了原国外的Fidelio系统外,我国的杭州西软、北京泰能、北京中软等系统在国内五星级酒店也取得了非常好的应用效果。因旅游业管理系统种类非常繁多,这里仅列举了几个非常典型的旅游业管理信息系统,以便大家对旅游管理信息系统的功能和使用有一定的了解。

第一节 酒店管理信息系统应用

我们选用的是高柏酒店管理系统,开发者高柏科技公司是专业开发酒店管理系统软件的国际企业集团公司(见图8-1)。到目前 KingSmart ® Midas 共经历了八代产品,适合各种类型的五星级及以下星级的酒店、宾馆、度假村等使用,但汉化还有待改进。酒店管理系统运行在 Windows 2000/XP/2003 + Ms SQL 平台上。参考网址:http://www.compw.cn。

图 8-1　高柏酒店管理系统主界面

一、前台预订

（一）散客预订

从主界面菜单【客单】→【新开预订】,或从快捷键【新开预订】生成空白预订单（如图8-2所示）。

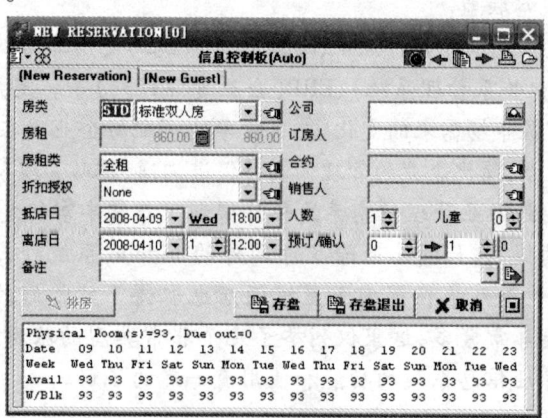

图 8-2　预订单

在此预订单中可完成房类的选择、房租的确定、抵店时间、房间间数、人数及预订人等多项信息的录入。

点击房租类右面的手形按钮(如图8-3所示),进入房租类属性定义窗口(如图8-4所示)。房租类别是酒店预先设定的、针对不同客人的客源而采取的不同房租优惠。

图8-3

当折扣栏设为六折后,房租金额会自动由860元变为516元。

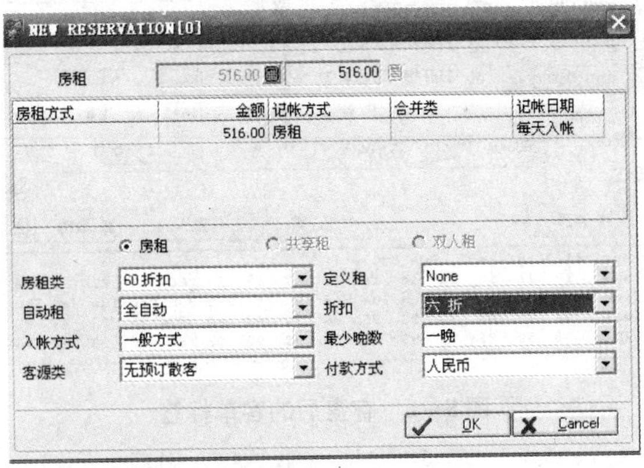

图8-4 房租类属性定义窗口

另外也可将"自动租"设定为"全手工",这样可手工输入价格。

"公司"后的图标表示支持一卡通消费管理,客人可凭卡直接办理入住登记,享受消费折扣,也可用于埋单。

对于合约公司(协议公司)预订的房间,应该输入合约公司。点击【合约公司】右面的手形按钮,进入合约公司查询。

【New Reservation】标签中项目设定完后,点击【存盘】将以上信息保存,然后可进入【New Guest】标签输入预订客人的信息,如图8-5所示。

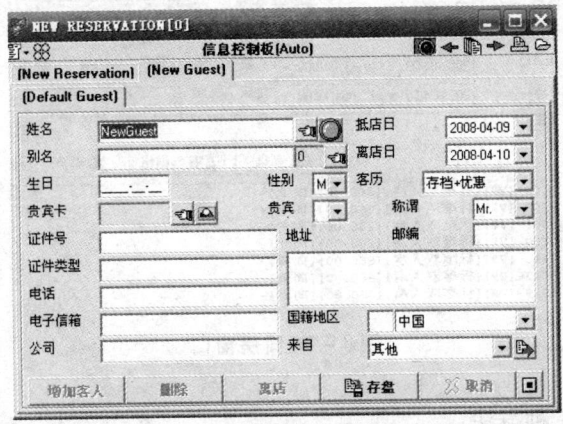

图8-5 客单标签

完备的客人资料不但可方便客人的查询,还可以帮助管理系统完成客源分析、客户关系管理等多项操作。

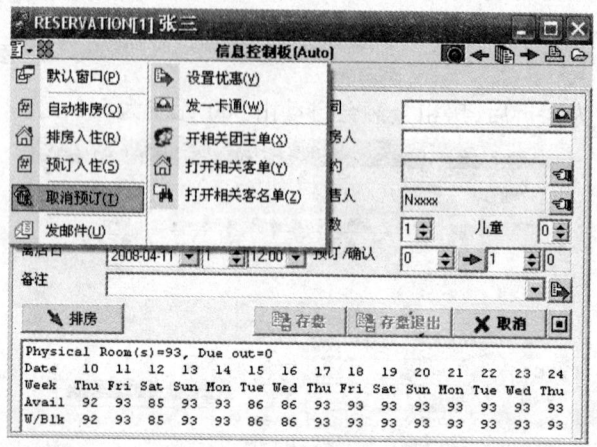

图8-6 存盘后的客单标签

客人信息输完后,点击"存盘"按钮,这时标签处将改变为客人的名字,并自动增加了一个新标签,用于记录账目。

1. 预订排房

根据各酒店的需要,可在相应的时间对已有的预订进行排房,方法如图8-7所示:

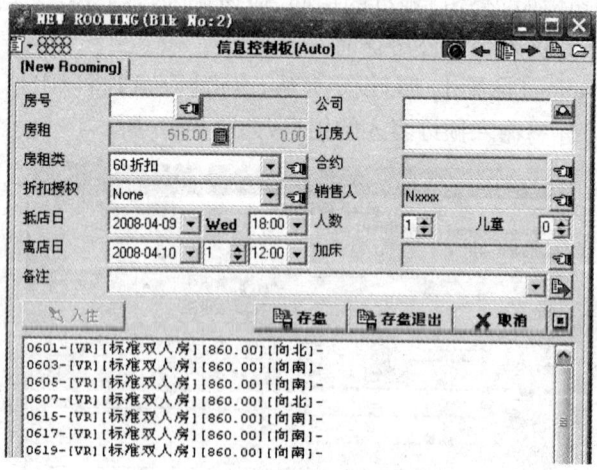

图8-7 排房窗口

选房有以下三种方法:

➢ 在【房号】输入框直接输入房号;

➢ 点击【房号】输入框右面的 按钮,然后从弹出的房间列表中选择房号;
➢ 从当前的客单下半部分选择房间,相应房间处双击。
最后单击【存盘】可完成预订排房操作。

2. 预订查询

从主界面菜单【客单】→【打开预订】,或从快捷键【打开预订】进入预订查询窗口。

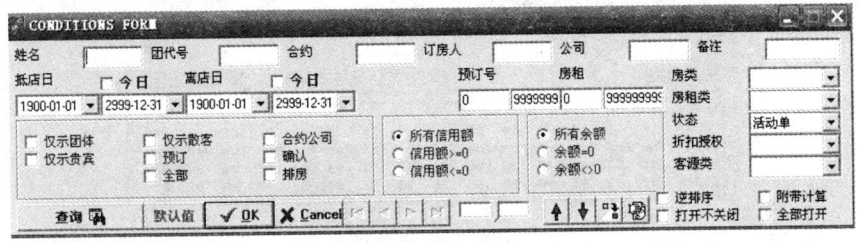

图 8-8 预订查询窗口

定义查询条件

(1)按姓名、团代号、合约、订房人、公司等栏目进行查询,以上栏目都具有全模糊查询功能。比如:在【姓名】输入框输入关键字"张",将非常方便地查询到所有栏目中含有"张"字的预订信息,即它将在姓名、团代号、合约、订房人甚至备注等栏目中查询包含输入栏内容的预订单,诸如姓名 = "张三"、公司 = "张裕葡萄酒有限公司"等包含"张"字的预订单都可以查询出来。

(2)按抵店日、离店日用来限定查询日期范围。点击相应的【今日】复选框可快速、自动地输入当日日期。

(3)左下位置的复选框可过滤查询条件。比如:钩选【仅示散客】,则仅查询散客预订的记录。如果所有复选框都不钩选,系统默认不过滤,即相当于都钩选。

(4)两组单项框过滤有关预订账务的查询条件,比如:钩选【余额=0】,将过滤出所有余额不足的客人名单。

设定好条件后,点击【查询】键,显示所有符合查询条件的预订单。

3. 修改预订

修改预订可以重新定义某个预订的所有资料。首先需调出需修改的预订单,方法参见"预订查询"相关内容,然后直接在打开的预订单上修改其中各个项目,保存后即可完成预订的修改。

4. 取消预订

取消预订首先需调出需取消的预订单,方法参见"预订查询"相关内容,然后单击预订单左上角的 按钮,可打开信息控制面板,单击其中的【取消预订】菜单项,可完成预订的取消,如图 8-9 所示。

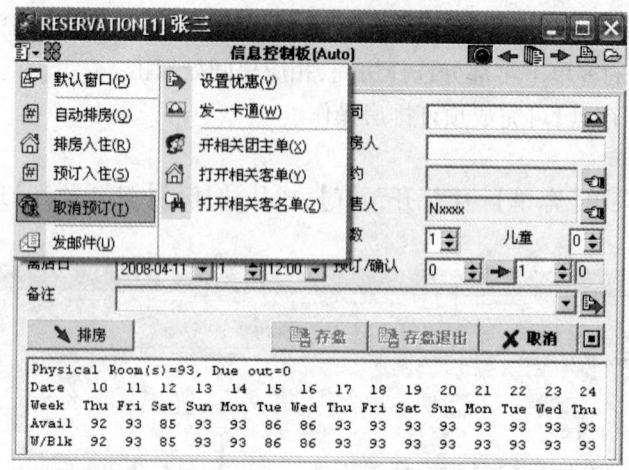

图8-9 预订单

取消预订后,房间可售情况表将返还相应的房间。

注意:如果预订单已经有了排房数,该预订单将不能取消。如果预订单有相应的账务余额,该预订单也将不能取消。

对已排房的预订单,必须先取消其排房,才能按上述方法取消该预订单。取消预订排房的步骤如下:

(1)从主界面菜单【客单】→【打开客单】,或从快捷键【打开客单】进入客单查询窗口,单击右方中间【状态】栏下单列表,选择【排房】项目,如图8-10所示,然后单击【查询】按钮,可找到相应的排房客单,如图8-11所示。

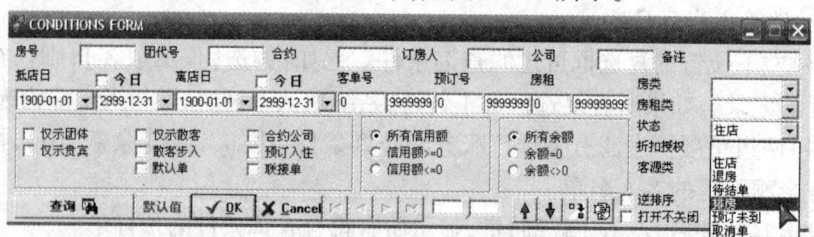

图8-10 客单查询窗口状态栏的设定

图8-11

(2)双击相应的排房客单或选择相应客单后单击右键,选择右键菜单中的【打开单】,可打开指定的排房客单,如图 8-12 所示。

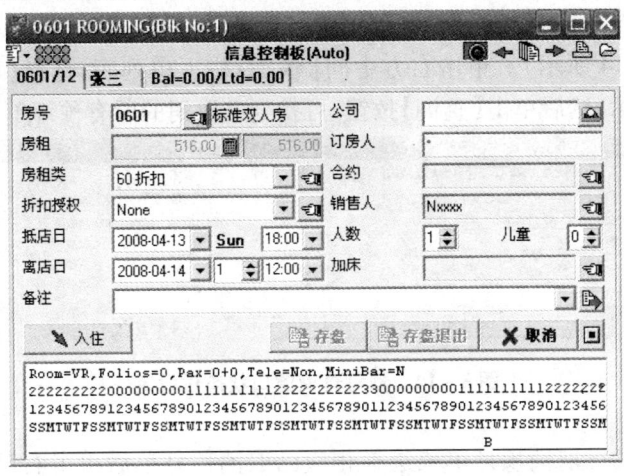

图 8-12　排房客单

（3）然后单击排房客单左上角的 按钮,可打开信息控制面板,单击其中的【取消预订】菜单项,可完成预订的取消。

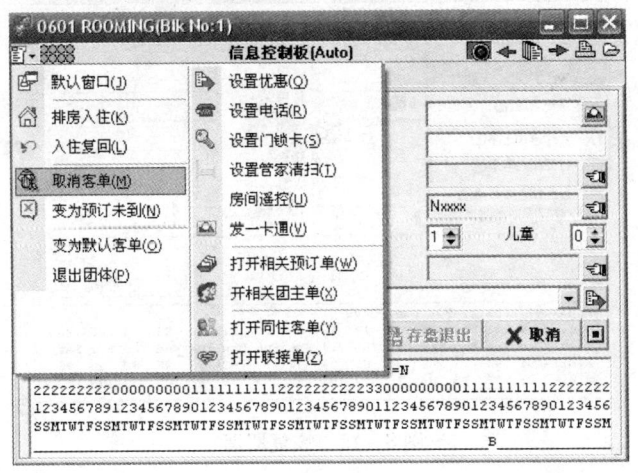

图 8-13

（4）单击弹出窗口的【OK】按钮,可完成排房的取消。此时可重新对该预订进行排房,也可以用上述取消预订的方法取消该预订。

5．恢复预订取消

恢复预订取消是指客人因故取消预订单后,又打算再次预订相同的房间。还有一种情况是:误操作取消了一个预订单,也可以使用本功能恢复误取消的预订单。具体方法如下：

从主界面菜单【客单】→【打开预订单】，或从快捷键【打开预订】进入预订查询窗口（如图8-14所示）。单击右方中间【状态】栏下单列表,选择【取消单】项目,如图8-14所示,然后单击【查询】按钮,可找到已取消的所有预订单。

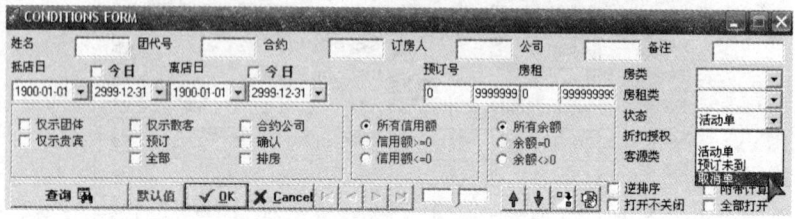

图8-14　预订查询窗口状态栏设定

双击相应的已取消预订单或选择相应已取消预订单后单击右键,选择右键菜单中的【打开单】,可打开指定的已取消预订单,单击该预订客单左上角的按钮,可打开信息控制面板,单击其中的【恢复取消】菜单项,可完成该已取消预订的恢复,如图8-15所示。

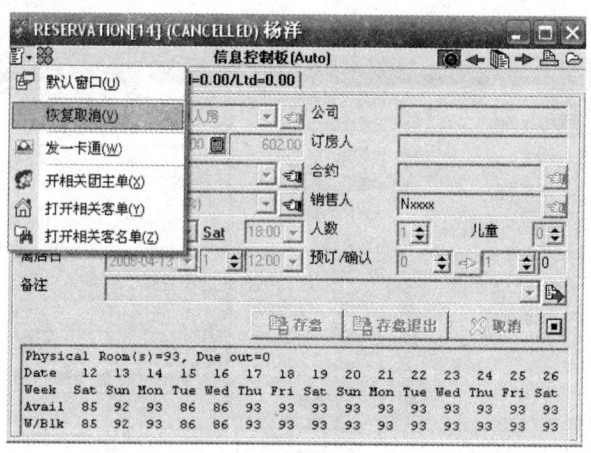

图8-15　恢复取消

（二）团队预订

从主界面菜单【客单】→【新开团体】,或从快捷键【新开团体】生成空白团主单（如图8-16所示）。

团主单中,团代号可以是3~10位字母、汉字和数字的组合,且团代号在当前团主单集(指还未离店的团主单)中是唯一的。定义一个有意义的团代号在将来无论是管理团主单还是查询都是方便的,比如："国旅"9月19日的第三个旅游团,可定义为【CT0919C】。

第8章 酒店、旅行社、餐饮管理信息系统应用

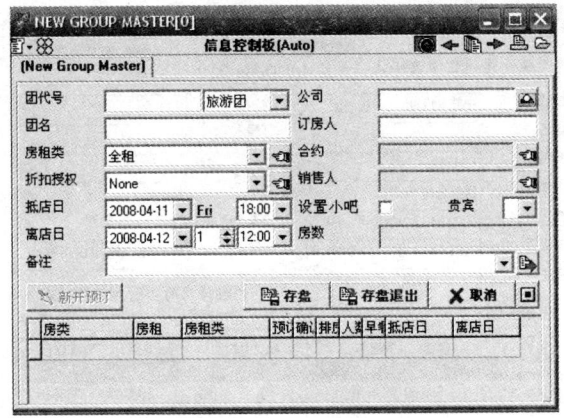

图 8-16 团主单

输完各栏目后点击【存盘】按钮,然后点击左下角 ![按钮] 按钮可打开团预订单。团预订单将自动带入团主单的信息,如图 8-17 所示。

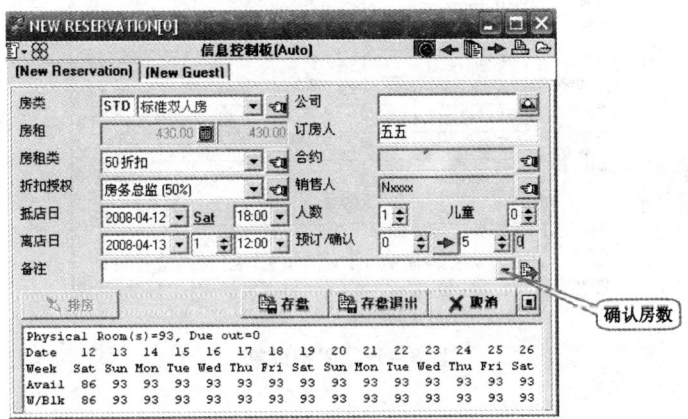

图 8-17 团预订单

团预订单主要完成确认房类和房数的工作,注意确认栏才表示确认的房间数,而前面的预订栏没有具体意义(如图 8-17 所示)。如需预订多个房类,需在团主单多次单击 ![按钮] 按钮,分别进行预订(如图 8-18 所示)。

1. 团队排房

进入团队排房的方式有如下四种:

A. 在预订过程中填写完团预订单后单击【排房】按钮。

B. 双击团主单下方预订列表中的相应项目,在弹出的团预订单中单击【排房】按钮,如图 8-19 所示。

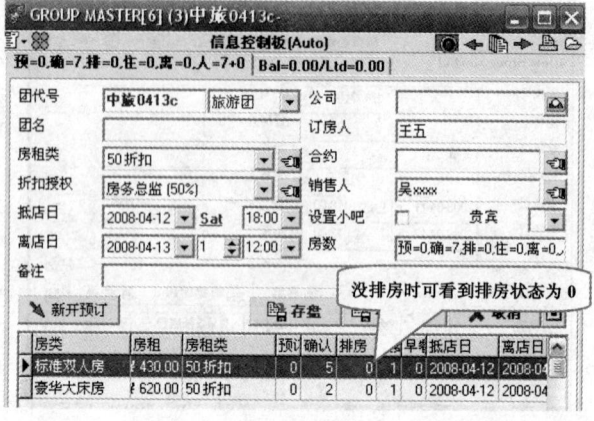

图 8-18

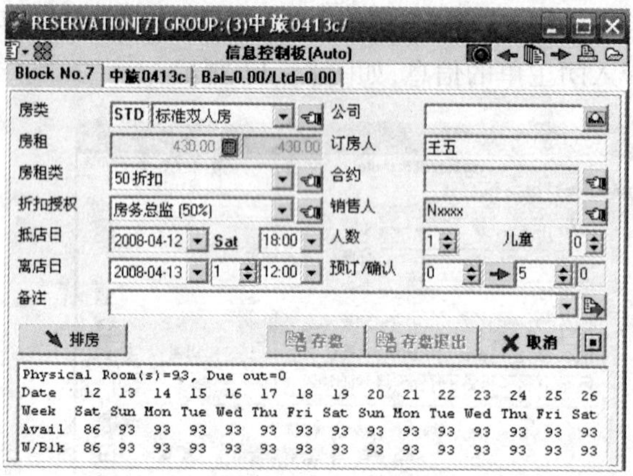

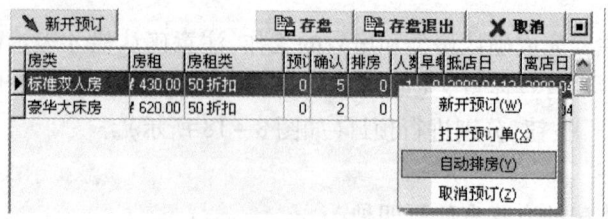

图 8-19 团预订单

C. 在团主单下方预订列表的相应项目处点击右键,选择右键菜单中的【自动排房】(如图 8-20)。

图 8-20

自动排房可一次完成多间排房,相比其他方法更加简便,选择该项后出现如图

8-21窗口：

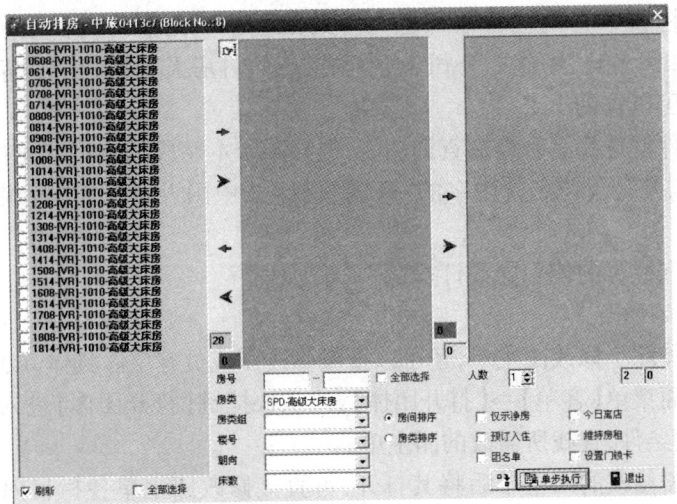

图 8-21 自动排房对话框

左面窗口是系统根据预订单的信息（房间类型、抵店、离店日期等）自动选取的符合排房条件的酒店房间。

从左面窗口钩选合适的房间（允许不连续钩选），点击 ➡ 键，将钩选的房间转入中间窗口的"缓存区"。在"缓存区"中还可以调整：将不需要的房间钩选，点击 ⬅ 键，退回左面窗口。经过调整后，确认"缓存区"中的房间选择正确，点击右面的 ➡ 键，"缓存区"中的房间将全部转入右面确认窗口。自动排房完成。

D. 单击团主单左上角 按钮，在打开的信息控制面板中单击其中的【自动排房】菜单项。

2. 团主单查询

从主界面菜单【客单】→【打开团主单】，或从快捷键【打开团体】进入团体查询窗口（如图8-22所示）。

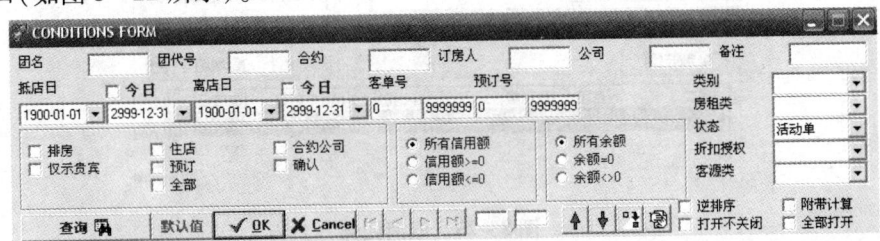

图 8-22 团体查询窗口

团名框：此输入框具有全模糊查询功能，即它将在团名、团代号、公司、订房人甚至备注等栏目中查询包含输入栏内容的团主单。比如：在【团名】输入框输入"中"字，诸如团名＝"中旅"、公司＝"中国银行"、订房人＝"张健中"等包含"中"字的团主单都可以查询出来。

其他条件框也都具有模糊查询功能，但只限于本字段的查询。比如：【公司】框输入"中"字，凡是公司名含中字的"中国银行"、"中国人寿"、"中青旅"等，都可以查询出来。

其他查询栏目的使用同预订查询。

3．修改团体

修改团体除了修改团主单，还可以批量修改团成员客单。具体方法如下：

从主界面菜单【客单】→【打开团体】，或从快捷键【打开团体】进入团体查询窗口，设定搜索条件，查找所需改的团主单。

搜索到需修改的团主单后将其打开，可直接修改团主单各栏目内容及团预订单各栏目内容，最后单击【存盘】按钮可完成修改。

4．取消团体

从主界面菜单【客单】→【打开团体】，或从快捷键【打开团体】进入团体查询窗口，设定搜索条件，查找所需改的团主单。

搜索到需办理入住的团主单后将其打开，右键单击团主单，选择右键菜单中的【取消团体】，或单击团主单左上角 按钮，在打开的信息控制面板中单击其中的【取消团体】菜单项。

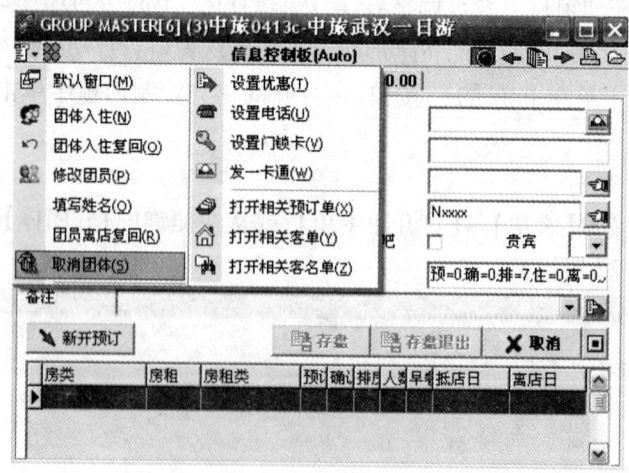

图 8－23　取消团体

如该团队已有排房，则会弹出如下窗口：

第8章 酒店、旅行社、餐饮管理信息系统应用

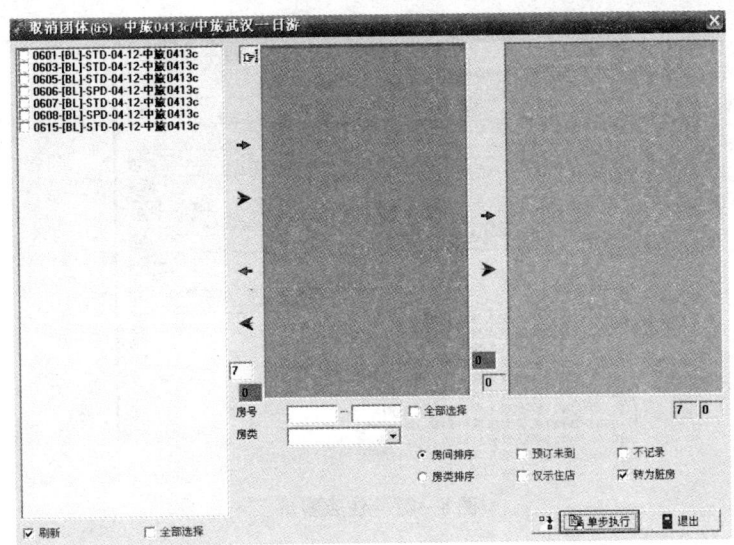

图 8 – 24

点击 ▶ 键,将左边窗格中的所有房间转入中间"缓存区",再次单击 ▶ ,将"缓存区"中的房间全部转入右面确认窗口,取消所有排房。单击【退出】按钮退出取消排房窗口,然后将出现如下两个确认窗口,见下图:

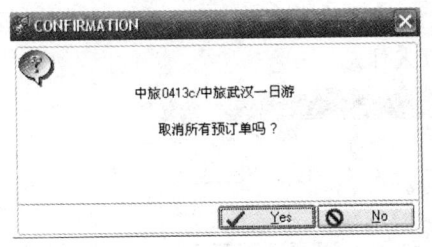

图 8 – 25

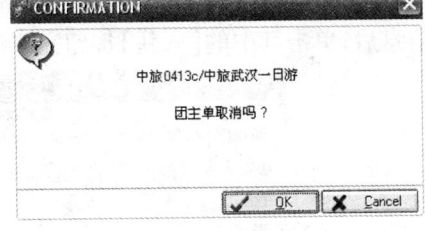

图 8 – 26

单击其中【Yes】按钮可完成该团体预订的取消。

二、前台接待

(一) 散客步入

散客步入是指客人在没有预订的情况下,入住酒店房间。

从主界面菜单【客单】→【散客步入】,或从快捷键【散客步入】生成空白住店客单。

其他内容按照栏目指定正确填写即可。

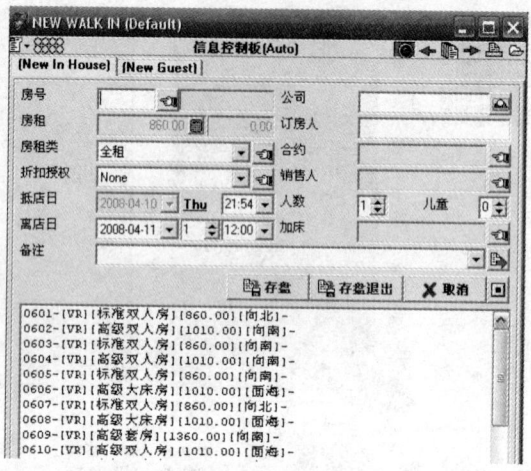

图 8-27 住店客单

(二)预订入住

预订入住分两种情况:第一种情况是已经给预订的客人做了排房,此时,调出客人的排房客单直接入住房间;第二种情况是还没有给预订单排房,此时,调出客人的预订单,先进行排房,后办理入住。

从主界面菜单【客单】→【客人查询】,或从快捷键【客人查询】进入客人查询窗口,设定搜索条件,搜索到需办理入住的预订单后将其打开,填入身份证信息等客人信息后,单击其中的【入住】按钮完成预订入住。

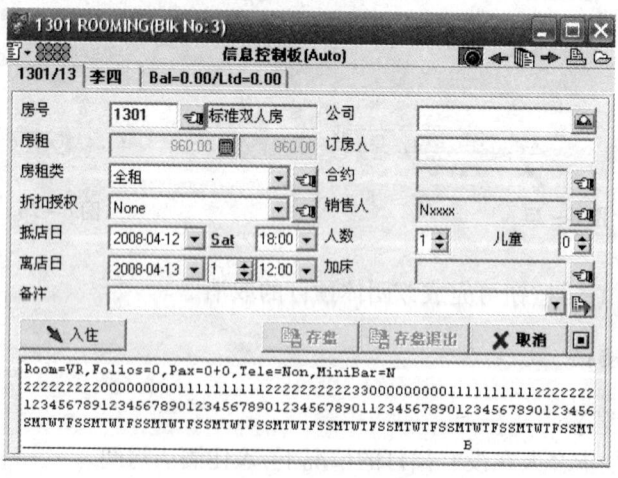

图 8-28 散客预订入住

(三)团队入住

从主界面菜单【客单】→【打开团体】,或从快捷键【打开团体】进入团体查询窗口,设定搜索条件,搜索到需办理入住的团主单后将其打开,单击团主单左上角 ![] 按钮,在打开的信息控制面板中单击其中的【团体入住】菜单项,可完成团队的入住,如图8-29所示。

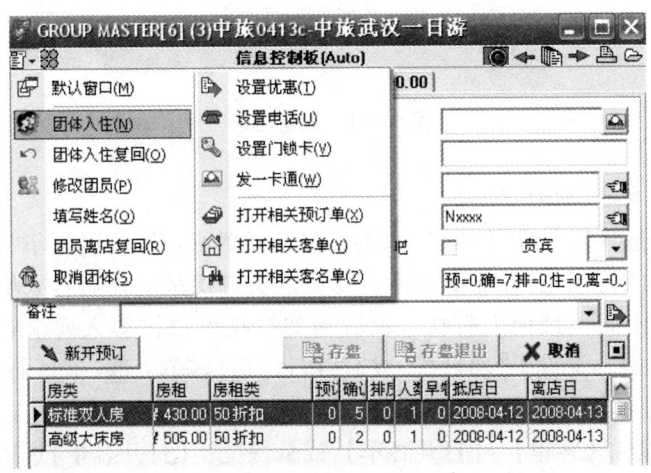

图 8-29

或直接在团主单上单击右键,在右键菜单中选择【团体入住】菜单项。

团队入住时通常每间房间必须要用一张身份证进行登记,所以还需录入一些客人信息,在信息控制面板中单击【填写姓名】项,可进入批量填写团成员名单窗口。

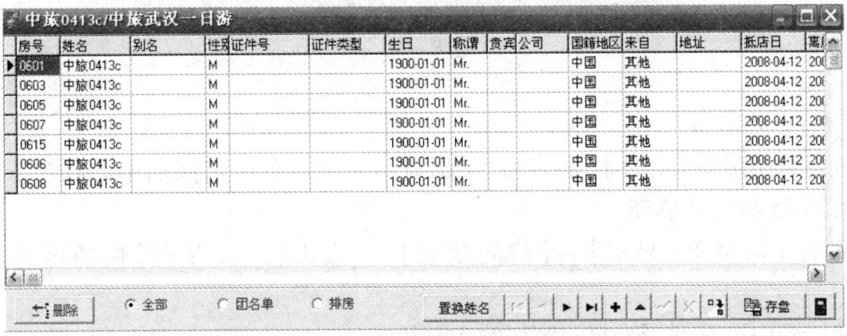

图 8-30 批量填写团成员名单

在姓名、证件号等栏目填入相应客人资料可完成团队入住的办理。

另外，在信息控制面板中，如选择其中的【设置电话】菜单项，还可以对其成员客单进行批量设置房间电话拨出权限和叫醒服务等，如图8-31所示：

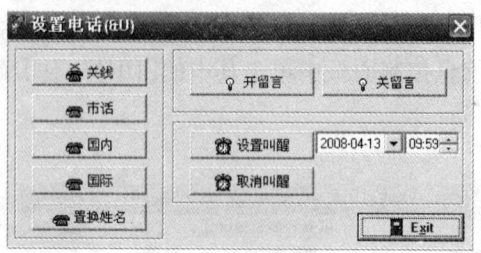

图8-31　设置电话

（四）置客留言，勿打扰

设置留言是其他人留给住店客人的信息。设置留言后可以打印"留言单"送往客人房间，也可以在电脑系统中查询。设置请勿打扰是应住店客人要求将客人入住信息对外保密而不被他人打扰。设置请勿打扰可以按客人要求有条件地选择"勿打扰"的范围。设置了"勿打扰"或"客留言"后，客单上部"信息面板"相应指示灯将点亮，提醒其他操作者。具体操作方法如下：

从主界面菜单【客单】→【打开客单】，或从快捷键【打开客单】进入客单查询窗口，设定搜索条件，查找到设置客留言或勿打扰的客单，单击其上方【信息面板】中的相应按钮，如图8-32所示。

图8-32

（五）查看房态

该系统中房态表以不同的表格、图形显示了酒店各个房间的不同状态。且房态表每隔15秒自动刷新。

从主界面菜单【显示】→【房间状态】，或点击【房间状态】快捷键进入房态表。

从该图中可看到当天每间客房的实时状态。

从主界面菜单【显示】→【房间详图】，或点击【房间详图】快捷键进入房态表。

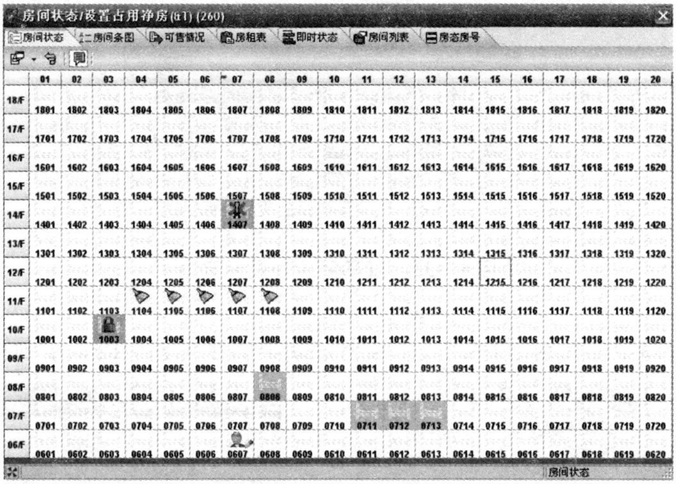

图 8-33　房间状态

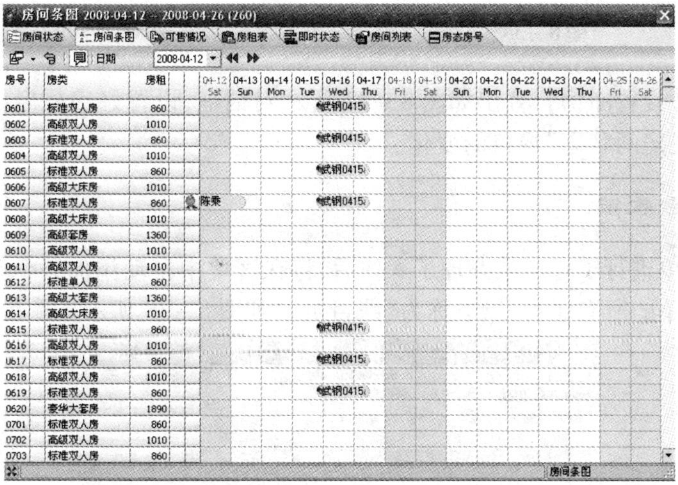

图 8-34　房间详图

三、客房管理——设置房态

设置房态是管家部(客房中心)将一个房间的状态改变为另一种状态,典型的设置房态为"设置净房",即房间住过一晚后,系统自动变为"未清洁房",楼层服务员清洁后,通过设置房态将其转为"净房",其中"空净房"将可以在前台继续销售。

高柏酒店管理系统中不同的用户以不同的登录名登录时将有不同的使用权限,若拥有管家部的权限才可进行房态的设置,如图 8-35 所示:

图 8-35 以不同的登录名登录

设置方法单击【管家部】菜单,在其下拉菜单中选择相应的菜单项可完成设置。

图 8-36　　　　　　　　图 8-37

如选择【设置净房】,弹出如图 8-37 所示对话框,设置好房号后单击【OK】按钮可观察到"房间状态"窗口的变化。

四、前台收银

当预订单进行了排房或办理了入住后,将在客单中自动添加一个新的标签,用于记录该客单的所有账目,以下称为"账目页",如图 8-38 所示。

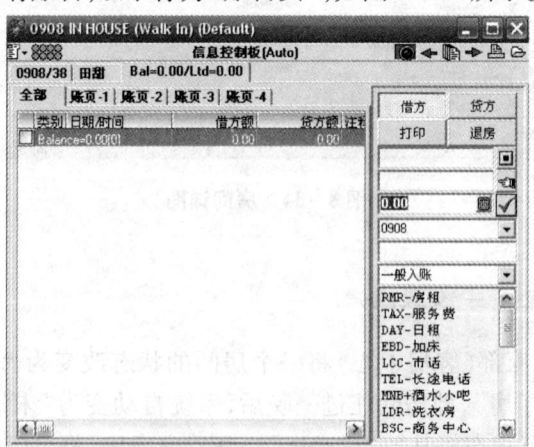

图 8-38 客单账目页

点击账务页右上方【借方】按钮,系统将处于"借方记账"状态。

借方记账是在客人产生消费时将客人的消费金额、消费类别等输入客单账务。

点击账务页右上方【贷方】按钮,系统将处于"贷方记账"状态。

贷方记账是在给客人结账或预先输入押金时将贷方金额、贷方类别等输入客单账务。

(一)押金收取

单击右上方【贷方】按钮,下方列表项将自动改变,双击其中的【PTD=押金】项目,可进入押金收取记录窗口。

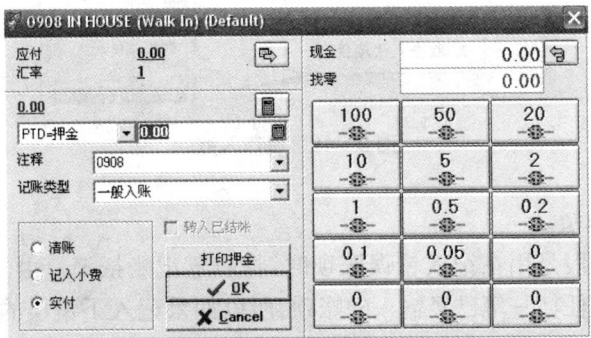

图 8-39

输入完成后可看到账目页列表的变化,如图 8-40 所示。

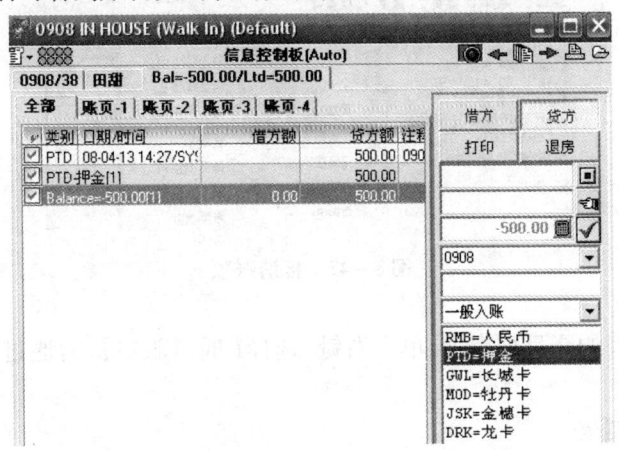

图 8-40

(二)消费入账

单击右上方【贷方】按钮,输入消费金额,然后直接双击"借方项目框"中对应的"借方记账项目",如图 8-41 所示。

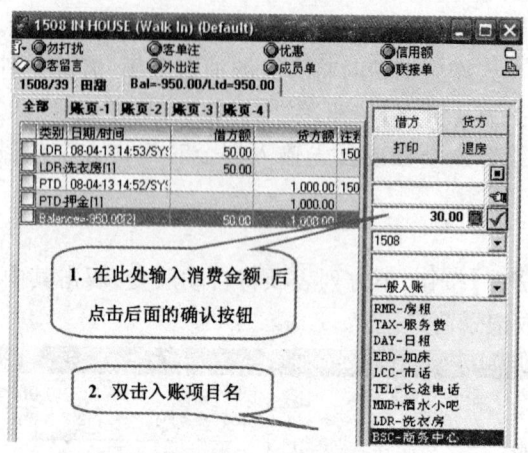

图 8-41 消费入账

（三）抵消账项

抵消账项一般是用在记入错误账项时，将一笔记账抵消。由于高柏酒店管理系统不允许修改任何一笔已经输入的账项，所以如果记入了错误的账项，一般采用的方法就是"抵消账项"，再输入正确的账项，具体方法如图 8-42 所示：

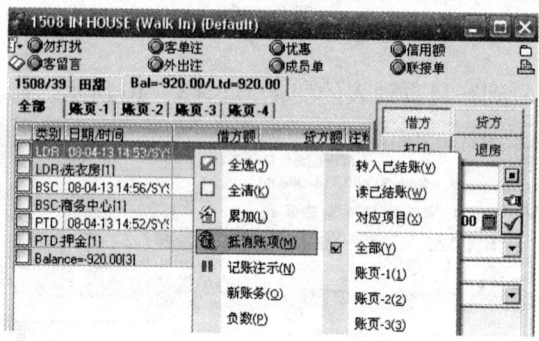

图 8-42 抵消账项

选择需抵消的账目列表项，单击右键，选择【抵消账项】，后通过确认可完成账项的取消。

（四）客单退房

客单退房是客人离店时进行的操作，包括向客房中心发退房信息、打印账单、输入结账方式，最后将客单退房。

从主界面菜单【客单】→【打开客单】，或从快捷键【打开客单】进入客单查询窗口，找到需退房的客单，单击客单左上角 按钮，可弹出如图 8-43 所示菜单，在该菜单中可完成清账、退房等操作。

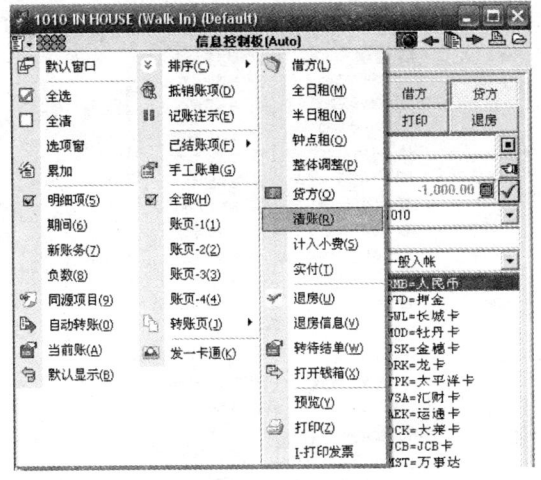

图 8-43　清账

另外进入账目页,在客单余额为"零"的情况下,点击【退房】按钮,也可完成客单退房。

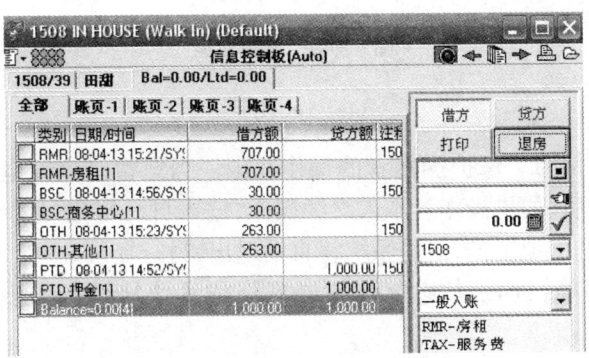

图 8-44　退房

(五)团体退房

从主界面菜单【客单】→【打开团体】,或从快捷键【打开团体】进入团体查询窗口,找到需退房的团主单,进入账目页,在团主单余额为"零"的情况下,点击【退房】按钮,即可完成客单退房。

五、通用功能

(一)常用信息

常用信息收录了客人经常咨询的有关信息,从这些信息可以快捷、准确地为客人提供信息服务,比如:酒店的服务功能、交通信息、城市信息、动态世界时间、天气预报等。常用信息的各项被包含在【显示】菜单中,如图8-45所示。

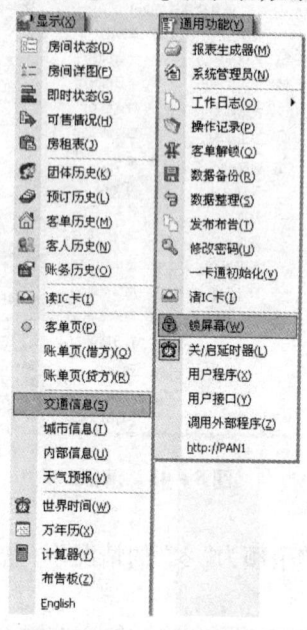

图8-45 通用功能

(二)锁屏幕

锁屏幕功能是为了保护操作者的操作权限。当您暂时离开电脑时,最好使用锁屏幕。锁屏幕后,如果操作者本人继续操作,输入自己密码可解锁。如果他人要操作电脑,可以退出锁屏幕,但是系统将自动退出,另行登录。

从主界面菜单【通用功能】→【锁屏幕】,或从快捷键【锁屏幕】进入锁屏幕窗口。

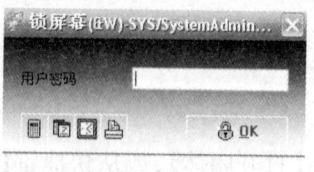

图8-46

第二节 旅行社管理信息系统应用

我们选用的是倍锐旅行社管理系统,它是一套依据旅行社具体业务规程制作的旅游行业 ERP 系统。

进入程序时,程序先打开列表登录窗口,如图8-47所示。

序号	姓名	性别	部门	职务	状态	学历	职称
1	王刚	男	计调部	导游	在职	大本	一级导游
2	丽达	男	计调部	导游	兼职	大本	一级导游
3	张志	男	计调部	领队	在职	大本	一级导游
4	苏利利	女	市场一部	导游	兼职	大专	一级导游
5	黎明	女	市场一部	业务员	在职	大本	一级导游
6	何远辛	男	采购部	采购员	在职	大本	一级导游
7	刘畅	女	市场一部	导游	在职	大本	国家一级导
8	王萲萲	女	财务部	会计	在职	大本	会计师
	程飞	男	总经办	总经理	在职	大本	会计师

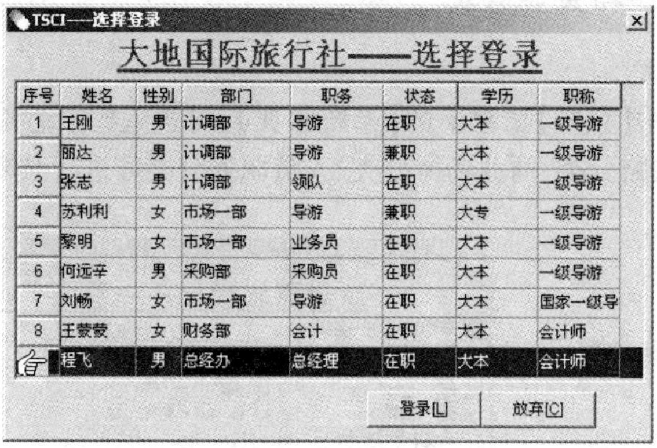

图8-47 登录界面

建议选择最下面的用户(此用户具有所有权限)。选择其他用户,也可进入系统,但因初始权限的限制,有些操作可能不能实现。

登录后,将出现“业务流程图”窗口。

注意:单击业务流程图上的图框可直接进入相应的管理窗口,如单击“散客报名”将直接进入旅游团报名窗口。

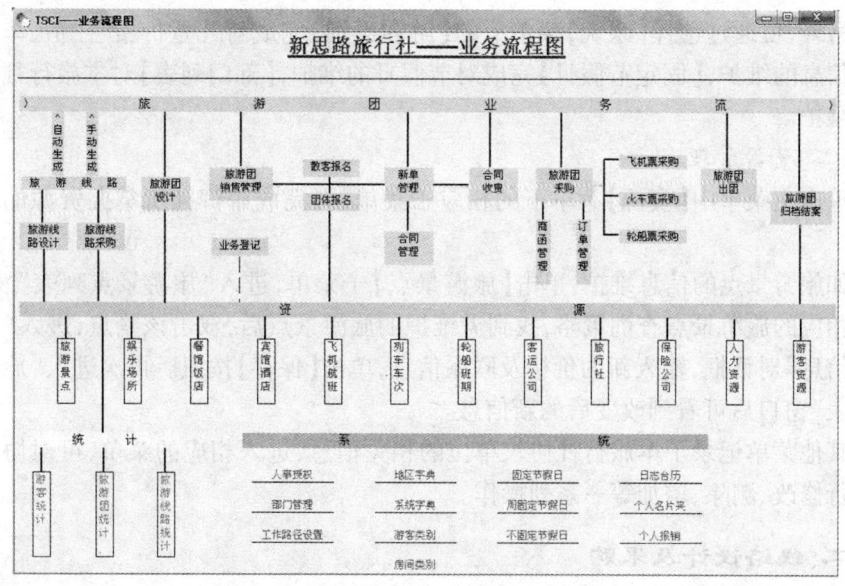

图8-48 业务流程图

一、系统维护与资源管理

（一）系统维护

单击主菜单中【系统】菜单下的【系统字典】，可进入"系统字典"对话框，在该对话框中，可对线路分类、商业场所分类、人员职务分类等进行必要的维护。

图 8-49

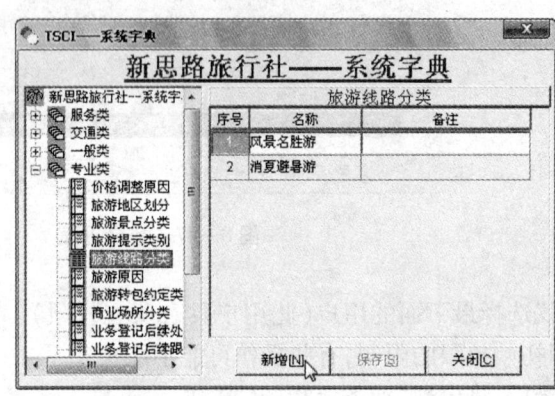

图 8-50

另外，可通过选择【系统】菜单下的【游客类别】完成对儿童价格、住宿、车船占位等信息的维护，【固定节假日】完成对节假日的维护，【部门列表】对本旅行社部门进行维护。

（二）资源管理

单击主菜单中【资源】菜单下的相应子菜单，可完成旅行社所掌握资源的相关维护。

如旅游景点的信息维护，单击【旅游景点】子菜单，进入"旅游景点列表"窗口，选择相应的旅游景点查询策略，找到需维护的旅游景点后，双击该景点，进入"旅游景点信息"对话框，输入新的价格及联系信息，单击【保存】按钮。再次进入"旅游景点列表"窗口后可看到改变后的新信息。

其他菜单记录了本旅行社协议单位的相关信息，进入相应的菜单，可对协议单位进行修改、删除、增加等一系列操作。

二、线路设计及采购

单击主菜单中【设计】菜单下的【线路设计】菜单项，或单击业务流程图上的【手动生成】图框可进入"旅游线路列表"窗口中，如图 8-55 所示。

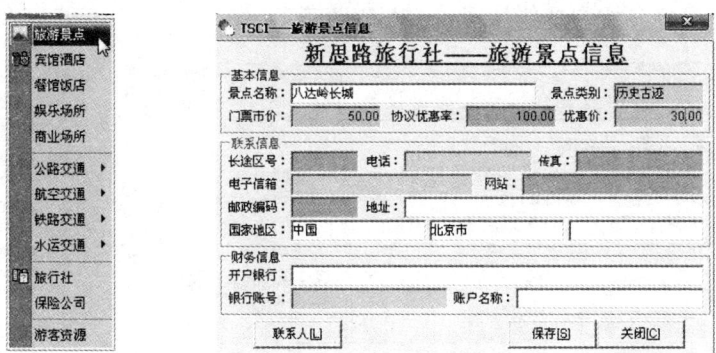

图 8-51　　　　　　图 8-52　"旅游景点信息"对话框

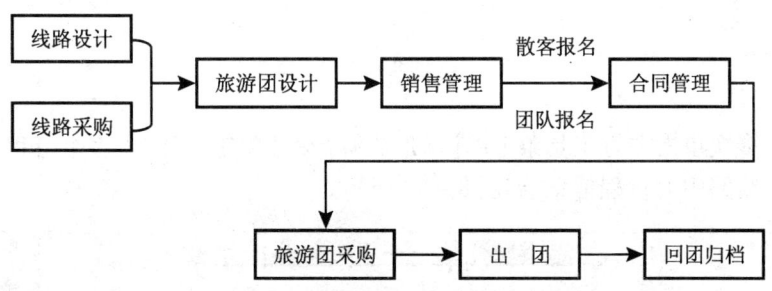

图 8-53　倍锐旅行社管理系统业务流程图

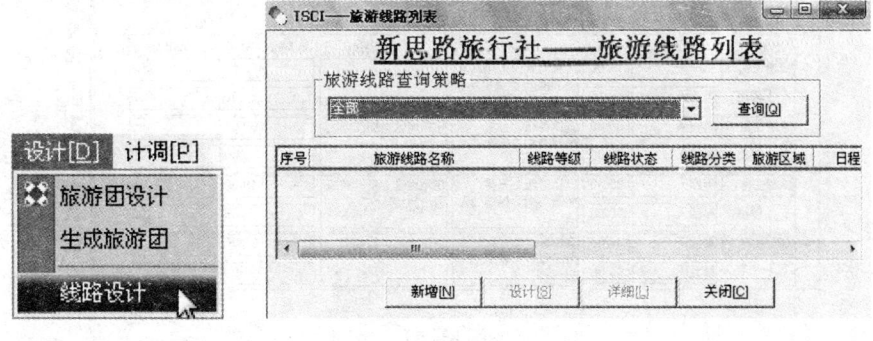

图 8-54　　　　　　　　　图 8-55

(一)新增线路

单击窗口右下方的【新增】按钮,进入到新线路的创建中。在旅游线路信息窗格填入相应内容(旅游分类、旅游目的地的信息请在系统字典中定义),然后单击右方工具条上的【增加旅游行程】按钮,进入行程信息条目编辑。

右方工具栏各按钮功能如图8-56侧图所示。

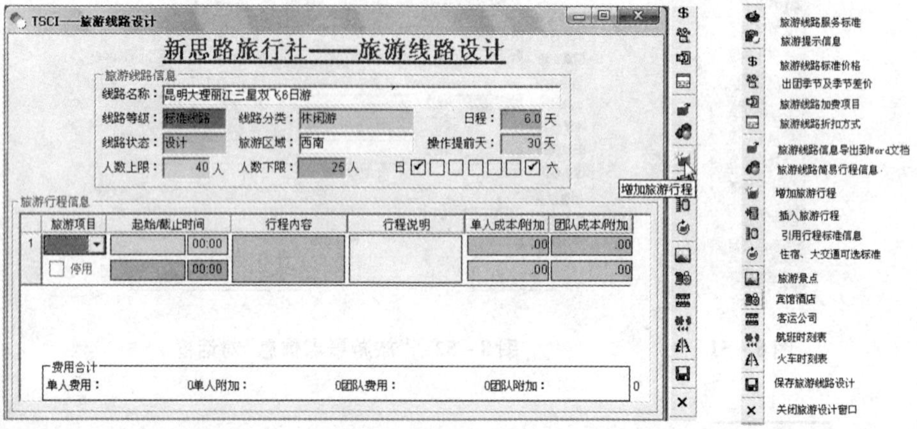

图8-56

通过多次单击左方工具条上的【增加旅游行程】按钮，可加入多个行程条目，分别输入该线路中的行程信息，如图8-57所示。

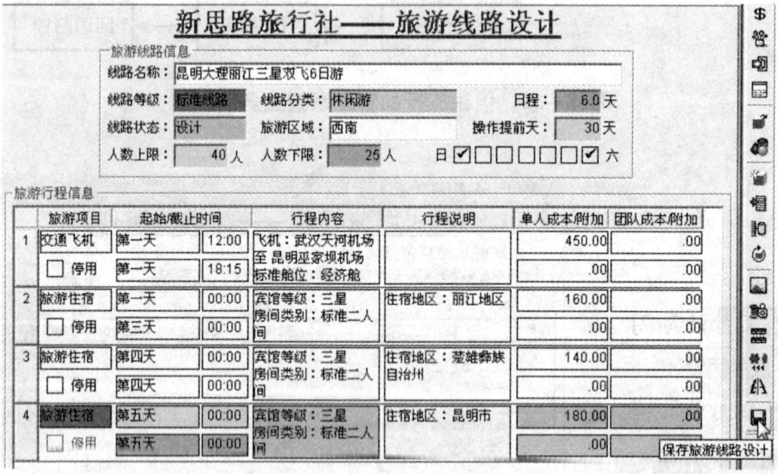

图8-57

完成所有条目的输入后，单击【旅游线路】下的【保存线路】菜单项或单击右方工具栏中相应按钮保存基本线路信息。

(二)旅游线路的其他维护

首先需进入到该线路的"旅游线路设计"窗口中，单击【设计】菜单下的【线路设计】菜单项，可进入"旅游线路列表"窗口中，选择相应的旅游线路查询策略，查找到需进行维护的旅游线路,选中它,并单击右下方的【设计】按钮。

在该线路的"旅游线路设计"窗口中,单击【旅游线路】菜单下的【服务标准】菜单项(如图 8-58 所示)或单击右侧工具栏中的相应按钮进入服务标准的设定中。

单击【旅游线路】菜单下的【标准价格】菜单项或单击右侧工具栏中相应按钮进入线路报价的设定中,后单击【保存】按钮保存价格信息。

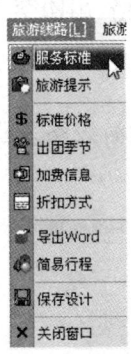

图 8-58

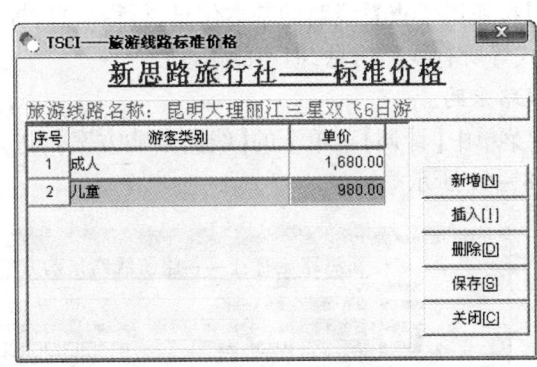

图 8-59 "标准价格"对话框

单击【旅游线路】菜单下的【出团季节】菜单项或单击右方工具栏相应按钮可设置季节性线路的出团时间。

单击【旅游线路】菜单下的【加费信息】菜单项或单击右方工具栏相应按钮可增加线路的其他收费,如临时增加的景点、保险费等。

单击【旅游线路】菜单下的【折扣方式】菜单项或单击右方工具栏相应按钮用于特殊情况下对线路价格进行修改打折,以较灵活的方式进行线路的维护。

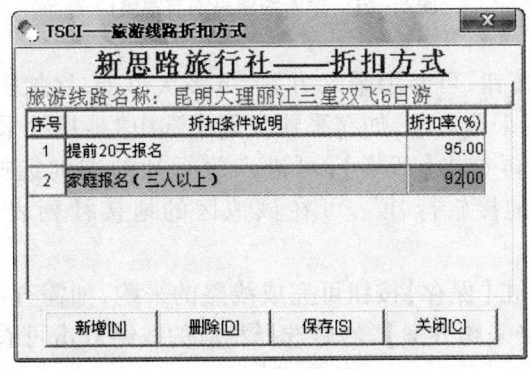

图 8-60 折扣方式对话框

设定完以上项目后,需再次单击【旅游线路】菜单下的【保存线路】菜单项或单击右方工具栏中相应按钮保存以上项目的设置。

项目解释:

【设计】按钮用于在线路完成后对其基本信息进行修改,如线路名称、人数上限、下限、出团时间、标准价格、出团季节、加费信息、折扣方式等,但对行程信息不能修改。

【详细】按钮用于查看线路的基本信息、行程信息、标准价格、出团季节、加费信息、折扣方式等所有线路信息,但不能修改。

(三) 线路采购

单击主菜单中【计调】菜单下的【线路采购方案】,进入"旅游线路采购方案"窗口中,如图8-61所示。

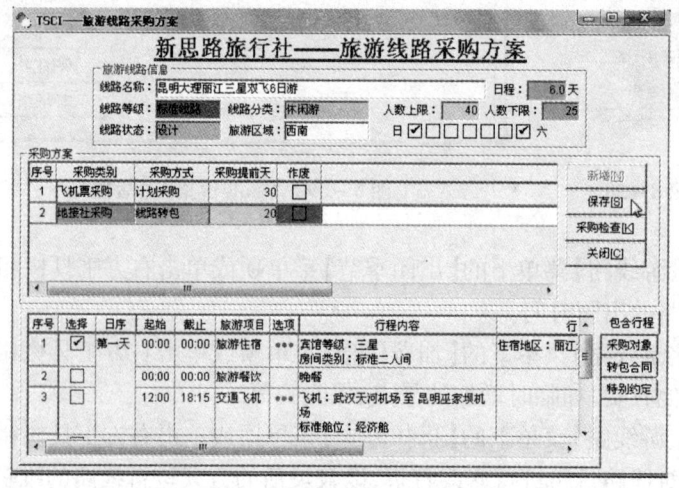

图8-61 旅游线路采购方案窗口

单击【新增】按钮,可新增采购方案,可多次单击,增加多个采购类别。每项采购都可以指定采购对象,如在采购类别中选中"地接社采购",单击右下角【采购对象】标签,再单击【新增】,可进入旅行社的查询选择中,选择查询策略为"按地区查询地接旅行社",可在该地区的地接社列表中找出合适的旅行社。

设定完成后单击【保存】按钮可完成线路的采购,如需查询可再次单击【计调】菜单下的【线路采购方案】,然后选择相应的线路双击可看到该线路的采购方案。

第8章 酒店、旅行社、餐饮管理信息系统应用

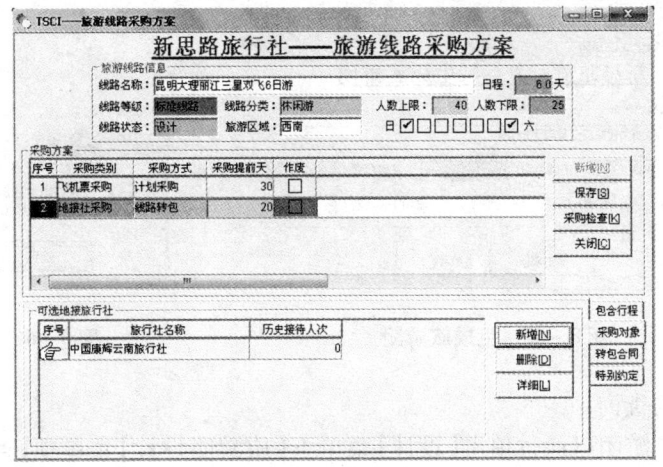

图8-62 地接社采购

三、旅游团设计

单击主菜单中【设计】菜单下的【生成旅游团】菜单项,进入"旅游线路生成旅游团"窗口,在下拉列表中选择旅游线路查询策略,后单击【查询】按钮,生成对应的旅游线路列表,如图8-64所示:

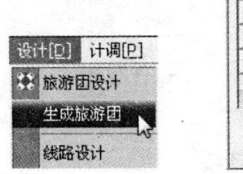

图8-63　　　　　图8-64 "旅游线路生成旅游团"窗口

选择相应的线路,单击【生成旅游团】按钮,进入"生成旅游团"对话框,如图8-65所示。

在"生成旅游团"对话框中,填写相应栏目的内容,后单击【生成】按钮,可完成旅游团的创建。

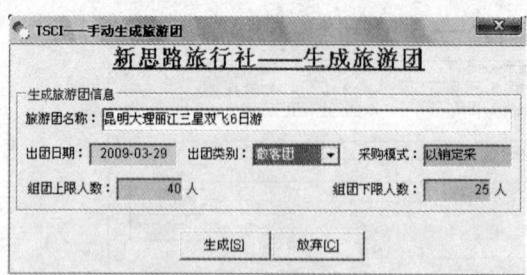

图8-65 生成旅游团　　　　　　　　图8-66

旅游团的查询:

生成的旅游团可通过单击【设计】菜单下【旅游团设计】菜单项,查询已有的旅游团。

四、销售管理——散客报名、团队报名

单击主菜单中【业务】菜单下【销售管理】菜单项,可进入旅游团的查询窗口,通过查询方式的选择查找所需进行销售管理的旅游团,找到后双击该项目,可进入"销售管理"对话框。

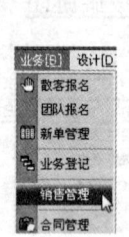
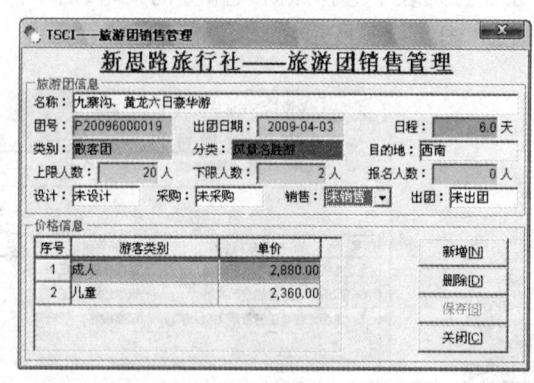

图8-67　　　　图8-68 "销售管理"对话框

在"销售管理"对话框中,可设置的项目有销售状态、价格信息。更改销售状态为散客报名或团队报名后,该团队即可接受散客报名或团队报名。

单击主菜单中【业务】菜单下的【散客报名】或【团队报名】可进入到旅游团的查询窗口中,选择相应的查询策略,找到需报名的团队,双击该团队或单击右下方的【报名】按钮,可进入到报名窗口中,在"旅游合同登记"窗口中需首先填入【合同类别】栏,选择下拉列表中相应的合同类别后弹出"甲方登记"对话框,填入客户基本信息及联系信息,如图8-70所示。

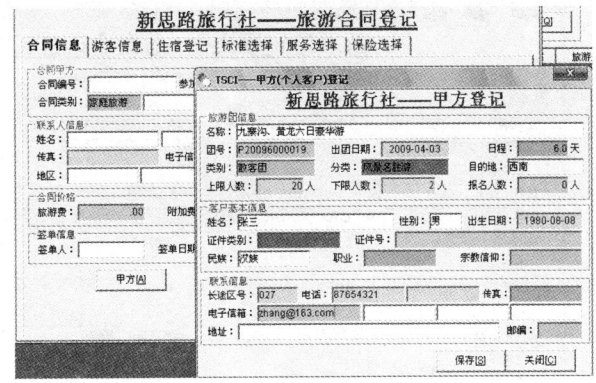

图 8-69　　　　　　　　　图 8-70　"旅游合同登记"窗口

填写完"甲方登记"对话框相应内容后,点击【保存】按钮退回到"旅游合同登记"窗口。再点击"旅游合同登记"窗口中的【游客信息】标签,如图 8-71 所示。

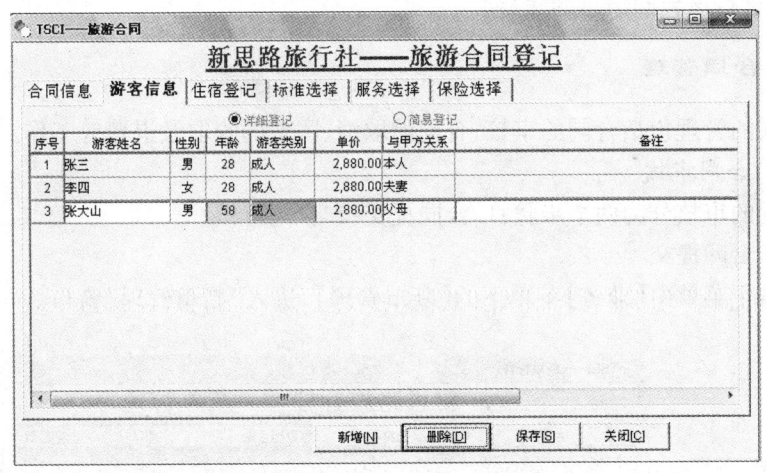

图 8-71　"游客信息"标签

多次单击【新增】按钮完成游客信息的录入,确认输入正确后单击【保存】按钮进行保存。

【住宿登记】、【标准选择】、【服务选择】可对该团队的住宿星级、火车票等级、住宿地点进行一定的调整,以满足顾客的特殊要求,如提高住宿星级等。

【保险选择】用于添加顾客购买保险品种及费用信息。

以上内容设定好后,再次返回到【合同信息】标签,可看到自动生成的合同编号及合同价格,如图 8-72 所示。

图 8-72 填写完成后的旅游合同登记窗口

单击【折扣】按钮可选择相应的折扣方式进行打折,所有信息确认后,单击【保存】按钮进行该合同信息的保存。

五、合同管理

合同的管理包括合同的审核、合同的取消、团费的收取及退费等工作。

（一）合同审核

合同的审核分为两个步骤:1.合同提交;2.合同审核。

1. 新合同提交

单击主菜单中【业务】菜单下的【新单管理】,进入"新单管理"窗口。

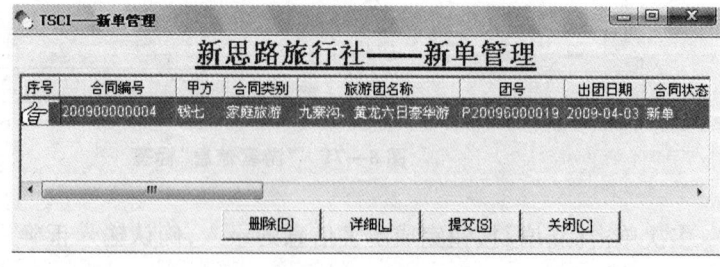

图 8-73　　　　　图 8-74 "新单管理"窗口

选择需审核的合同单,单击【提交】按钮,可完成新合同的提交。如需删除该合同,则单击【删除】按钮。如需在提交前查看合同的详细信息,单击【详细】按钮。

2. 合同审核

单击主菜单中【业务】菜单下的【合同管理】菜单项,进入"旅游合同列表"窗口,选择相应的合同查询策略,查找到需审核的合同,单击【审核】按钮,进入"旅游合同审核"窗口。

图 8-75

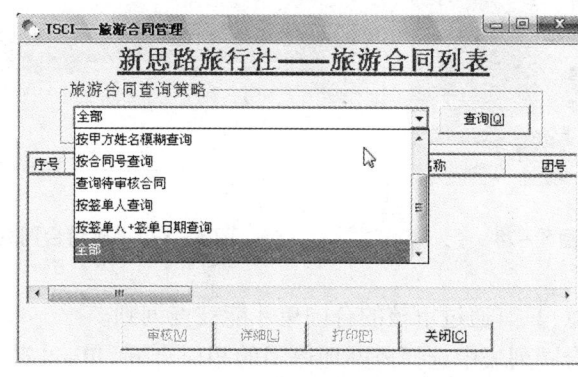

图 8-76 选择查询策略

在"旅游合同审核"窗口中,将该合同的审核状态修改为"审核通过",如图 8-77 所示,最后单击下方的【保存】按钮,完成审核。

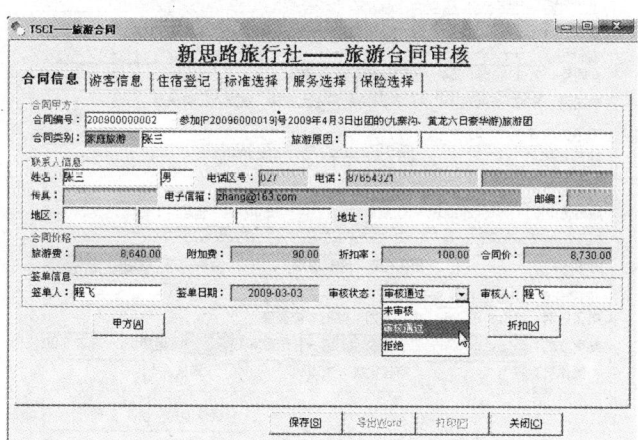

图 8-77

(二)合同的取消

合同的取消通常有两种情况:1.游客退团;2.旅行社退团。

1. 游客退团

选择主菜单中【业务】菜单下的【合同善制】子菜单中【游客退团】菜单项,进入

"旅游合同列表"窗口,选择相应的合同查询策略,查找到需办理退团的合同。

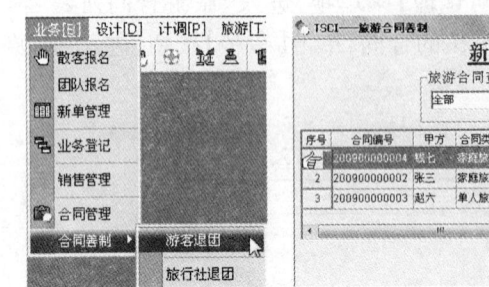
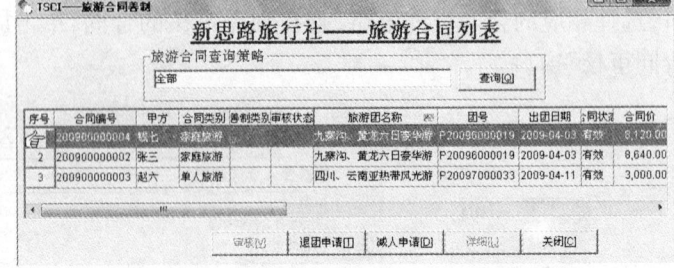

图8-78　　　　　　　　　　图8-79　"旅游合同列表"窗口

注意:只有通过审核的合同单才能被查询到。

在合同列表中选择需办理退团的相应合同,单击【减人申请】可办理该合同中的人员部分删除,单击【退团申请】,进入"合同退团申请"对话框(如图8-80所示),填写退团原因并选择相应的扣费方式,确认其他栏目的信息后单击【确认】按钮,返回到"旅游合同列表"窗口,可在该窗口中善制类别栏看到相应信息,如图8-81所示。

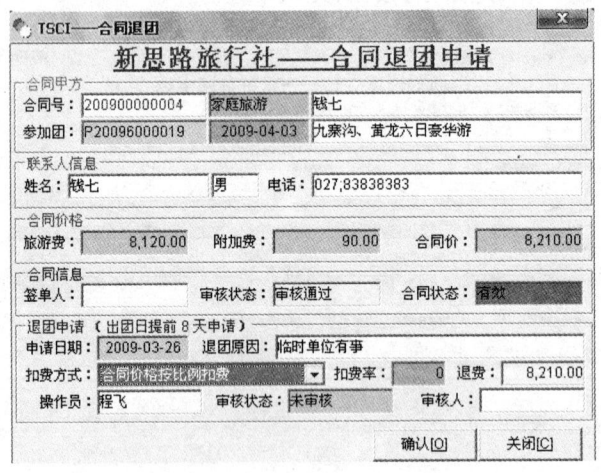

图8-80　"合同退团申请"对话框

退团审核:

以特定权限的用户进入软件后,选择主菜单中【业务】菜单下的【合同善制】子菜单中【游客退团】菜单项,在"旅游合同列表"窗口,选中需办理退团的合同,单击【审核】按钮,进入"合同退团审核"对话框,将审核状态改为"审核通过",单击【确定】退出,完成退团合同的审核。审核通过后,系统生成付费记录,付费审核后,即

第8章 酒店、旅行社、餐饮管理信息系统应用

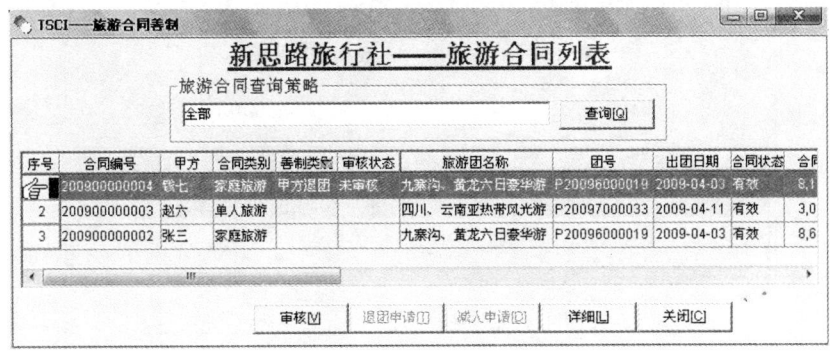

图8-81 善制类别栏

可向顾客退费。

2. 旅行社退团

如遇到不可抗力的影响,如景区自然灾害、天气原因封路等,旅行社必须取消该整个旅游团,则需办理旅行社退团。

选择主菜单中【业务】菜单下的【合同善制】子菜单中【旅行社退团】菜单项,进入"旅游团列表"窗口,选择相应的旅游团查询策略,查找到需办理退团的旅游团。找到该旅游团后,选中该旅游团,单击右下方的【退团申请】按钮,进入"旅游团退团申请"对话框。

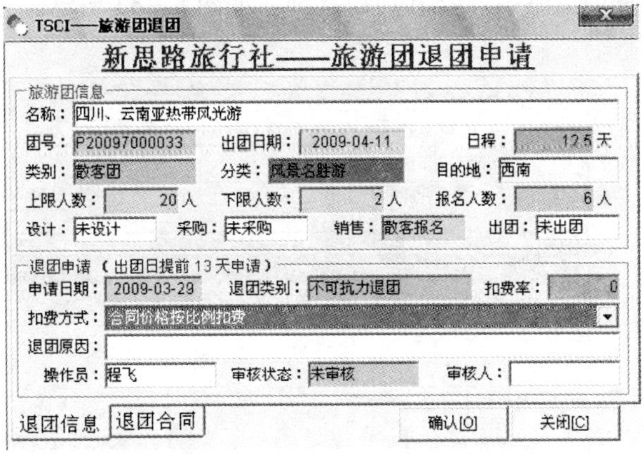

图8-82 "旅游团退团申请"对话框

填写扣费率、扣费方式、退团原因等信息后,单击【确认】按钮,完成退团。

注意:在"旅游团退团申请"对话框中有两个标签,"退团合同"标签详细显示了合同的各项费用、及退费金额等信息。

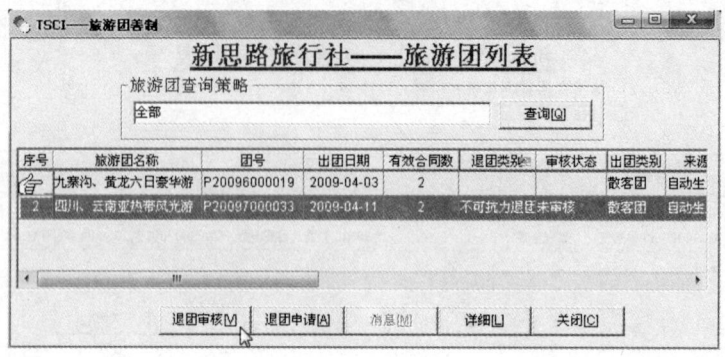

图 8-83

退团审核：

以特定权限的用户进入软件后,选择【业务】菜单下的【合同善制】子菜单中【旅行社退团】菜单项,在"旅游团列表"窗口中,选中未审核的旅游团,单击【退团审核】对话框,进入"旅游团退团审核"对话框,将审核状态改为"审核通过",单击【确定】退出,完成旅行社退团的审核。

(三)团费收取及退费

1. 团费收取

单击主菜单中【财务】菜单下的【合同收费】子菜单,进入"收费列表"窗口,选择相应的应收费查询策略,查找到应收费合同,如图 8-85 所示。

图 8-84

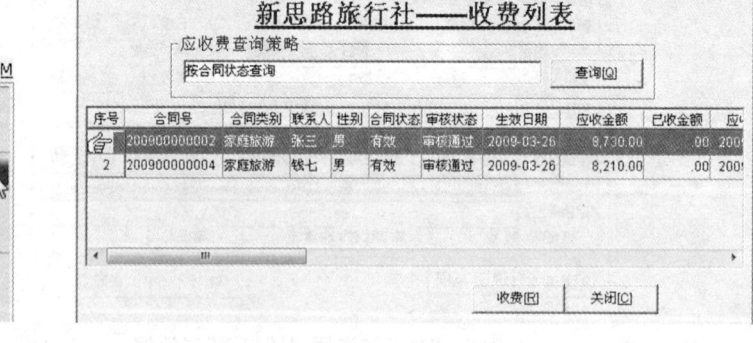

图 8-85

找到应收费合同后,选中该项目,单击右下角【收费】按钮,进入收费对话框,填写实收金额、票据号等相应内容后,单击【确认】按钮,完成费用收取的记录。

2. 旅行社退费

如遇游客退团或旅行社取消旅游团,旅行社需退还已收取的相关费用。完成退费操作前,需先进行付费审核。

以特定权限的用户进入软件后,选择主菜单中【财务】菜单下的【付费审核】子菜单,进入"付费列表"窗口,选择付费审核查询策略进行查找,查找到后选择该项目,单击右下角【审核】按钮,在弹出的"付费审核"对话框中将审核状态改为"审核通过",如图 8-86 所示,后单击【确认】按钮退出,完成付费审核。

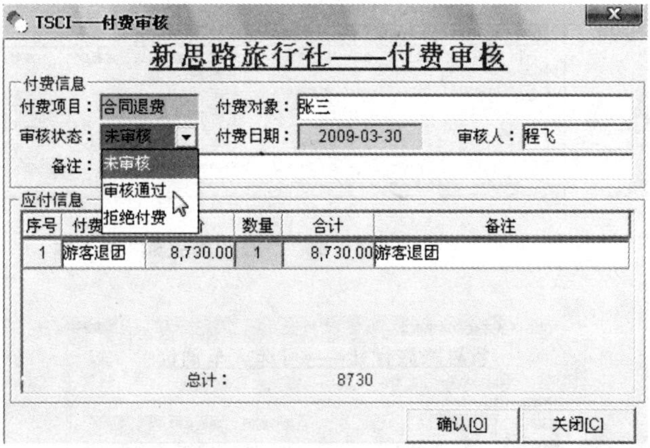

图 8-86

单击主菜单中【财务】菜单下的【单笔付费】子菜单,进入"付费列表"窗口,选择付费审核查询策略进行查找,查找到后选择该项目,单击右下角【付费】按钮,进入旅游团付费对话框,填入相应的付费信息,最后单击【确认】按钮。

另:已收费项目和已付费项目可通过【财务】菜单下的【收费管理】、【付费管理】菜单来进行查询。

六、旅游团采购

主要用于来回火车票、飞机票、餐饮、景点、客车、地接社的采购等。

单击主菜单中【计调】菜单下的【旅游团采购】菜单项,进入"旅游团列表"窗口,选择相应的旅游团查询策略进行查询,找到后选中该项目,单击右下角【采购】按钮,进入"旅游团采购"对话框,如图 8-88 所示。

在"旅游团采购"窗口中,在采购方案栏选中某一采购类别,双击下方"选项"栏,将出现"可选信息"对话框,可进行不同标准的选择,如图 8-89 所示。

在"旅游团采购"窗口中,选择某一采购类别后,单击右下方【采购对象】按钮,可得到"采购对象"列表,如图 8-90 所示。

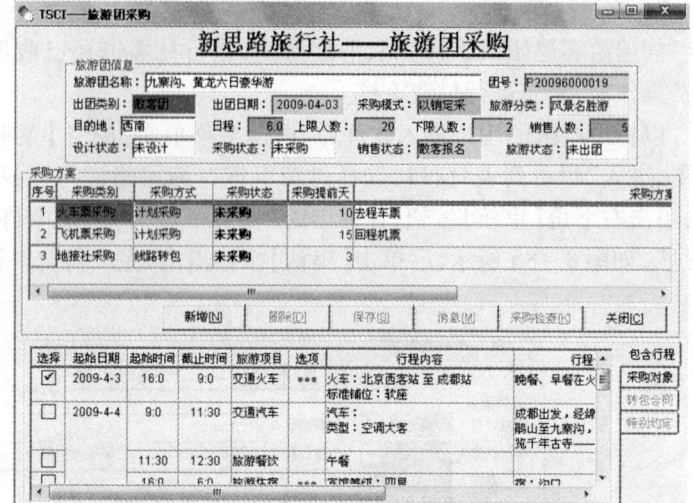

图 8-87　　　　　图 8-88 "旅游团采购"对话框

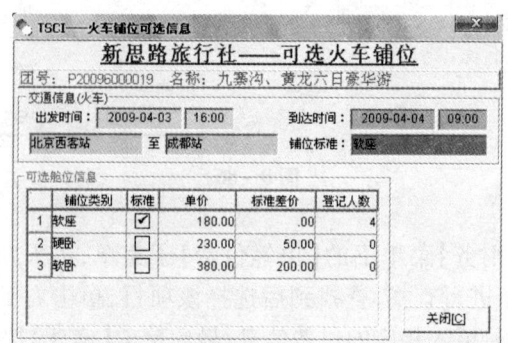

图 8-89

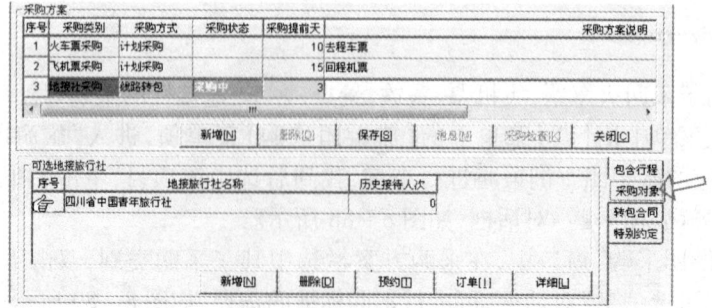

图 8-90 "采购对象"列表

如对列表中的采购对象不满意,可单击下方的【新增】按钮,如图 8-91 所示,增加新的采购对象,后选择该对象,单击下方的【订单】按钮,生成订单。

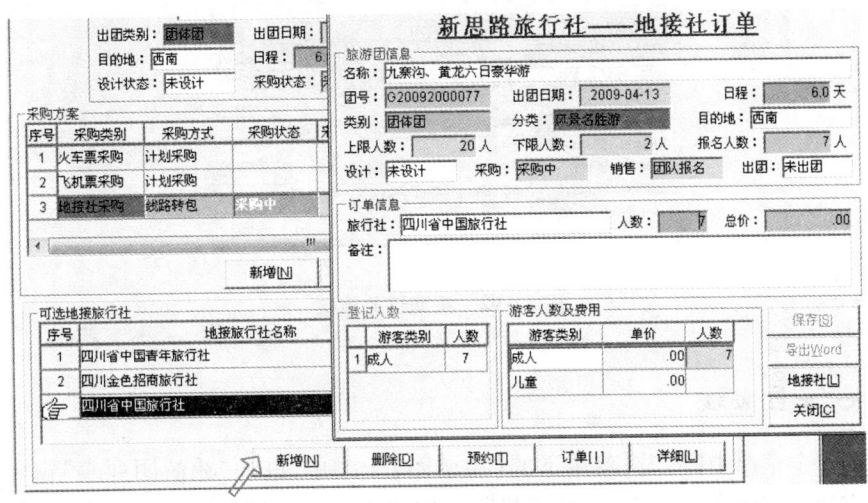

图 8-91　新增地接旅行社

在生成的订单中确认相关信息,并输入总价栏信息,单击【保存】按钮保存相关信息。【导出 Word】按钮用于将该地接社的订单导出到 Word 文档中,后通过传真或 E-mail 形式发给地接社,以便签订正式合同。最后单击【关闭】按钮退出"订单"窗口,返回"旅游团采购"窗口中。

上例中使用的是地接社的采购,其他类别的采购,如飞机票、餐饮等采用的方法完全相同。

在"旅游团采购"窗口中完成所有类别的采购后,分别单击【保存】、【关闭】按钮完成旅游团的采购。

采购订单审核:

以特定权限的用户进入软件后,单击主菜单中【计调】菜单下的【订单管理】菜单项,进入"采购订单管理"窗口中,选择相应的订单查询策略,查找到需审核的采购单,选中它,单击右下角的【审核】按钮,进入"订单审核"对话框,确认信息后将审核状态改为"审核通过",完成审核。审核通过后,系统将生成付费记录,付费审核后,即可付费。

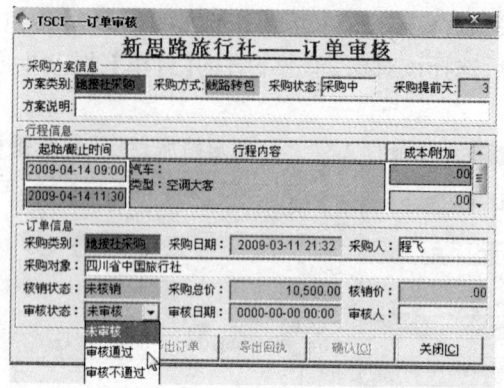

图8-92 采购订单审核

七、出团管理

单击主菜单中【旅游】菜单下的【旅游团】子菜单,进入"旅游团列表"窗口,选择相应的旅游团查询策略,找到需进行出团管理的旅游团,选中它,单击右下方的【出团管理】按钮,进入"旅游团出团管理"对话框。

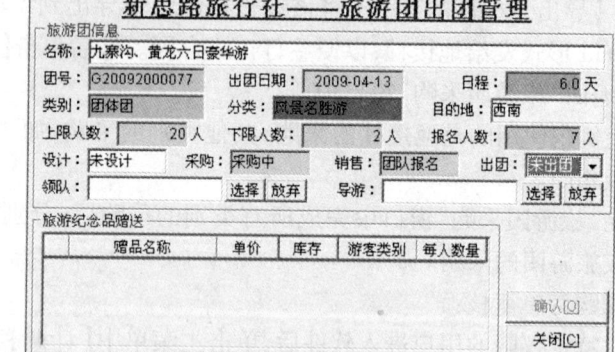

图8-93　　图8-94 "旅游团出团管理"对话框

在"旅游团出团管理"对话框中,单击"领队"栏和"导游"栏的【选择】按钮,选择带团的领队及导游,然后将"出团"栏的状态改为"允许出团",这时将出现【新增】按钮,可以为该团队添加旅游纪念品。

最后单击【确认】按钮完成该团队的出团管理。

另:赠品的管理可通过单击【旅游】菜单下的【赠品管理】完成。

第8章 酒店、旅行社、餐饮管理信息系统应用

图 8-95 出团旅游纪念品增加

第三节 餐饮管理信息系统应用

我们选用的是美萍餐饮管理系统。美萍餐饮管理系统,集前台收费系统、员工管理系统、会员管理系统、成本利润分析等多功能于一身,系统界面简洁优美,操作直观简单。参考网址：http://www.mpsoft.net。

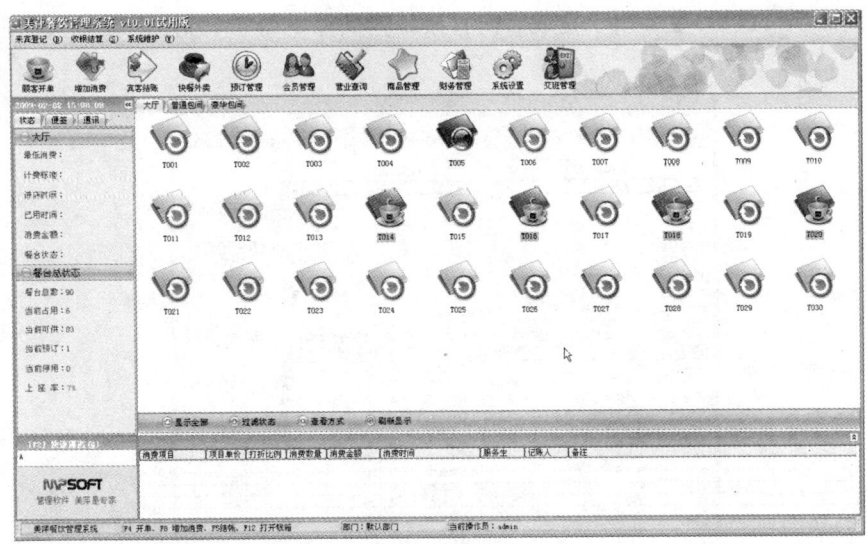

图 8-96 主界面

一、系统设置

房间项目设置：可完成包间及餐台的相关设置，另外同时也可以为不同房间类型指定不同的计费标准和最低消费金额。

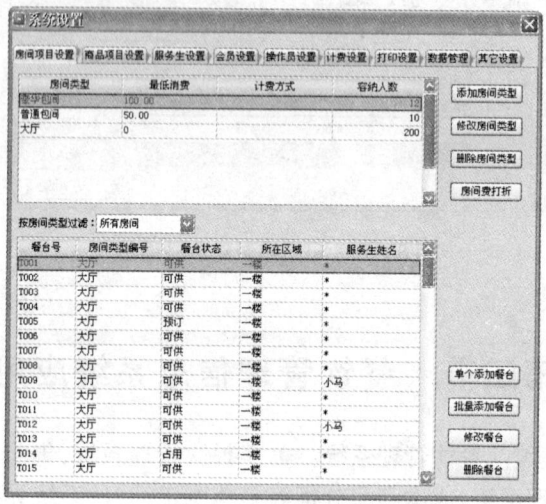

图 8-97　系统设置界面

商品项目设置：主要用于完成店内直接销售商品的维护，方便记录客人的消费情况。

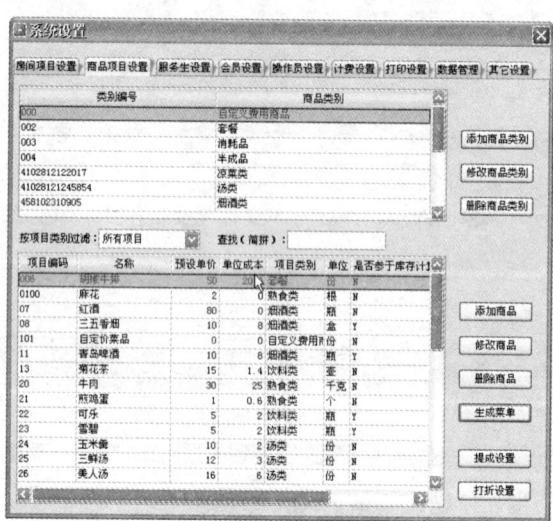

图 8-98　商品项目设置标签

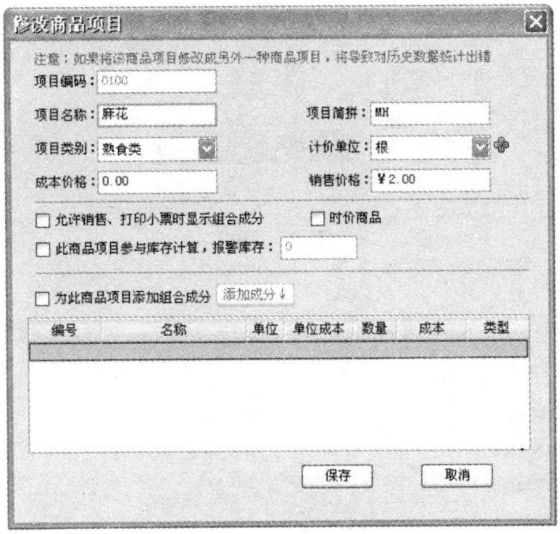

图 8-99　商品项目设置标签

单击【添加商品】或【修改商品】时需对商品的如下信息进行维护，如图 8-99 所示。

项目编码、项目名称、项目类别：用于商品的区分和查找。

成本价格、销售价格：用于计算商品销售的利润。

报警库存：根据一定时间内的销售情况，可设定商品的报警库存，报警库存可在库存查询中直接查到，方便进行原料的采购计划。

添加组合成分：同样用于原料的采购和成本的计算。如一份生鱼片的组合成分为一个柠檬，柠檬需纳入采购，另外会随着生鱼片的销售库存自动减少。

项目解释：

套餐：适用于酒店包席等情况，如增加 588 元包席（含 12 个菜），这样宾客在消费 588 元包席时只需要增加消费一个商品项目，而不需要把所包含的 12 个菜重新点一遍。

通过【提成设置】功能为不同商品指定不同的服务生提成方式，如较常见的酒类提成。

二、预订管理

（一）单台预订

方法一：单击某个包间的图标，在产生的悬浮工具条上单击【订】按钮，如图 8-100 所示，在弹出的窗口中输入相关信息即可。预订完成后，对应包间和餐台的图标将变为蓝色。

图 8-100

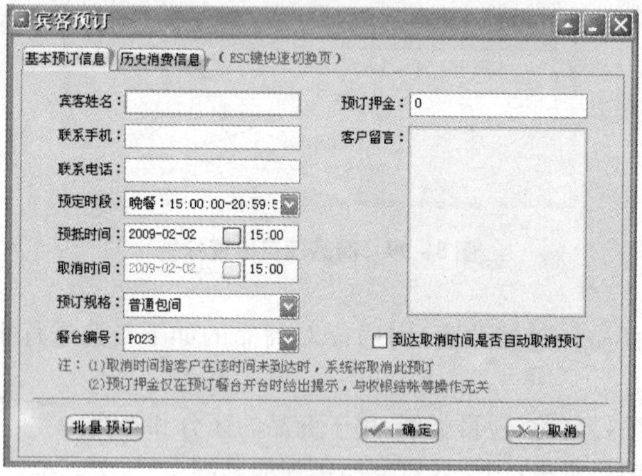

图 8-101

方法二:选中需预订的包间或餐台,单击右键,在右键菜单中选择【顾客预订】。

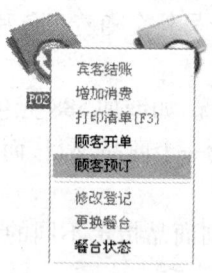

图 8-102 右键菜单

图 8-103 工具栏按钮

（二）多台预订

需进入"预订管理"窗口进行相关操作。

方法一:单击工具栏【预订管理】按钮。弹出如下窗口,如图 8 – 104 所示,单击【批量预订】按钮,进入"批量预订"窗口,如图 8 – 105 所示,填入相应的预订信息并将餐台信息移入右方空格可完成预订。另外,也可通过此窗口完成预订的编辑、取消、恢复、查询等操作。

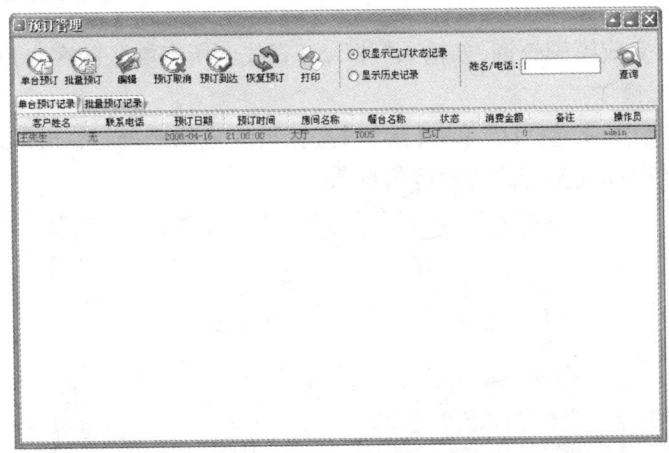

图 8 – 104　"预订管理"窗口

方法二:选择主菜单中【来宾登记】→【预订管理】,如图 8 – 106 所示。

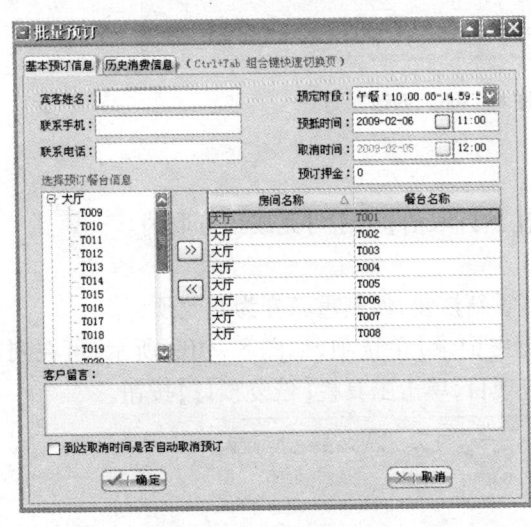

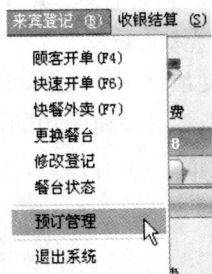

图 8 – 105　"批量预订"窗口　　　　　图 8 – 106　"来宾登记"菜单

(三)预订查询

该软件提供了按姓名或电话查询的功能,如图8-107所示。

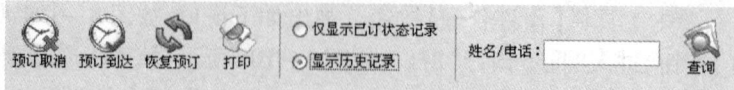

图8-107 预订查询

查询时可完成模糊查询,如输入"张",可查找到所有姓张的客户预订。

(四)修改预订

进入"预订管理"窗口后单击【编辑】按钮可完成修改预订,如图8-108所示,可修改预订的时间及预订的餐台等信息。

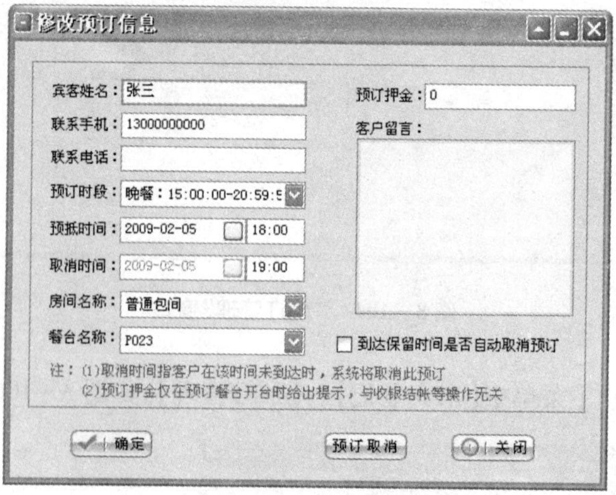

图8-108 修改预订

(五)取消预订

进入"预订管理"窗口后单击【预订取消】按钮可完成预订取消。

(六)恢复预订

恢复预订,可将已取消的预订重新恢复,使其重新变为有效预订。

单击工具按钮旁边的【显示历史记录】单选项,如图8-109所示,可在列表中查找已删除的所有预订,选中相应项目,单击工具栏【恢复预订】按钮。

图8-109

三、日常开单消费

(一) 开单

选中一个或多个餐台,单击左键,在产生的悬浮工具条上单击【开】按钮,或单击右键,选择右键菜单中的【顾客开单】,填入相应信息完成开单。【F4】为开单快捷键。开单后对应餐台或包间将变为红色。

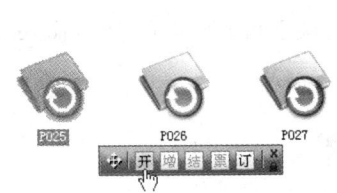

图 8-110

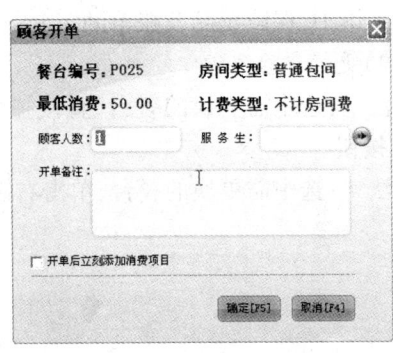

图 8-111　开单对话框

(二) 点菜

选中一个餐台或包间,单击左键,在产生的悬浮工具条上单击【增】按钮,或单击右键,选择右键菜单中的【增加消费】,进入"增加消费"对话框。【F8】为增加消费快捷键。

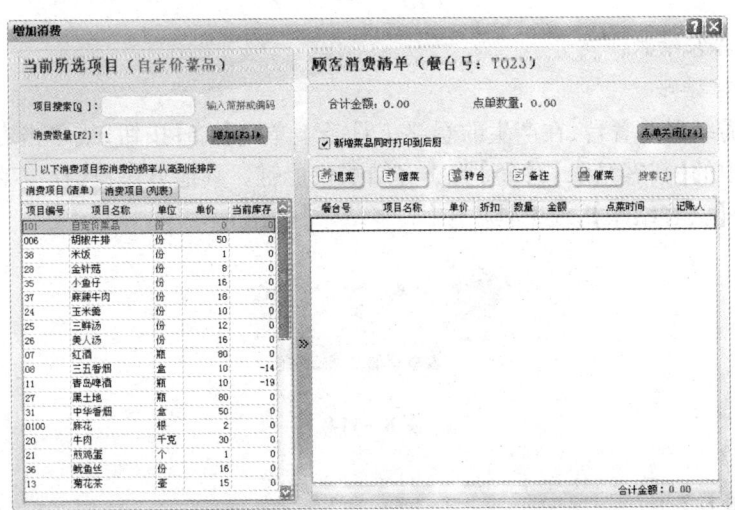

图 8-112　"增加消费"对话框

双击左方窗格中的菜品可完成菜品的添加。点菜过程中可通过【退菜】、【赠菜】、【转台】、【催菜】等按钮完成相应的操作,【备注】可用于添加菜品的一些额外要求,如要求微辣等。点菜完毕后,单击右上角的【点单关闭】按钮或按【F4】可退回到主界面。

（三）加菜、减菜等菜品维护

再次双击某餐台可再次进入到"增加消费"窗口,如图8-112所示,可完成菜品的相关维护,保障菜品及账单的正确。

（四）更换餐台

方法一：选中需更换的餐台,直接拖动到另一空餐台放开,单击确认对话框中的【是】按钮。

方法二：选中需更换的餐台,单击右键,选【更换餐台】菜单项,然后输入新入座餐台号。

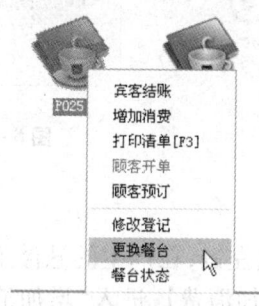

图8-113　更换餐台

（五）宾客结账

1. 直接结账

选中需结账的餐台,在产生的悬浮工具条上单击【结】按钮,或单击右键,选择右键菜单中的【宾客结账】,【F5】为宾客结账快捷键。其他方法:选择主菜单下【收银结算】→【宾客结账】,或工具栏中【宾客结账】按钮。

图8-114

项目解释：

"挂账离店"：指客人离店时没有付款结账,其结账额暂作"挂账"处理。其"挂账额",可通过【收银结算】→【结账状态查询】和【收银结算】→【已挂账单结账】进

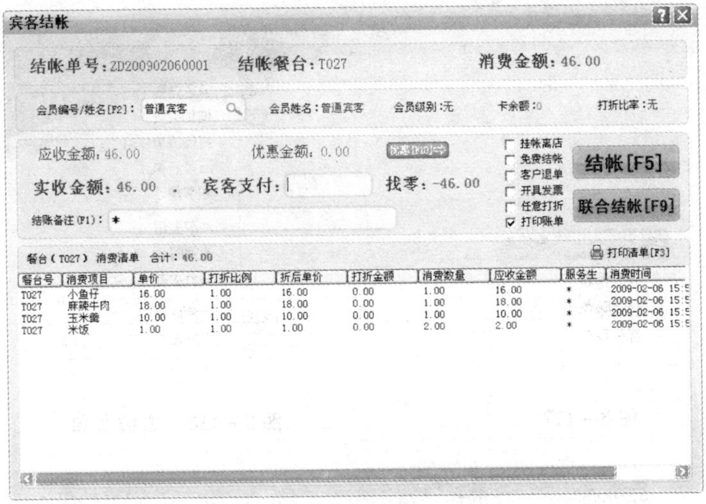

图 8-115 结账对话框

行查询和结账。

"免费结账":指对一些特殊宾客的优惠措施,所谓"免费"是其所有消费不作营业额统计,可以通过【收银结算】→【结账状态查询】进行查询和统计。

"客户退单":指客人登记后随即提出"退单",如上菜太慢,需退单。

"任意打折":可完成对单一消费项目的打折处理,如啤酒半价。双击某个消费项目,弹出如下对话框,输入相应数值可完成打折。

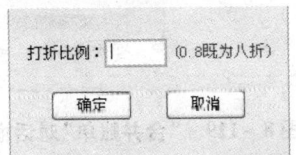

图 8-116 任意打折设置

"打印账单":可将选中正结账宾客的消费信息打印出来供宾客留用。

"打印清单":可将选中待结账宾客的消费信息打印出来供宾客在结账时对照,减少结账中的错误,提高服务满意度。按快捷键【F3】可快速完成此操作。

"联合结账":如需使用现金以外的其他支付方式如代金券或银行卡时需使用此功能。

2. 合并结账

用于多餐台一起结账或宴席的结账。

方法一:单击左上方主菜单中的【收银结算】中的【合并账单】菜单项。

方法二:选中需结账的餐台,单击右键,在右键菜单中选择【合并账单】菜单项。

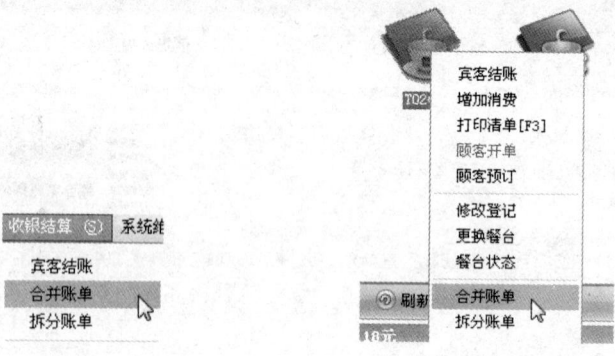

图 8-117　　　　　　　　图 8-118　右键菜单

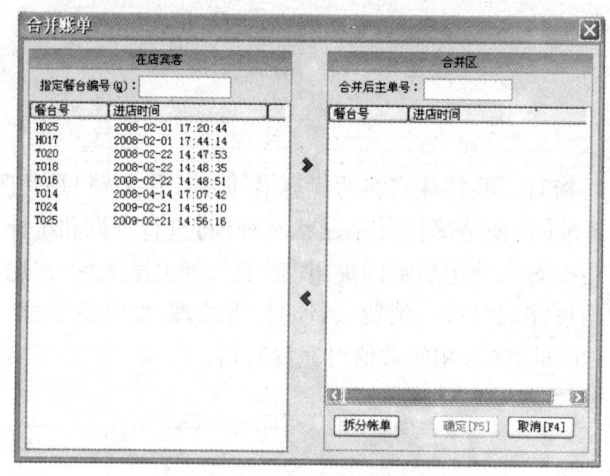

图 8-119　"合并账单"对话框

在"合并账单"对话框中将需合并结账的餐台号移入右方窗格后，单击【确定】按钮可完成账单的合并。在结账对话框中可看到结账餐台的变化，如图 8-120 所示。

结账单号：ZD200902210005　　结账餐台：T023,T025,T024　　消费金额：216.00

图 8-120

3. 拆分账单

用于将已合并的账单重新拆分，使其部分能单独结账。方法同合并结账。

四、会员管理

主要用于会员信息的维护,如会员的增加、删除,会员的消费信息查询等功能。

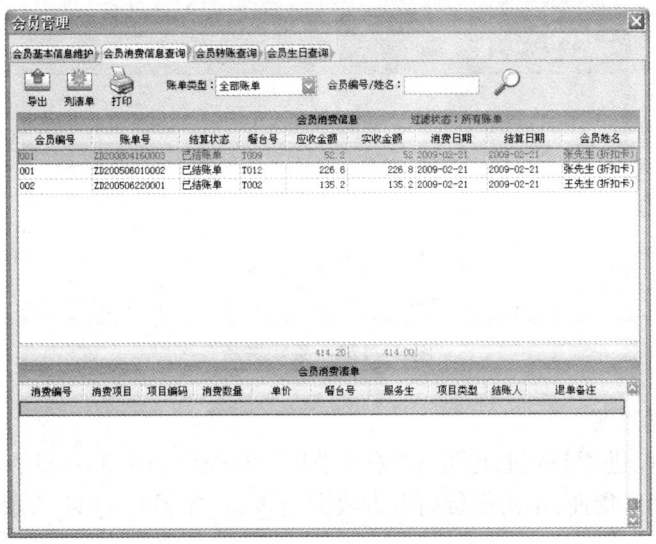

图 8-121 "会员管理"对话框

五、商品管理

用于进行餐饮企业后台的库存控制及供货商间的财务管理。

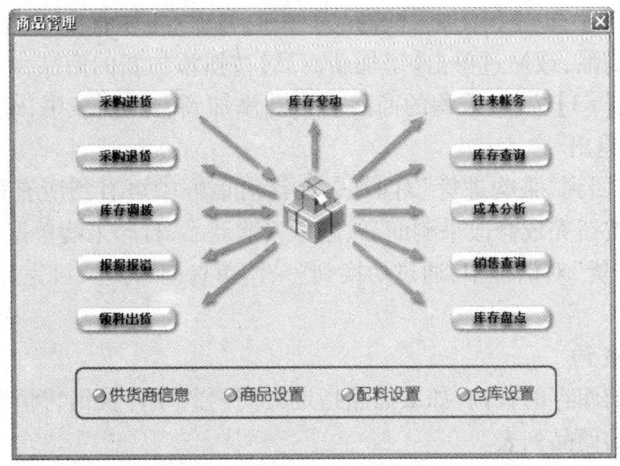

图 8-122 商品管理

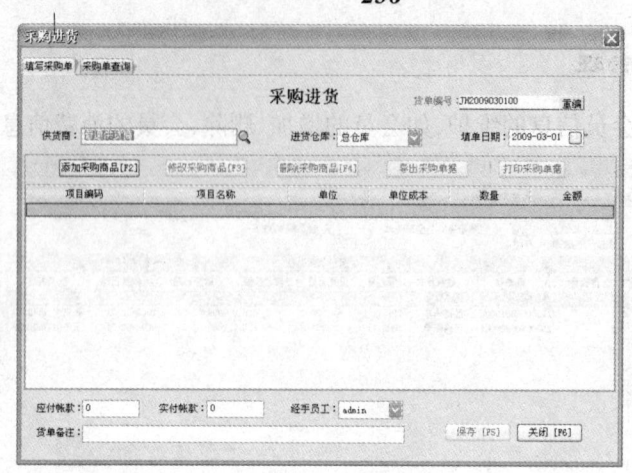

图 8-123 采购进货

(一) 采购进货

单击【采购进货】按钮,可进入"采购进货"对话框,如图 8-123 所示。

首先选择供货商,单击供货商右方放大镜按钮,如图 8-124 所示,可显示所有供货商列表。

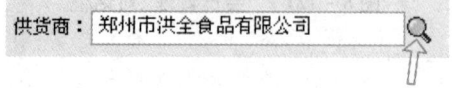

图 8-124

选择进货仓库,单击【添加采购商品】按钮,弹出"增加商品"对话框。

选择相应商品,或通过单击【增加新商品】按钮添加新的商品,然后确定数量和单价,单击采购【F3】按钮,采购的商品会自动添加到右方列表中,最后确认后单击保存【F5】按钮退出。

退出后,返回到"采购进货"对话框,在该对话框中可看到所有采购商品列表,并可通过相应按钮完成修改采购商品、删除采购商品、打印采购单据等操作。

在"采购进货"对话框中,通过切换到"采购单查询"标签,可完成采购单的查询工作。

(二) 库存查询

可进行当前库存的查询,如某商品指定时间内的库存及销售情况图表、库存中达到报警条件的商品列表。

(三) 成本分析

实现在某一时间段各种商品销售量、总销售额和毛利的核算。

第8章 酒店、旅行社、餐饮管理信息系统应用

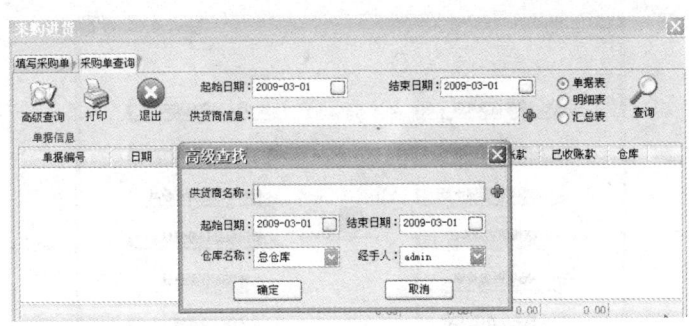

图 8-125 "采购单查询"标签

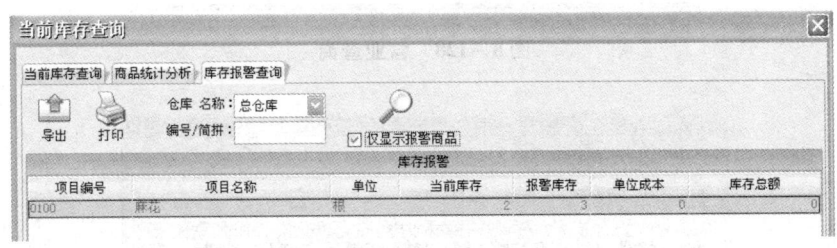

图 8-126 库存报警商品查询

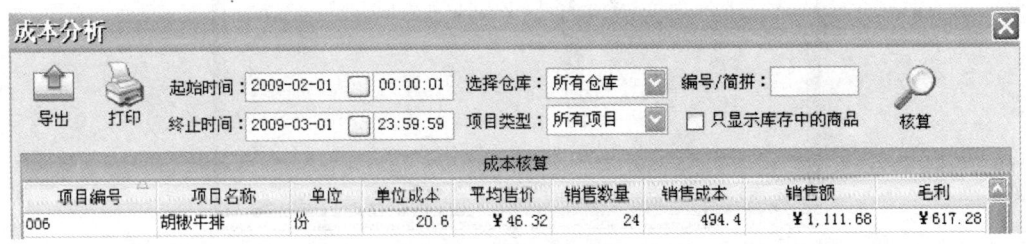

图 8-127 成本分析

六、营业查询

营业查询功能,用于向经营管理人员提供方便、详细的各项数据,如餐厅酒水销售、菜品销售、财务报表等。

方法:单击工具栏【营业查询】按钮可进入"营业查询"对话框,如图 8-128 所示。

(一)在店/离店消费明细

用来查询在店/离店宾客的消费明细,如图 8-129 所示。

先选择查询条件(按餐台号或按消费项目),再单击同一行的【查询】按钮,可查询出在店或离店客人的消费明细。

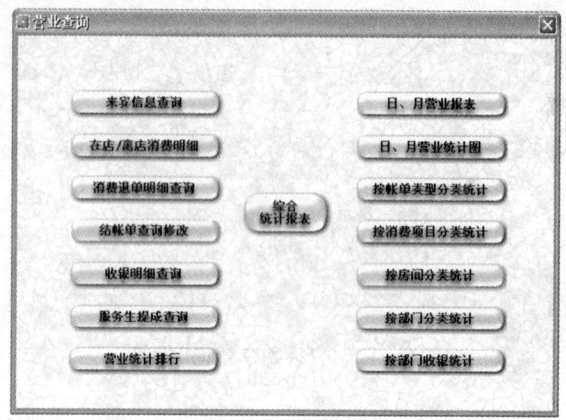

图 8-128　营业查询

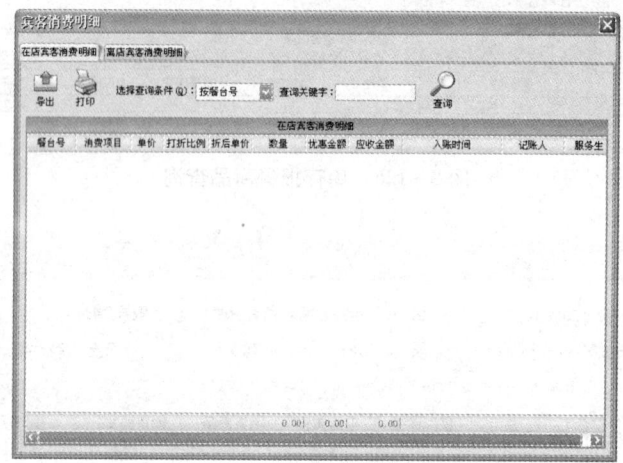

图 8-129　在店/离店消费明细

(二)结账单查询修改

有些已结账单可能有错误需修改,或者客人需临时带有一些商品,都需要用到此功能。

注意:本功能仅能对当天的结账单进行修改。

查询方式有两种:

A:按时间

设定好起始时间和终止时间后,单击右方的【查询】按钮。

B:按账单号

如知道账单号,可直接输入,再单击右方的【查询】按钮即可。账单号可以进行模糊查询。

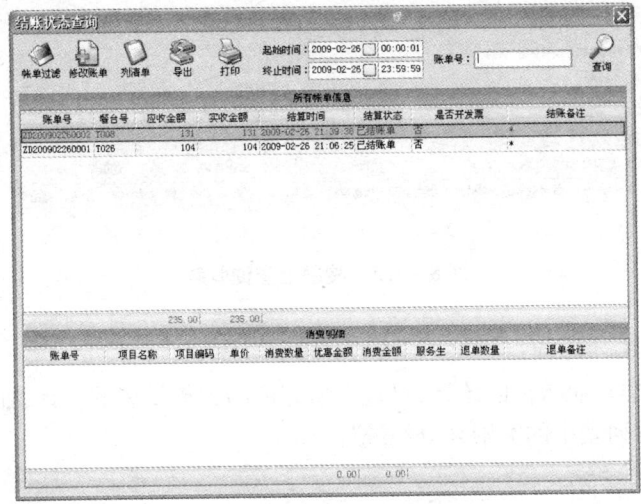

图 8-130　结账单查询修改

查询到相应账单后,双击可打开账单查询,也可以通过单击工具栏相应按钮来修改账单或导出账单为 Excel 文件。

(三) 收银查询明细

主要用于按收款人、收款方式等进行账单统计查询。

按收银员查询收款:

设定好起始时间和终止时间后,可通过指定收款人,再单击【查询】按钮,进行特定收款人收款明细的查询。另外,可通过指定收款人为"所有收银员",再指定收款方式(如图 8-131 所示),来查询各特定收款方式下的收款情况。也可以进行组合查询,如查询某收银员的收款方式为银行卡的所有账目。

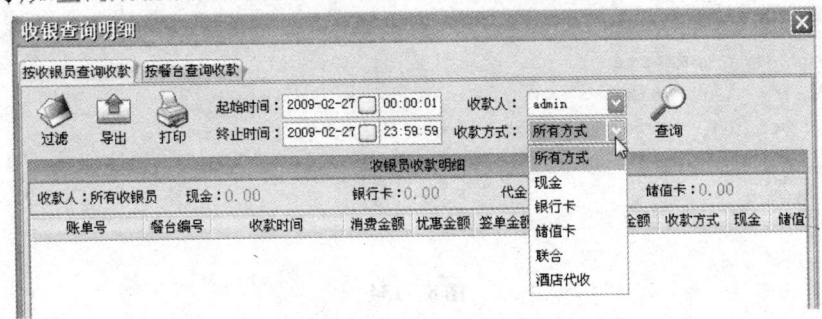

图 8-131　收款方式选择

按餐台查询收款:

可查询指定时间内某台位的收款情况,如图 8-132 所示。

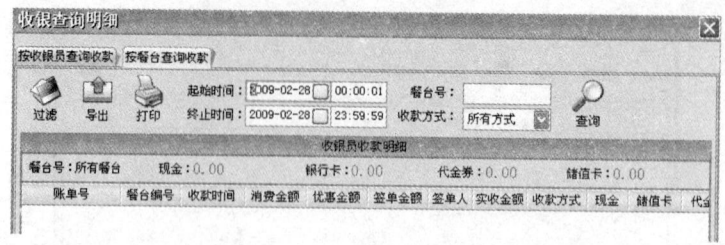

图 8－132　按餐台查询收款

（四）营业统计排行

可进行各类营业数据的统计，可进行所有商品销售排名的统计，如图 8－133 所示，也可按左方列表中的类别来分类统计。

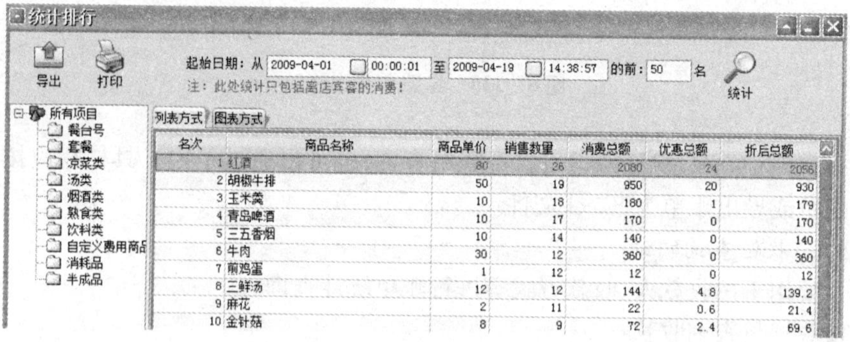

图 8－133

（五）日、月营业报表

用于统计当天、当月或指定时间范围内的营业收入。

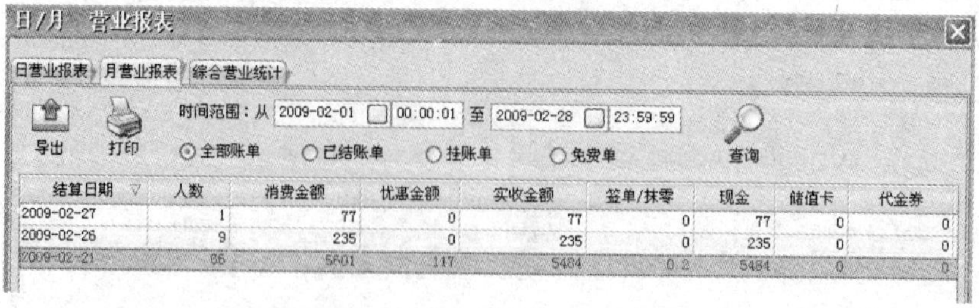

图 8－134

（六）综合统计报表

用于生成指定时间内的各类统计数据的文档（扩展名为.rmp）供导出或打印，文档内包含消费分类统计报表、消费分类明细报表、消费项目冲减记录等。

本章小结

本章管理信息系统的操作讲解，完全根据实际使用的情境创设。酒店管理系统中，创设了客人预订、预订查询修改、预订抵店、散客入住、管家部的房态管理、前台收银、退房办理等常用操作，使学生能快速融入到该管理系统中，更主动更轻松地掌握该管理系统的主要操作方法。倍锐旅行社管理系统功能全面，通过倍锐旅行社系统流程图指示的流程，解析了旅行社依靠管理系统的工作流程，让学生在熟悉流程的基础上轻松掌握该管理系统的各项功能。美萍餐饮管理系统界面漂亮，容易学习，介绍中主要根据情境中的细节问题作了较详细的说明，如更换餐台、合并结账等，另外对该系统中的主要分析功能作了一定的讲解，以便学生能更深刻地体会到管理信息系统对旅游企业的作用。

思考与练习

酒店管理类

1. 做如下散客预订：（身份证号码任意填写）

徐剑超	男	标间	8折	2人	中国银行	订今天（排房）
罗萍	女	标间	6折	2人	家乐福	订明天
吴绍扬	男	标间	7折	1人	中铁快递	订今天（排房入住）

2. 做如下团队预订：

| 团代号 | 团名 | 订房人 | | |
| 040708C | 建设银行 | 陈波 | 标间5间,豪套1间 | 订后天 |

3. 修改预订：

将客人"罗萍"预订的标间改为高级双人房。

将客人"徐剑超"的标间换到1709房间。

4. 为团"040708C"的团队办理入住登记，排房并登记预订的四间房的成员名单及身份证。

5. 将0901、0902、0903、0904等房间设置为正清理房。将1004房设为维修房。

旅行社管理系统

1. 在旅游线路分类中添加"老人专线"、"军事题材游"，在旅游地区划分中添加"华东"、"新疆"。

2. 新增两条旅游线路，并输入价格信息。

3. 依据新增的两条旅游线路生成两个旅游团,一个团队团,一个散客团。
4. 为两个团队进行报名登记,每团至少5人。
5. 完成两个旅游团的采购。

餐饮管理系统

1. 在饮料类添加商品"酸奶",熟食类添加商品"水煮鱼片"、"香酥鸭"。
2. 订房人"张口",订豪华包间3间,时间今天晚餐。
3. 设"张口"的预订到达,开单,并完成点菜、结账(合并结账)等一系列操作。
4. 完成以下商品入库的记录:青岛啤酒200瓶、可乐120瓶。

第9章

景区信息化管理与应用

本章导读

本章的第一部分,先总体介绍旅游景区信息化应用的基本内容,涉及范围从信息化系统的总体构成到基于互联网的应用;进而,就其中的旅游景区电子门票系统这一具体应用,在本章第二部分中展开,进行系统地介绍。

第一节 景区信息化管理与应用概述

一、景区信息化的内涵

景区信息化,就是将现代信息技术,比如信息门户网站、办公自动化系统、监控系统、电子售检门票系统、电子显示屏、电子导游系统、地理信息系统等,与景区的保护、管理、服务、发展等工作有机地结合起来,以提升景区工作的信息化水平,整合景区资源,实现信息共享,创新管理模式,实现景区运营过程的有效管理。

景区信息化建设,是管理手段的一场革命。它不是简单地用计算机代替手工劳动,也不是将传统的管理方式照搬到计算机网络中,而是借助现代信息技术,引进现代管理理念,对不适应现代化发展要求的落后经营方式、管理方式、僵化组织结构、低效管理流程等进行全面而深刻的变革,形成了旅游产品开发—网上推介—销售合同谈判与订立—网上预订—网上支付—客户到达后的信息化管理(电子订单号取票、联网门禁系统)—游客进入景区的监控与接待服务这一新的流程模式。

景区通过电子商务平台实行游客限量管理和旅行团100%网上订票管理,一旦网上订票和景区门禁票务售票达到设定的日游客限量值时,电子商务系统、门禁票务系统即会自行停止当日的订票和售票,自动顺延进入下一个旅游日。景区的旅游运营管理将围绕系统提供的游客量信息作出合理的匹配性安排,启动监控系统,及时对游客集中的景点调度车辆、工作人员,餐厅提前按游客量做好准备。

二、景区信息化系统构成

（一）电子门票系统

电子门票,是以条码、IC卡以及移动媒体等新型介质门票,代替传统纸质门票；以计算机网络为运行环境,以计算机和自动售、验票机,门禁系统,代替人工管理售票、验票,最大限度地减少逃票、漏票等带来的经济损失。同时实现客流量、各类报表的电子化实时精确统计,为景区科学管理提供依据。

（二）多媒体信息终端系统

触摸屏查询系统:设置在售票大厅、重要旅游景点等地,为游客提供查询服务,使用者只要用手指轻轻地触摸显示屏上的图形或文字就能实现对主机操作,即使是对计算机一无所知的人,也照样能够信手拈来。在峨眉山景区,作为"数字峨眉"的三大体系之一,遍布全山的液晶触摸屏不仅可以为游客提供当天峨眉山的天气、空气质量、交通情况等基本信息,还为游客提供了不同消费的不同菜单。

大屏幕信息发布系统:在风景区的重要位置,如售票大厅、景区的出入口等地,用于显示信息、通知、广告、欢迎词等,是一种户外新兴媒体,为展示旅游景区的整体形象起到宣传的作用,也方便游客了解景区。在八达岭长城、南京中山陵、西湖、洛阳龙门石窟、黄山等15个景区,2006年国庆期间试运营了"国家重点风景名胜区LED信息联播系统"。通过任何一个大屏幕,游客均可了解这15个风景区旅游安排及天气情况等信息。

（三）电子导游服务系统

一些景区和博物馆提供随身的电子导游设备,为游客提供讲解。如游客使用电子语音导览机,就能获得多种语言的讲解服务,弥补人工导游的不足,让游客比较随意、自由。更先进的导游设备是可视的,还能接受交互式查询。进行电子导游,不仅能够更突出景区的内涵,也会提升景区的讲解服务水平,增加景区自我宣传的机会。

（四）保安监控与调度指挥系统

应用多媒体计算机与监控软件进行数字化控制,通过监控摄像探头摄取实时信息,通过DLP大屏幕投影显示系统或由监视器组成的电视墙进行监控调度,通过公共音响广播系统播报信息,紧急状态下指挥、疏散人群,通过GPS车辆调度系统、远距离车辆识别系统进行车辆人员身份识别、车辆资料管理、车辆的出入情况和位置跟踪及收费管理等。

（五）旅游电子商务网站

是面向游客和旅行社提供网络宣传、网络销售、网络支付、客户关系管理等一系列业务服务的电子商务网站。借助这一平台,可全面开展景区门票、餐饮、酒店、旅游线路等在线预订服务。

(六)计算机网络系统

信息化建设工程的骨干传输系统,全部采用光缆传输方式,节点以下的分支传输根据风景区的实际情况采用光缆、线缆和无线网桥传输等综合传输方式。在TCP/IP协议、网管软件以及操作系统等的支持下,为旅游景区景点信息化系统营造一个稳定、可靠、高效的网络平台。

案例学习

四川峨眉山风景区打造"数字峨眉"

峨眉山景区,是我国AAAAA级风景区和世界自然和文化双遗产。景区幅员辽阔,地貌复杂,动植物资源丰富。每年有200多万游客前来观光,特别是近年来随着景区游客流量的逐年递增,峨眉山景区的环境资源和文物资源保护任务十分艰巨,景区环保和管理的压力越发明显,单纯依靠传统的保护和管理办法已经跟不上时代的要求。从2000年开始,峨眉山景区先后投资建设了景区监控系统、旅游多媒体咨询系统、景观通系统和监督指挥中心等22个独立的应用系统。但是由于这些系统采用不同的底层技术和数据格式,各个系统中的信息并不能有效共享,景区的人员和管理流程也因此被割裂,严重影响了景区管理效率。2005年,为了加强全国旅游资源的保护,提升国内景区管理水平,建设部提出建设数字化景区的号召,峨眉山景区随后采取了积极行动,实施了全面推进景区信息化建设的"数字峨眉"项目。

2006年底,成功地整合了峨眉山景区管委会旧有办公自动化、生态保护、酒店管理等11个独立的IT应用系统,并成功构建了门禁、旅游咨询、地理信息管理、文物保护等33个新的领先IT系统,实现景区相关部门实时共享景区相关信息,景区各部门的工作流程均得到有效的整合。项目实施后,峨眉山景区的资源保护、景区服务以及突发事件的应急处理能力在国内处于领先地位。通过整合文物保护数据库、自然遗产数据库和地理信息系统(GIS),景区可以在IT系统中调出资料翔实并具备实时信息的电子地图,随时查询景区的各种动态资源信息;通过已经整合的IT系统,景区所有相关信息都可以在规划监管系统中检测到。以前,景区规划监管部门需要几天才能汇总得到的信息,现在只需几分钟就能得到。峨眉山门禁系统,25条通道每秒可通行25人,每名游客在通过门禁系统时都会被采集面部信息,以便二次进山时查验。一张门票可以两次进山,第二次使用同一张门票时,系统只需对游客图像进行核对就可以了。

全面、方便、准确的旅游咨询系统,是"数字峨眉"项目的最重要部分。这一系统可以提供景区实时的航班、气象、住宿、饮食和交通等信息,方便游人查询和预订。景区开通了"峨眉山旅游商务网",让游人足不出户就可以了解到峨眉山的旅游资讯,还专门推出了线上咨询的服务,如果游客有不清楚的地方,通过网络,可直接与管理员进行沟通,了解景区更为详细的情况。网上还提供订票服务,并可以查询景区未来几天的人数。在内地及港澳地区主要城市的旅行社安装咨询器终端,提供实时的航班、气象、住宿、饮食和本地交通等信息,方便游客的查询与预订。游客来到峨眉山风景区,设置在该景区的近百台中、英、日、德文版的电子触摸屏,通过"峨眉在线"联网,采用多媒体和电子地图等形式,生动、全面地反映峨眉山的全部风貌;游客也可以查询自己的游山线路,方便自己合理安排个人的游览时间。点击一下触摸屏,不仅可以看到景区全部近200家宾馆、农家乐的剩余房间数,而且可以看到当天的订房价格以及预订电话。可以了解景点的人数从而选择上山线路,如果路上有车辆拥堵,也可以提前了解而做好应对。咨询系统还可以智能地为游客设定自己的特色线路,如选定好天数、费用等条件,系统将自动地显示推荐线路,以供游客选择。

景区已经初步建成了综合性的数字化指挥调度中心,不管游客走到景区的哪里,数字化、智能化的旅游管理网络体系都会在游客身边,为游客旅途保驾护航。通过分布在景区中的电子眼、自动抓拍相机以及每辆游览车上安装的GPS定位系统,可以实时掌握景区95%的车辆分布信息,在旅行途中,只要游客乘上景区的观光车到哪里,车载卫星定位系统就会跟踪到哪里。汽车行驶速度、周围地理环境,在车站智能化调度室就能一目了然,还可以查看所有车辆运行、停放的情况,及时了解、掌握游客在各个景点、站台和行驶途中的动态。并通过整合的IT系统,及时采取车辆调控、疏散游客等决策和行动,实现景区高峰客流的平滑转移与合理分布。"数字峨眉"的紧急救援系统也即将投入使用,可以跟踪自驾车的运行情况,在遇到一些意外事故时,通过向游客群发短信,对游客进行救援和疏散。

"数字峨眉"的实施,是适应新形势下对景区服务的更高要求,是对资源和现有独立系统的整合与提升。数字峨眉山的建设,旨在提高景区现代化管理水平,为风景区的保护与管理服务,更进一步方便游客,向游客提供更有针对性的服务,为峨眉山营销服务。

三、景区互联网应用

随着信息技术的迅猛发展,互联网已成为游客了解景区的重要渠道,也为旅游景区展示旅游资源、销售旅游产品提供了广阔的空间和平台。旅游景区在旅游市场竞争日趋激烈的情况下,可借助网络销售成本低、范围广的特点,积极开展网络营销。

大别山天堂寨景区与著名搜索引擎百度合作,在互联网上推广天堂寨旅游资源和产品;按照游客和网民的需要,适时改版了天堂寨旅游网站,丰富了网站内容,方便了游客咨询;启用MSN、QQ聊天工具,在线回复游客的询问,推介天堂寨风景区旅游资源;在网络营销取得一定效果之后,适时与同程旅游网、驴妈妈网站进行业务合作,共同销售旅游产品。天堂寨风景区的旅游产品出现在网络上,即得到了网民的关注,纷纷通过网络运营商订票,游览天堂寨。更可贵的是,游客畅游天堂寨后,便在网站上创建主题帖,并且得到了网民的积极响应,这为提高天堂寨风景区在网络上的知名度起到了积极的作用。

(一)搭建景区信息门户

信息浏览,构成人们对景区的最初体验。通过网络可让更多的潜在旅游者了解到景区的最新产品信息和服务,并被吸引到景区网站浏览信息,激发兴趣前往景区旅游。另外,通过资源数字化等形式和虚拟技术来开发虚拟景区、虚拟博物馆等虚拟旅游吸引物,减轻真实旅游资源的负荷与压力,而且为更多人们体验难以到达的旅游景观提供了可能。

1. 景区的信息门户

景区信息门户,是景区的独立官方网站,是景区网络营销、对外旅游服务的重要窗口。景区门户网站代表了景区在网络上的形象,而鲜明良好的景区形象对于吸引旅游者有极大的作用。例如:九华山旅游门户网(www.jiuhuashan.cc)以旅游信息发布、精品景点展示、文化内涵阐述、人性化的在线服务、互动性交流等为主线,以有效的电子商务体系为核心,突出品牌深度及切实的旅游服务、细节应用,并针对景区实际的战略目标进行量身订制,从而塑造一个具有品牌内涵并实现商务运营的旅游景区门户网站。

大部分游客在出行之前希望景区提供充分、方便、快捷的信息服务,以满足他们对景区相关信息的需求。如黄山风景区官方网站上,有黄山未来3天的游客预计人数。游客在到达景区之前,就能通过这个网络平台查看到黄山未来3天游客数量,从而根据游客人数及时调整自己的行程。旅游景区通过网络将信息呈现给消费者,互联网的传播内容不但完整、丰富,而且在内容的表现形式上更加多样生动。如张家界景区在线(www.zjj-trip.com)的核心景区24小时在线直播,能真实直观地反映出张家界春夏秋冬不同季节的风光特点。

景区也可按照景区的划分或推荐的旅游线路,详细展示景区内的风景特色、历史渊源以及文学典故等,充分利用文本、图片、动画、视频等多种表现形式,借助景区公告、相关游记、社区论坛、门票预订、特产购买等环节,与游客实现同步互动,为游客提供最便捷的浏览操作和最具体的景点印象。游客也可通过网站的论坛,反馈对景区服务与建设的意见。

2. 游客虚拟体验服务

旅游产品是无形的,游客购买的主要是一种感觉和体验,相对其他购买行为,游客购买旅游产品的理由更为感性。作为与旅游者存在着空间距离的景区,其产品不能事先交付游客检验,要吸引游客前来消费必须要有更多的信息交流。所以,为潜在游客提供旅游预体验——虚拟体验,激发游客的购买欲望,促使其由潜在的旅游者转为现实的旅游者是极为重要的。有些景区通过影像技术将景区的景观制作成能由浏览者控制、可进行环视、前后移动,并可调整视角观看的场景,再配以卫星定位的地图导向,使人感觉是身临其境,使无形的旅游产品慢慢变得"有形"起来。

但总的来看,这种以360度全景环视,配以照片、视频和文字介绍的虚拟旅游,在表现力和趣味性上都受到一定限制。而当今更先进的虚拟现实技术,则为旅游景区带来了全新的展示手法,在现实旅游景观的基础上,通过模拟或超现实景观,构建一个虚拟旅游环境,使得参与虚拟旅游的旅游者能够如同亲临其境般进行虚拟旅游活动。如"虚拟紫禁城"通过三维全景虚拟导览,把景区的真实场景数字化,全方位搬到网络上。对于这类虚拟现实的场景,观众轻松点击鼠标,以移步换景的方式,可以上下左右,走近、退远地360度观看景区风光,就像来到现场一样。结合景区导航地图,可以在整个景区漫游,实现边走边看,虚拟旅游。通过虚拟的预体验,使游客更深刻地了解和体验景区美景,并可利用虚拟旅程的自主互动定制系统让旅游者制订符合自身要求的出行计划。虚拟旅游会刺激现实旅游,让人们增强对现实景区的向往,促使旅游者最终出行。

案例学习

虚拟紫禁城

故宫博物院,是在中国明清皇宫——紫禁城的基础上建立的中国国家级综合博物馆。自20世纪末起,故宫博物院即引进数字技术以提升管理和展示工作水平,并以开放务实的态度与来自国内外和社会各界的优秀技术力量合作,"数字故宫"已经逐渐形成完整架构,与实体的故宫紧密连接在一起。"让没有来过故宫的人们知道故宫,让来到故宫的人们认识故宫,让站在故宫展出的每件精美展品和每座宏伟建筑前的观众,更多地了解它背后的历史和文化",是故宫博物院信息化建设的目标。近年来,故宫博物院为强化博物馆开放、服务以及教育的功能,适应现代社会对博物馆文化资源信息的需求,搭建起以观众的体验为核心、整合各种先进信息技术的大型文化展示数字平台。这一平台以故宫博物院丰厚的数字化文博资源为基础,经过精心设计、有针对性地重组和创造性地利用,充分考虑了每个进入紫禁城的游客可能有的想法和行动,调动各类媒体展示和传播手段,满足不同层次、不同类型以及不同情景中的观众的需求。其中,故宫博物院与IBM合作开发的"超越时空的紫禁城"是在国际互联网上营建起的一座虚拟紫禁城",是第一个依据重要的历史文化景点而创建的网络虚拟世界,可以供身处世界各地的朋友游览,这是传统的故宫迈向更深层次的开放。

"超越时空的紫禁城"是一个可扩展的开放式技术平台，代表了 Web2.0 应用的下一代发展趋势。该平台集丰富的历史文化内容、教育性、故事性、社区和社交网络特征为一体，并将这些元素转换为独特的在线用户 3D 虚拟环境体验。这个虚拟世界可在 Linux、Windows 和 Mac 操作环境中运行，让远在万里之外的人们也能登录游览三维的"虚拟紫禁城"，游客只要登录网址（www.beyondspaceandtime.org）下载客户端软件，就能注册并且免费体验"虚拟紫禁城"。目前，这套系统具有简体中文、繁体中文和英文 3 种文字版本。下载"虚拟紫禁城"客户端后进行安装，注册账号或者以游客的身份登录，登录后可以选择地图来查看你要去的地方，或者使用它本身提供的导游功能，来游览整个紫禁城，更加直观地认识和熟悉故宫。这座"紫禁城"用高分辨率、精细的 3D 建模技术虚拟出宫殿建筑、文物和人物，并设计了 6 条观众游览路线。"虚拟紫禁城"囊括了目前故宫所有对外开放的区域。在这里，游客可以像现实生活中游览故宫那样，走过每一条游览线路。而比现实中更方便、更吸引人的是，在虚拟世界中，游客可以走进在现实中不能进入的宫殿，比如太和殿。

游客在进入虚拟世界时可选择一个自己喜欢的身份，如官员、宫女、嫔妃、武士、太监等。参观时既可跟随一个导游，也可自己随意闲逛，或是自己做导游带领其他在线的游客一起参观。为了营造尽可能真实可信的体验，技术人员通过与中国历史文化专家合作和对实际演员的真实动作进行动态捕捉，再现了一些皇家生活场景。比如，皇帝批阅奏章、用膳，太监们逗蛐蛐，武士们练射箭等，游客可以"冷眼旁观"，也可参与其中，与人物比试一番。此外，游客还能够与其他游客及一系列预设的人物进行交谈互动。这种自主性、互动性，可谓是该项目与之前的一些"虚拟游览"或数字化游览最根本的区别。

通过虚拟的环境，游客仍可体会到这个令人惊异的巨大空间散发出的威严之感。除了感受这一独特奇观，"虚拟紫禁城"还使游客能够认识其他用户和大量有用的自动化角色，并进行交流。在探索"虚拟紫禁城"时，游客可以选择只观看活动，也可以进行游览和参与活动，从而深入了解清代文化的重要内涵。"虚拟紫禁城"除了娱乐外，还有学习的功能。许多珍贵的文物和建筑附带有额外信息，甚至是照片，可以帮助游客更深入地了解它们的用途和建造过程，而要获得这些信息，只需单击鼠标即可，方便快捷。甚至游客还可虚拟地"获得"一个虚拟复制品，来认真把玩、研究。

（二）发展景区网上销售

2002 年，九寨沟旅游电子商务网开创了中国景区电子商务的先河，是中国第一家面向游客和旅行社全面开展景区门票、餐饮、酒店、旅游线路等在线预订的电子商务网站，为旅行社和酒店、航空公司等旅游业客户提供网络宣传、网络销售、网络支付、管理信息化等一系列技术解决方案和业务服务。门票收入的 80% 来自互联网,97%的旅行社都在网上预订九寨沟的门票和观光车票。

1. 利用景区自有网站销售

通过景区的自有网站,游客可以根据自身的具体情况选择不同的组合,完成产品的预订和购买,并通过网络进行支付。景区可减少不必要的中间环节,降低成本,并且减少了旅游高峰期在景区门口购票的拥堵情况。峨眉山早在1998年就提出了网络营销的口号,成为全国景区中第一个设立网站的景区,将峨眉动态美景传遍海内外。2003年,在中国香港正式开通了峨眉山东南亚旅游网站。峨眉山东南亚旅游网站,包括泰国、日本、韩国、马来西亚网站,它为峨眉山带来了更多的外国游客。

2008年7月底8月初,峨眉山牵头邀请国内30家重点网络媒体成立峨眉山网络营销联盟,并组织国内百家主要网络社区(论坛)"论剑峨眉"。随后,峨眉山正式设立网上旅游专卖店,游客可以通过网络预订该专线的峨眉山短线旅行团,参加2天至5天的高端品牌旅游。

峨眉山电子商务网(www.ems517.com/ebs),是由峨眉山风景区管委会和峨眉山旅游股份有限公司共同成立的、面向旅行社和广大游客的一个综合服务性电子商务网站。通过BtoB和BtoC的电子商务交易模式,为旅行社会员提供了完整的商务预订、信息发布、线路发布和网上组团等功能,旅行社注册成为合法会员后,即可在网上进行票务、酒店、线路、包车、商品、会议等预订及在线支付。目前,峨眉山电子商务网开通了中国农业银行、中国建设银行、中国工商银行、招商银行等银行的网上支付平台业务。

订票程序为:

第1步:登录峨眉山旅游网站http://www.ems517.com。点击"电子商务网"链接进入"峨眉山电子商务网"会员注册、登录,输入用户名、密码和验证码登录。

第2步:填写预订日期。成功登录电子商务网站后,首先选择预订景区,再输入预订日期后,点击"立即预订"。

第3步:票目选择。按照提示选择要订购的票务类型和数量。

第4步:填写领票人信息。可选择,也可直接填写。

第5步:确认订单。确定所填写信息是正确的,点击"下一步",进行在线支付。

第6步:网上支付。在欲支付银行右边点击"在线支付",将进入银行的在线支付系统。如支付成功,将提示您"交易成功",订单管理进入后台维护会员信息和订单变更。订单状态从"未支付"改变为"已支付"。

第7步:现场取票。当订单支付成功后,订单状态为"已支付",即可以在规定时间内由取单人到指定的领票点取票。取票时,必须提供订单号及订单上所注明领票人的有效证件。

2. 借助分销平台进行网上销售

(1) 驴妈妈

驴妈妈网(www.lvmama.com),是中国最大的景区门票分销电子商务门户和景区整合营销平台。目前,驴妈妈网上已有1 300多个旅游景区,旅游资源覆盖全国20多个省市。2008年,驴妈妈与桂林旅游发展总公司合作,在桂林成立了"驴妈妈桂林票务中心",自助游客只要上"桂林驴妈妈"频道就可以获得桂林旅游最具个性化的定制服务,就可以预订桂林主要景区、旅游项目的优惠门票。对游客来说,只需登录一次网站就能快捷地实现"一站式购票",能以6~8折的价格预订到景区门票。今后,从驴妈妈预订相关景区门票的游客到达桂林后将统一到"驴妈妈桂林票务中心"办理取、购票手续。2009年6月,扬州旅游景区营销中心与驴妈妈旅游网签订了电子商务合作协议。据此,扬州景区将实施门票电子化销售。扬州旅游景区中心所辖景区瘦西湖、何园、个园、大明寺都可以通过网上订票。只要登录驴妈妈网进入扬州旅游景区,选中景区如瘦西湖,按确定并通过网上支付,驴妈妈网将以短信形式给游客发一个二维码,进入景区时游客只要把这个信息对着检票处的扫码仪器就可以了。在网上订票还可享受优惠。

在"驴妈妈"看来,目前国内的旅游电子商务网站大多只停留在"旅"上,而没有解决"游"的问题,尤其散客的一个主要集结地——景区,而景区电子商务一直以来更是被人们所忽视。出售门票、赚差价只是驴妈妈的初级阶段,而其终极目的是经过初期的运营之后,实现从"中介型网站"向"服务型网站"的转型,建成一个庞大的景区营销平台。

(2) 天下门票

天下门票(www.tianker.com.cn)分销系统建立的统一销售标准,实现了门票销售从物流到信息流的变化。每一个门票供应商都实现了跨地域的销售网络覆盖,可以随时了解各地的销售情况,管理、调控庞大的销售网络。系统的目的是使消费客户可以通过各种销售终端在线购买到全国丰富的门票产品,这些终端包括旅行社、酒店、零售店、网站、呼叫中心等。供应商、服务商、分销企业各安其位,资源共享,充分合作,这也是国际上旅游业发展的明显趋势。

(3) 旅游名店城

旅游名店城(www.yocity.cn)是一个面向广大消费者的大型旅游服务网站,为旅游企业提供面向网上消费者的全面电子商务交易技术及服务,包括短信电子门票预订、哈游博客、景区优惠券预订、度假酒店预订、网上支付结算等。旅游名店城,在2008年第16届广州国际旅游展销会期间,与中国银联广东分公司、广东银旅通信息网络发展有限公司、广州金旅信息技术有限公司及知名旅游景区携手推出"银旅通电子门票",充分利用银旅通机、手机二维码短信等电子手段,实现真正意义上的电子门票全程无纸化操作,有效帮助旅游景区拓展分销渠道,极大地简化了购票流程。

银旅通电子门票,是借助网站、电话及手机短信等渠道,为广大旅游消费者提供优惠门票预订服务的一项崭新的景区门票销售方式。它能有效提升经营业绩,通过减少物流环节与印刷量节约成本。景区可以通过管理后台实时管理门票销售,操作简便,更能通过有效的数据统计实时把握市场变化,实施更有效的应对策略。

此外,同程旅游网,作为国内领先的旅游B2B、B2C平台,也提出要做中小景区的"阿里巴巴",以阿里模式帮助中小景区发展电子商务,在网上给中小景区找到客人。

第二节 景区电子门票系统的特点与应用

景区电子门票管理系统,并非简单的售票管理系统,而是集网络技术、身份识别技术、自动控制技术、软件工程、智能卡工程及机械工程为一体的智能化管理系统,实现了计算机售票、验票、查询、汇总、统计、报表等各种门票通道控制管理功能,具有全方位的实时监控和管理功能,涉及电子门票制作、广告与营销、发售票系统、通道验票系统、景区客流监控系统、景区资源开发决策系统及财务管理等诸多环节,是当前景区信息化建设的一大热点。

一、电子门票系统的特点

(一)传统门票存在的问题

在票务系统中,票的实质意义在大多数情况下只是一种享受服务的权利凭证。门票的应用,具有一次使用、唯一存在、使用时间短暂等特点,要求具备防伪、快速辨别等功能。传统票务应用的"票",一直以来以纸质、塑料等物质形式存在,同时售票、验票、退票等过程要求必须由人来完成。由于人为操作或干预过程过多和传统票务系统本身特点,传统票务应用过程中存在不少弊病。

传统旅游景区门票,大都采用纸票人工售票及景点入口人工验票的方式,需要大量售检票人员。传统的售票及验检票,都是以手工作业为主,此类门票的缺陷是门票发售过程易出错,无法进行复查、校对,游客进门管理的随意性大,售票、验票效率低,尤其是旅游旺季期间等待时间太长。在某些特定的高峰时段,售票人员的劳动强度剧增,劳动强度大,出错率高,导致工作效率下降。退票手续极其烦琐,购票网点太少,购票非常不方便,一旦丢失无法补办,旺季票紧俏时,票价被非法哄抬。

传统门票难于形成游客出入园的计算机统计,需用人工统计财务报表,统计分析不准确、不及时,管理人员也无法得到准确的统计资料来科学合理地安排工作。

传统门票管理模式,存在容易伪造、容易复制、人情放行、换人入园等弊端,无法杜绝工作人员集体作弊的现象,财务漏洞多,导致门票收入严重流失。

(二)电子门票的优势

随着计算机时代的到来,一些景区开始采用简单的电脑系统售票,后逐步发展为自动柜员机售票、远程售票及现场电脑售票,电子门票系统利用智能卡等作为通行的电子门票,在验票环节也采用了通道机电脑自动验票等现代化的管理手段。电子门票的优势如下:

1. 提高工作效率,增加经济效益

现代化的全自动管理系统,一改过去门票的人工清算、收缴、清点工作。电子门票由计算机实行全封闭式门票卡的发售、统计控制工作,具有极强的防伪能力。由入口门禁系统自动识别门票,采用日、月报表核算,从而有效地杜绝了假票、偷票、漏票和人为因素造成的损失,不但使工作人员的劳动强度降到最低限度,而且大大提高了工作的效率。

2. 提高旅游景区的管理水平

电子门票的计算机售票、验票、查询、汇总、统计一体化,便于集中管理。在各旅游景区发售的门票很快可以反映在管理中心的计算机中,管理系统可以生成各种所需的报表,通过计算机统计报表处理,可得出每一阶段的游客流量分布情况,实时、准确查询和统计门票发行的数量、销售额、类别、时间及流量,便于审核、及时发现存在的问题,为景区的科学管理提供了技术支持,极大地提高了旅游景区的工作效率和管理水平。电子门票能为景区引入高度的信息化操作与管理模式,借助电子门票系统的网络化技术,管理层的各种指令能及时下达到各进出口,由计算机系统执行。电子门票系统能够灵活地变化规则,如各种票类设计方案,都可以通过一个指令随时生效或废止。系统具有开放式结构及模块化功能设计,门禁通道可多可少,管理功能可增可减,适应于景区通道系统和价格政策的调整和变化。

3. 充分展示景区的良好形象

随着景区电子门票系统应用需求的不断扩大,类型繁多的电子门票解决方案应运而生,如磁卡电子门票、条码电子门票、光盘电子门票、IC卡电子门票、指纹电子门票以及手机二维码电子门票等。这些门票在其存储介质上可记录门票自身的各种信息、购买信息、加密防伪信息等。在介质表面可印刷精美的景区宣传图画及广告,科技含量高,具有增值性和收藏价值,同时又能作为宣传广告媒体,由游客携带传播,充分展示景区的良好形象,提高了旅游景区的知名度。

二、电子门票系统的构成

电子门票系统包括了门票制售子系统、中央管理子系统、票证检验子系统、电子门票应用管理软件、网络系统平台等。

（一）中央管理子系统

由专用服务器与若干台计算机管理工作站、电子门票应用管理软件组成。服务器是系统的数据中心、服务中心和控制中心，用来存储景区各工作站送来的信息，并协调各工作站的运行。管理工作站负责监控并管理整个网络，管理人员通过它向服务器交换信息，管理下属的入口工作站，并对景区的客流量按照门票卡类别、时间段等进行统计，生成各类报表。

作为门票管理系统的核心，中央管理子系统要完成网络的各项系统设置及系统管理；产生并传递系统各项参数和命令，完成系统操作员授权控制；向电子门票售票系统和验票通道管理系统等传递数据及各种指令，并完成各系统之间的网络通信；采集电子门票的售票、验票和各类票务信息数据，并进行清算、统计等财务处理；可根据实际需求增减园门和通道，可自主设计票类型和票样，以及对自主制票或外购票实行进销存管理等；能查询、统计各种相关信息，并作出科学的管理和决策；可以按日、月、年统计门票销售情况和游客进出信息情况，查看游客游览不同景区的走势情况，并能打印报表。

（二）门票制售子系统

由若干台计算机售票工作站和若干台电子门票卡发卡、管理用智能卡读写终端组成。主要功能是对售票人员进行授权，定义本系统将要出售票的种类、单价及有效期参数，对电子门票进行初始化、完成售票，实时监控售票的状态，分类统计不同人员、不同票种在各个时间段的销售情况并汇总，将汇总的信息上传至服务器。

1. 门票制作

主要包括自主制票、外购、撤销、查询等功能，负责实现自主制票的打印和外购票的生效管理，并查询自主制票单据与外购单据，还可根据需要撤销自主制票或外购的操作。可进行门票卡初始化工作，门票卡在使用之前称为白卡，白卡需要初始化，否则不能使用。制票系统能实现各种游客门票卡的版面设计、参数设置、制作，可根据不同类型游客，制定不同的票种，例如套票、折扣票、贵宾票等。此外，证件发行功能主要用于内部人员及 VIP 长期持卡人员的管理，以实现对人员的信息登记、指纹采集。

2. 门票销售

主要执行售票、退票、充值、挂失、解挂、违规、签证等操作，并可查询每个售票员本人的票务销售情况。能采用向导化、图形化售票方式销售门票，支持现场售票、网络预售、远程售票等多种不同的售票方式。

（三）票证检验子系统

由计算机监控工作站和若干个电子门票通道机组成。主要功能用于验证售票系统发出的票，读写器将收到的信息同系统数据库中记录的信息进行比较，以验证该门票的真伪，迅速作出放行与否的指示，通过控制程序控制通道机进行工作。实时监控通道的状态并统计每个通道的游客通过数量,同时与中央控制系统进行数据通信,将验证的所有数据即时写入指定的数据库中。门票通道控制机由各种门票读写终端(读卡扫描器、指纹仪)、闸机(三辊闸、伸缩门、摆门)、控制主机、显示、语音、检测、电源等部件组成,长方形机箱与通道闸杆构成的通道可为出入人员提供有序文明的通行方式,杜绝非法出入,并在紧急情况下快速控制落杆或收杆,组织人员疏散。另外,出口通道机采用红外计数,实时核定控制景区内人数。

图9-1 门票检验通道系统

三、各种电子门票应用

所谓电子门票,就是能够存入电子信息的门票。当前,电子门票技术主要有磁卡电子门票、条码电子门票、光盘电子门票、IC卡电子门票、指纹电子门票、移动电子门票等。

(一)条码、光盘电子门票

1. 条码电子门票

条码技术,是迄今为止最经济、实用的一种自动识别技术。条形码输入的速度是键盘输入的5倍,并且能实现即时数据输入。可靠性高,采用条形码技术误码率低于百万分之一。采集信息量大,利用传统的一维条形码一次可采集几十位字符的信息,二维条形码更可以携带数千个字符的信息,并有一定的自动纠错能力。灵活实用,条形码标志既可以作为一种识别手段单独使用,也可以和有关识别设备组成一个系统实现自动化识别,还可以和其他控制设备连接起来实现自动化管理。根据载体的不同,条码电子门票目前在景区中应用比较多的有以下几种:

(1)专用门票卡纸票

门票设计采用票卡一体条码门票,许多条码是现场打印的,打印条码前的"纸卡"上已经印好景区风光等图案,供使用后收藏,条形码的打印位置已经预留好。门票卡装在专用的门票打印机中,单张门票按长宽做好模版后,可以打印各种类型的票类,实时出票。如深圳"世界之窗"、陕西历史博物馆等景区的条码门票。

图9-2 条码门票

有的景区还采用邮政明信片条码卡,具有收藏价值和通信功能,印刷清晰精美,艺术性强,成本较低。随着明信片飞往四面八方,无形之中成为免费广告,提高了景区知名度。此外有的条码门票设计还采取票卡分离的形式,由游客进门条码票和游客纪念门票组成。

(2)条码卡票售、检票过程

售票工作站包含门票售票应用软件系统、售卡机(条码打印机或条码激光平台)、售票PC主机,由售票员操作。实时售票系统分两种情况:一是售票工作站通过条码打印机将条码卡号、面值等信息实时打印在空白门票卡上,并通过网络设备向服务器及验票工作机传送条码数据;二是在售票时将已印刷好条码的门票卡在条码激光平台上阅读一下,并通过网络设备向服务器及验票工作机传送条码数据。

打印出的条码本身是没有磁性的,只有不同宽度、间隔的条和空。使用时,扫描器发光将条和空反射回的信号转换成不同时间长短的信号,再转化为计算机可以识别的二进制编码输入计算机,计算机再根据软件程序自动验证数据,进而自动控制开门、关门、消除有效票记录等。

检票时一般是人手拿门票条码向下→压在红外线玻璃窗上→扫描确认完毕→条码合法,道闸打开。

图9-3　在入口通道机上扫描条码门票

联票在进入每一个景点时,分别记录该票的使用数据记录。条码票检票时不对票面有任何处理,数据处理在电脑中进行。

为了解决条码技术安全防伪问题,每张门票在售出前均要进行初始化,将门票序列号记入后台数据库中,并在数据库中登记门票种类。没有初始化的门票即使被盗,也不能使用。采用每出售一张门票,从数据库中选择种类实时打印门票序列号,生成门票。条形码的打印是电脑随机选取的,同时具有唯一性,被检的条码在条码库中删除,不再出现。条码库中的条码的使用区段,可人为控制。税务机关可通过此方法控制景点门票的使用情况,防止税款的流失。条码库被破译的难度很大,因此是安全可靠的。

2. 光盘电子门票

光盘门票集多功能于一体,完全突破了传统景区门票的限制,将景区、景点的图文声像资料通过多媒体技术整合到普通名片大小的光盘上;同时光盘卡中集成了条形码或感应芯片等智能识别标志,大小只有86毫米×60毫米,便于携带。光盘门票的造型可以分为名片形、双弧形、异形,可以储存文字、图片、动画、声音、视频等。一张名片型光盘上有30~60MB的储存空间,以50MB的光盘卡为例,可储存50万文字、25分钟MP3音乐、5分钟VCD影片或动画、500张照片,远远超过了传统的产品目录、服务简介或书籍的容量。光盘门票的互动多媒体视频效果强烈,盘面印刷精美,图案内容可自由创作设计,具有很大的宣传、收藏价值。游客不仅可以使用光盘门票作为电子化门票进入景区,而且可以将光盘门票带回家,通过

VCD 机欣赏景区风光,插入电脑中浏览景区资料,通过预设网址上网了解景区的最新动态。利用多媒体技术所特有的视听冲击力和震撼力,光盘电子门票既有门票的实用功能又可作为礼品为游客所珍藏,成为非常好的宣传和行销工具,可全方位提升景区的形象和整体实力,形成强有力的市场推广。

图 9-4　光盘电子门票

（二）磁卡、IC 卡电子门票

1. 磁卡

磁卡电子门票,同人们通常使用的电话磁卡类似,磁卡以液体磁性材料或磁条为信息载体,将液体磁性材料涂覆在卡片上,或将宽约 6~14 毫米的磁条压贴在卡片上。磁条上有三条磁道,前两条磁道为只读磁道,第三条磁道为读写磁道,如记录账面余额等。尺寸规格:长 84 毫米,宽 56 毫米,厚 0.7 毫米。在名片大小的介质上印刷有精美的景区宣传图画,同时在介质表面记录下门票的购买信息、加密防伪信息等。磁卡票检票时,磁头对票面上的磁条进行消磁处理。磁卡电子门票具有特有的永久性,便于游客携带及收藏。

2. IC 卡门票

(1) IC 卡门票

IC 卡,全称是集成电路(Integrated Circuit)卡,是继磁卡之后出现的又一种新型信息工具。它将集成电路芯片镶嵌于塑料基片上,利用集成电路的可存储特性,保存、读取和修改芯片上的信息。IC 卡具有磁卡和条码卡所无法比拟的许多优点：存储容量大，是磁卡的几倍至几十倍；安全性高，具有防伪造、防篡改的能力；可脱机使用，应用较为灵活。

IC 卡门票，在名片大小的介质上印刷精美的景区宣传图画，同时在介质上记录下门票的各种信息、购买信息、加密防伪信息等。按照与外界数据传送的形式来分，IC 卡有接触式和非接触式两种。非接触式 IC 卡，又称射频卡，它成功地解决了卡中无电源和免接触这一难题。

（2）射频识别电子标签门票

RFID(Radio Frequency Identification)即射频识别，俗称电子标签。它是一种非接触式的自动识别技术，通过无线电射频信号自动识别目标对象并获取相关数据，识别工作无须人工干预，可工作于各种恶劣环境。RFID 技术，可识别高速运动物体并可同时识别多个标签，操作快捷方便，储存的信息量也非常大。门票上贴有一枚具有高安全性的集成电路芯片，其安全设计和生产制造工艺决定了 RFID 技术门槛极高，几乎不可仿制。标签进入磁场后，接收解读器发出的射频信号，凭借感应电流所获得的能量发送出存储在芯片中的相关信息，或者主动发送某一频率的信号，解读器读取信息并解码后，送至中央信息系统进行有关数据处理。持有 RFID 门票的游客入场时，只需在检票设备前通过，不再需要人工识别，检票设备即可在瞬间鉴别门票真伪，从而实现快速自动检票。人员多次进出时，可以对门票进行识别和标记，以防止门票被偷递而多次使用，根据安全管理的需要，甚至可以监控持票人是否进入指定位置。检票完毕后，RFID 检票设备可以将检票信息(包括通过该设备检入、检出的门票票面信息、检票时间等)上传到服务器，并由服务器上运行的数据监控分析软件对上传的信息进行汇总、分析。还可以对游客信息数据进行统计分析，为开展营销活动提供潜在客户群资源，并且可以根据以往经验，形成黑名单，减少因为不良客户而造成的损失。

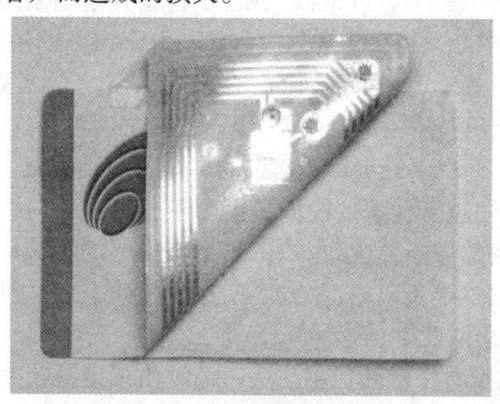

图 9-5 射频识别电子标签

案例学习

美犹他州阿尔塔滑雪场将 RFID 技术用于门票管理

过去该滑雪场的入场券都是那种技术含量低的彩色编码标签，而检票人员睁一只眼闭一只眼使得很多人钻了空子，一些人会拿用过的或伪造的票证甚至不用票，结果造成滑雪场的秩序非常混乱。不过这种状况不会再出现了，阿尔塔已经为滑雪场门票及进出关口安装了 RFID 系统。

在阿尔塔开始着手实现滑雪场门票技术的现代化及配置进入系统时，就权衡了所有技术的利弊。条形码门票虽然投资较少，但 RFID 门票会给滑雪者带来更多的价值，如便捷的服务、有序的滑雪场地以及高效率的运营。

RFID 在性能上要比条形码更加可靠，更加安全。在滑雪环境下，条形码可能会破损、弄脏或浸泡而难以阅读，但 RFID 门票不管是使用雇员手持的读写器还是安装在自动转门处的固定读写器都可以在滑雪环境下快速、可靠读取。持有人的照片、姓名和其他信息如邮递区号，都会出现在监控机上，检票人员可以通过此信息识别滑雪者。而且 RFID 卡超过条形码技术的另一大优势就是，滑雪者不必从好几层衣服内的口袋里掏出通行证来检票，系统可以在距滑雪者很远的地方直接读取，尤其是遇到大雪的天气，这种卡的优势就更明显。另外，滑雪者可以保留这张 RFID 卡，通过互联网 Web 界面给这张卡充值以继续使用。很多顾客都称这一系统比条码系统更加方便好用，而滑雪场的检票人员也大为减少。

（三）移动电子门票——手机二维码电子门票

1. 移动电子门票

传统票务应用的"票"一直以来以纸质、塑料及其他物质形式存在，同时售票、验票、退票等过程要求必须以实物来完成。移动电子票务的采用，将移动网络与二维条码技术运用到票务管理之中，形成了一种全新的电子票务系统模式。

这种基于手机条码技术的电子门票，用户订票之后可以通过无线的方式取票，使得用户可以省去上门取票或者等待送票的麻烦。利用手机上的电子门票可以实现快速入场，极大地缩短了检票的时间。再由于此类电子门票是以电子信息的形式放置在服务提供商的服务器上，用户不用担心门票的丢失问题。而且在形成手机条码的过程中采用二维条码内部的加密，保证门票上的二维条码具有防伪的充分可靠性，杜绝了假票的发生。

2007 年 9 月，国家首个自然保护区——鼎湖山景区推出全国首个手机二维码电子门票优惠券业务，移动用户可凭手机收到的二维码信息，在鼎湖山景区门票部的专用机器通过验证后，将获得 8.5 折的门票优惠。

2. 手机二维码电子门票应用

（1）手机二维码技术

手机条码票务系统的特点是：以手机条码代替传统票据，以移动通信平台为依托，通过条码阅读设备对手机条码的阅读来获取相应的信息，从而方便地确认使用者的身份，作为通过门禁的门票。这种技术，解决了传统票务的一系列弊病。支持这个功能的关键就在于手机里的"二维码"。手机二维码的技术，是指以二维码标准为核心，将手机作为载体，而展开的码制编码、译码、识别、被识别相结合的综合性技术。一维码，是由纵向黑条和白条组成，黑白相间，而且条纹的粗细也不同，通常条纹下还会有英文字母或阿拉伯数字。一维码技术成熟，使用广泛，但信息量少，只支持英文或数字，设备成本低廉，而要调用更多的信息，需要电脑数据库的进一步配合。

图9-6 一维码

二维码，是用某种特定的几何图形按一定规律在平面（二维方向上）分布的黑白相间的图形上记录数据符号信息的；在代码编制上，巧妙地利用构成计算机内部逻辑基础的"0"、"1"比特流的概念，使用若干个与二进制相对应的几何形体来表示文字数值信息，通过图像输入设备或光电扫描设备自动识读以实现信息自动处理。二维码是点阵形式，能够在横向和纵向两个方位同时表达信息。因此，二维码信息密度高，数据量大，无须电脑数据库的配合，简单方便，成本低，追踪性高，抗损性强。二维码生成后不可更改，安全性高，支持多种文字，包括英文、中文、数字等。

图9-7 二维码

(2) 手机二维码电子门票的使用流程

①用户登录预先提供的专业票务网站,进入网上订票系统,选择所需预订的门票信息,确认无误之后,启用电子钱包付款、支付完成。如果用户通过电话购买,用户用固定电话或手机通过移动运营商客户服务人员直接购买,以手机账户使用密码的形式向客服人员做支付确认,并将所需票款从手机账户中以话费的形式直接扣除。

②网站服务器处理订单,生成包含订票号、订票人、订票时间等信息的二维码图片,作为二维条码数字门票。

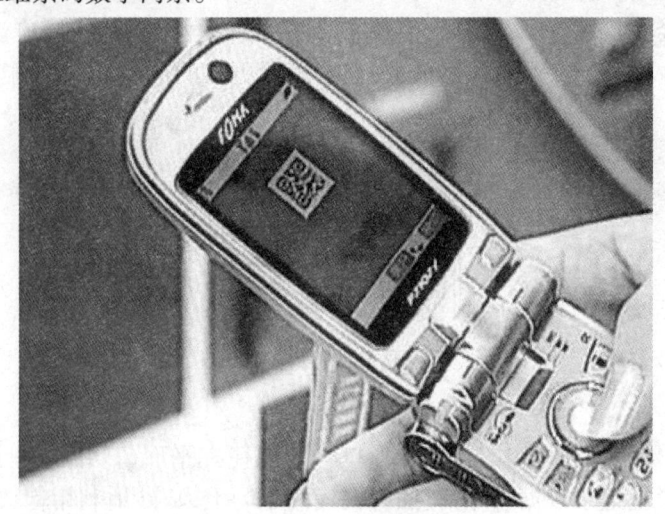

图9-8 手机二维码电子门票

③通过移动运营商提供的支撑网络,以手机短信的方式将此二维条码数字门票发送至用户指定的手机上,成为"手机条码门票"。

④验票处通过手机条码阅读器,采集"门票"上的二维条码信息,在终端上将显示二维条码中的相关条目,并判断是否符合进入旅游景区景点的条件。进入时只需把手机对着一个感应器晃一晃,验证成功,闸门就会自动敞开让游客从通道闸机上通过。同时,检票信息被统计进数据库进行处理。

(四) 其他电子门票应用简介

指纹电子门票管理系统,是利用IC卡技术或条码卡技术结合指纹识别技术,对人员的进出景区情况和门票销售进行统一管理的方式。通过利用个人指纹的唯一性与不变性,并将其与非接触式IC卡系统有机结合,集成为非接触式IC卡指纹识别系统。售票时,系统将IC卡持有人的指纹图像信息与姓名、性别、年龄等信息写入IC卡中。在进入景区大门时,将手指按在指纹仪上与卡中指纹信息进行比较识别,指纹的唯一性与不变性大大增加了系统的安全性与可靠性。该系统不仅能减少重复购票次数,提高管理工作效率,增加门票管理工作的透明度,减少门票管理工作中的人为因素影响,而且实现在一个点购的门票可在系统其他各点使用,并在一定的条件下可重复使用,严格限制"一票一人"。该系统适用于在大景区(如庐山、武陵源等)需多次进出的场合,及景点多要实现一票通以及年票的场合。

用户可根据实际需求选择不同型号的存储卡、逻辑加密卡、CPU 卡、非接触卡和双界面卡。发卡计算机外挂 IC 卡读写器和指纹采集器,用于向符合通过条件的人员发放 IC 卡,并在卡上存储个人指纹信息及门票信息。通过门闸时,自动门闸上附有 IC 卡读写器与指纹采集器,通过时插入个人 IC 卡后在指纹采集器上按指纹,如卡片本身与指纹均有效,则安装在门闸内部的计算机控制部件启动门闸开通,允许持卡人通过。

我国武陵源核心景区非接触式 IC 卡电子门票系统,采用非接触式 IC 卡指纹登录技术,游客可持卡连续两日内多次进入景区,新的门票验证速度是原来的 1.5 倍,不仅节省了游客进园等候时间,还满足在核心景区各风景点的使用和在一定条件下的重复使用。门票卡卡面设计精美,内嵌式芯片存有个人指纹信息,具有较高的收藏价值。

图 9-9 指纹电子门票设备

本章小结

旅游景区信息化建设,可从以下三个方面去进行考虑:第一个方面,集中在信息的整理、表现和传播上,通过建立网站及其他信息化宣传渠道推介旅游景区,实施网上广告,尝试运用多样化的电子传播手段,形成景区旅游宣传媒介平台。对于许多景区而言,目前一开始就实现全方位的网络营销可能有一定的困难。景区可以选择信息服务作为网络营销的切入点,建立通畅的旅游信息传播渠道,宣传特定的旅游信息,使景区的产品及形象通过网络手段得到高效低成本的传播,使消费者对景区有充分的了解,增加他们选择景区的机会。第二个方面,主要是在旅游景区的经营中发展旅游电子商务平台。目前,不少旅游景区投资建立了专属的网站,也有的依托专业的旅游网站,加入旅游目的地营销系统,开展电子销售,形成客户关系管理,实施电子票务。不同的景区,应用电子商务的程度各异。例如,主题公园、海滩和滑雪度假地不仅将信息放到互联网上,而且通过预订系统或全球分销系统销售产品,并将信息技术运用到内部经营管理中。而博物馆等中小规模的经营者们,运用电子商务的环节则相对有限。第三个方面,是通过信息技术在旅游景区现场的应用,形成景区信息化的管理服务平台。主要应用,有景区的电子门禁系统、文物数字化管理系统、环境监测系统和卫星遥感系统、GPS车辆调度系统、电子监控网络系统及报警系统、覆盖全景区的背景音乐广播系统,以及为游客服务的LED电子显示屏和触摸屏等;另外,还有其他利用新技术优化旅游体验、创造顾客价值的方法。最后通过组建信息总监控中心,对各大系统进行集中监管,统一调度,共享信息资源,达到资源保护数字化、运营管理智能化、产业整合网络化的效果。

思考与练习

1. 景区信息化的主要内容有哪些?
2. 景区基于互联网的服务主要有哪些形式?
3. 景区电子门票应用的优势、方法有哪些?同时也会带来哪些问题?
4. 剖析一个景区的信息化建设实施过程中的经验与教训。

综合项目学习

项目五:旅游电子商务网站规划设计与推广

一、项目背景

随着国际互联网用户的迅猛增长,越来越多的企业都在设法建立自己的网站,供消费者浏览和查询。企业网站、电子信箱给客户、潜在客户,特别是大客户及海外客户,带来了便利的联系,增加了了解,增强了信任感。蓝海星旅行社还没有自己的网站,为了在激烈的市场竞争中立于不败之地,计划建立自己的网站开展电子商务。现在由你来对该企业的网站进行规划和设计,并制订出网站推广计划。

二、项目任务

(1)域名的申请方法;
(2)建站前的网站规划;
(3)网站的整体设计;
(4)网站的测试;
(5)使用文件传输工具进行文件上传、下载,对网站进行发布和更新;
(6)网站的推广。

三、项目分析

一个网站的成功与否,与建站前的网站规划有着极为重要的关系。在建站前,应明确网站建设的目的、功能、规模、投入费用和必要的市场分析等。只有详细的规划,才能避免在网站建设中出现很多问题,使网站建设能顺利进行。网站前期策划,作为网络营销的起点,规划的严谨性和创意性及实用性将直接影响到网站目标的实现。

在前期网站策划的基础上,下一步就要为旅游企业在内部管理和对外营销方面搭建起畅通的信息交流平台,建立以网站用户体验为核心的网站信息组织,强调视觉效果,量身订制网站功能,从而形成一整套网站系统整合。

测试站点是为了及时发现存在的问题、完善站点的内容。企业网站通过开发人员和客户的测试后,就可以通过企业所注册的域名,借助专门的网站发布工具或委托 ISP 将其正式地发布在 Internet 上。但是,要使其成为一个有影响力的成功的商务站点,还有很多推广工作要做。网站是否能够达到预期的商业目标,除了严谨的网站规划、完善的网站建设之外,还有赖于周密的网站推广计划的制订和实施。充分利用网站推广优势和搜索引擎优化,通过各种网站推广策略的组合,以期获得更多的商业机会。

四、项目实施

(一)知识准备
(1)网站的市场定位;
(2)网站的模式;
(3)域名的申请与注册;
(4)网站流量统计方法;
(5)提高网站排名的方法。

(二)探究内容
根据企业自身的特点,确定建站的方式(自主建站和服务外包)、ISP 的选择。

根据企业市场定位,确定网站的模式(B to B、B to C)、网站的功能(酒店预订、旅游线路预订、旅游信息咨询以及旅游电子交易流程)。

根据企业开展的业务,确定网站的基本模块,如:

(1)旅游信息咨询板块。①旅游新闻发布管理系统;②综合旅游景点查询系统;③旅游线路查询系统;④旅游搜索引擎系统(附后台录入查询管理程序);⑤旅游信息综合查询(将前面这些旅游信息有机结合起来的系统);⑥旅游论坛系统;⑦旅游网站会员管理系统。

(2)旅游预订板块。①酒店预订系统;②机票预订系统;③旅游线路预订系统;④会议预订管理。

(3)旅游网站其他功能。①在线调查管理;②访问流量统计;③留言簿管理;④广告发布管理;⑤天气预报;⑥自助友情链接。

(4)电子商务交易模块。包括个人账号管理、产品发布/管理、供求商机管理、游客预订中心、旅游 DIY 自助报价组团系统、Maillist 服务系统、供求智能匹配、网络电子名片、散客拼团与组团询价、收藏夹等模块。

采取什么样的方式能够快速提高网站排名,如 PPC 广告竞价排名、搜索引擎优化、网络广告投放等。

利用专用流量统计软件进行网站流量统计分析。

（三）目标要求

（1）按照域名类别和命名规则申请域名，域名要体现企业特点、内涵、文化；

（2）根据企业的特点和业务内容，起草建站前的网站规划书，内容要规范、详尽；

（3）网站的整体设计要合理，功能要全面，符合旅游电子商务网站的要求；

（4）网站工作正常，能够完全通过测试，网站维护、更新便利；

（5）能够采取有效措施进行网站推广，提高网站的排名。

五、评价与小结

此项目主要让同学们了解旅游电子商务网站建设项目的具体实施流程，对旅游电子商务网站的前期规划、网站整体设计及网站后期推广。要求同学们结合旅游企业的实际需求，以旅游商务活动为主线，对旅游电子商务网站的建设有个整体认识，为旅游电子商务的发展发挥自己的作用。

对旅游企业来讲，旅游电子商务网站是旅游企业对外设立的窗口，有利于旅游企业树立自己的网上品牌，宣传企业形象。对游客来说，旅游电子商务网站是高效的信息交流平台。

项目六：旅游企业的信息化实施分析与设计

一、项目背景

天方假日酒店集团，为了更好地服务社会和消费者，宣传本企业，决定进行信息化建设，以实现企业的办公自动化和管理模式的革新。还可通过建立一个能方便与公众沟通的互联网站，及时发布权威、准确的旅游信息，宣传企业，开展网上旅游服务。现需为此信息化建设的实施，进行相关方案的分析与设计。

二、项目任务

（1）借助网络和图书馆等资源，自主学习，进行相关知识的准备；

（2）选取有代表性的旅游企业，分组进行信息化建设的调查、分析，取得第一手资料；

（3）对所设定的企业进行信息化建设方案的相关设计。

三、项目分析

翻开 IT 行业的报刊，随处可见 ERP（企业资源计划管理）、BPR（企业业务流程重组)、CRM(企业客户关系管理)等系统建设应用的介绍。现在的旅游企业是否能充分利用这些系统和网络来实现信息化呢?旅游企业信息化是否受外部环境的限制?如果实现了信息化,旅游企业能够得到哪些价值?

四、项目实施

(一)知识准备

(1)企业信息化应用的主要内容;
(2)了解企业资源计划管理 ERP 的相关知识;
(3)了解企业业务流程重组 BPR 的相关知识;
(4)了解企业客户关系管理 CRM 的相关知识;
(5)相关系统软件与提供商比较分析。

(二)探究内容

(1)调查某旅游企业内外部环境及可利用资源的状况;
(2)分析信息化能为该旅游企业带来什么价值;
(3)设计实现企业信息化所需的途径和手段有哪些,哪些是我们自己可以实现的,哪些是要依靠国家、省、市旅游管理部门对旅游信息化建设支持和总体规划才能实现的?
(4)进行企业信息化建设的方案设计。

(三)目标要求

(1)调查企业内外部环境,写出本企业实现信息化的环境分析报告;
(2)通过调查有代表性的旅游企业信息化建设的实际情况,写出相应分析总结报告;
(3)根据本企业的实际和企业内外部环境情况,写出本企业信息化建设的设计书。

五、评价与小结

通过该项目的学习,能够了解我国旅游信息化建设的情况、信息化建设的内容,能够分析企业进行信息化建设的内外部环境,能够写出环境分析报告、企业信息化建设计划书。

旅游的消费活动特点、生产活动特点和产业运作特点,决定了旅游业是信息密集型产业,旅游业发展高度依赖于信息化系统。"金旅工程"项目是国家信息化工作在旅游部门的具体体现,由两个基本内容组成:一是政府旅游管理电子化,利用现代化手段管理旅游业;二是利用网络技术发展旅游电子商务,与国际旅游市场接轨。信息化之路,是旅游企业的必然选择,旅游电子商务代表了今后旅游商务活动的发展方向。

参考文献

[1] 巫宁,杨路明. 旅游电子商务. 北京:旅游教育出版社,2004.

[2] 周贺来. 旅游信息化简明教程. 北京:中国水利水电出版社,2005.

[3] 王珊君. 电子商务在我国旅游业中的应用. 大连:东北财经大学,2005.

[4] 王彦广,李京伟. 三维虚拟树木建模在虚拟旅游中的应用. 硅谷动力,2006 - 12 - 20. http://www.enet.com.cn/ediy/inforcenter/enet_z.jsp? articleid = 20061219348496.

[5] 数虎图像. 迪拜野生动物园虚拟漫游. 数虎图像旅游仿真介绍与案例欣赏. http://www.cgtiger.com/ch/example1.asp? id = 103.

[6] 徐素宁,韦中亚,杨景春. 虚拟现实技术在虚拟旅游中的应用. 地理学与国土研究,2001(3):93.

[7] 叶铁伟. 浅谈旅游企业信息化建设中的信息安全问题. 巅峰智业. http://www.davost.com.

[8] 杨平波. 对旅游电子商务信息系统安全控制的探讨. 江苏商论,2005(9).

[9] 甘瑁琴,张冰新. 旅游企业电子商务环境分析及对策. 企业技术开发,2004(3).

[10] 周蕊. 全球化时代的旅游目的地营销. 成功营销,2006(8):1 - 2.

[11] 佚名. 旅游业网络营销现状、问题及发展对策. 北京网智成. http://www.bjwzc.net/ny/5/ny5478.html.

[12] 我国旅游目的地营销系统存在的问题和对策. 旅游经理人网,2007 - 03 - 01. http://www.17u.net/news/newsinfo_32372.html.

[13] 刘绍华. 我国旅游目的地营销系统的形成机制研究. 中国论文中心,2008 - 07 - 18. http://www.studa.net/market/080718/08413580.html.

[14] 电子商务与旅游饭店分销渠道的互动. http://hi.baidu.com/melonmng/blog/item/6fa9cdf4e38be1ea7609d75c.html.

[15] [英]戴夫·查菲,等. 网络营销战略、实施与实践. 马连福,等,译. 北京:机械工业出版社,2008.

[16] 朱海松. 第五媒体——无线营销下的分众传媒与定向传播. 广州:广东经济出版社,2005.

［17］旅游营销如何称霸网络. http://www.cehuar.com/html/2008-10/8433p4.htm.

［18］王汝林. 网络营销实战技巧. 重庆：重庆大学出版社，2006.

［19］旅游目的地营销的策划与技巧. 大山旅游策划，2006-11-06. http://www.ds-hz.com/Article/PPRG/YX/200611/107.html.

［20］朱海松. 无线营销——第五媒体的互动适应性. 广州：广东经济出版社，2006.

［21］郭莎莎，韦铭，肖江南. WEB2.0国内外研究现状及其对旅游业的启示. 北京第二外国语学院学报，旅游版，2008（1）：37-41.

［22］杜小慧，周玲强，断健平. 移动式电子商务在旅游中的应用模式与营销创新. 商业经济与管理（杭州），2006（7）：49-52.

［23］巫宁. 旅游信息化与电子商务经典案例. 北京：旅游教育出版社，2006.

［24］杜文才. 旅游电子商务. 北京：清华大学出版社，2006.

［25］陆均良，杨铭魁. 信息技术与饭店管理——以技术提升饭店的竞争力. 北京：旅游教育出版社，2007.

［26］姬宝文. 信息时代单体酒店电子商务营销的解决途径. 中山大学学报论丛，2007（11）：219-222.

［27］韩林. 旅游电子商务. 重庆：重庆大学出版社，2008.

［28］杨路明，巫宁. 现代旅游电子商务教程. 北京：电子工业出版社，2004.

［29］韩小红. 网络消费者行为. 西安：西安交通大学出版社，2008.

［30］卢小雁，张琦. 电子媒介广告. 杭州：浙江大学出版社，2006.

［31］冯章. 网络广告. 北京：中国经济出版社，2008.

［32］甘碧群. 分销渠道管理. 武汉：武汉大学出版社，2005.

［33］吕芳. 网络广告效果评估探讨. http://www.3see.com.